Matthias Kolbusa
Gegen den Schwarm

MATTHIAS KOLBUSA

GEGEN DEN SCHWARM

Aus eigener Kraft
erfolgreich werden

ARISTON

*»Für Ruben und Frieda,
die mir täglich klar machen, was wirklich zählt.«*

Verlagsgruppe Random House FSC® N001967
Das für dieses Buch verwendete FSC®-zertifizierte Papier
EOS liefert Salzer Papier, St. Pölten, Austria.

Bibliografische Information der Deutschen Bibliothek

Die Deutsche Bibliothek verzeichnet diese Publikation
in der Deutschen Nationalbibliografie; detaillierte bibliografische Daten sind
im Internet unter http://dnb.ddb.de abrufbar.

2. Auflage

Dieses Buch entstand in Zusammenarbeit mit
Klaas Jarchow Media, Hamburg
Umschlaggestaltung: Hauptmann & Kompanie
Werbeagentur Zürich, Kim Becker
Satz: EDV-Fotosatz Huber/Verlagsservice G. Pfeifer, Germering
Druck und Bindung: GGP Media GmbH, Pößneck
Printed in Germany 2014

ISBN 978-3-424-20095-9

INHALT

I. (Ohn-)Macht im Schwarm

II. Aus dem Schwarm heraus

III. Gegen den Schwarm erfolgreich sein

Acht Fragen an mich selbst

Wann habe ich, Matthias Kolbusa, mich zum letzten Mal gefragt, ob ich gerade das Richtige tue?

Bei meiner letzten Krav-Maga-Trainingseinheit. Bei dieser Kampfkunst, die ursprünglich vom israelischen Geheimdienst entwickelt wurde, wird jedes falsche Ausweichen und Nicht-Dagegenhalten bestraft. Wenn ich meine blauen Flecken anschaue, frage ich mich oft: Wofür nur? Spätestens bei der nächsten hitzigen Diskussion mit einem Vorstand über die Zukunft seines Unternehmens weiß ich es wieder: Wer ein Ziel erreichen will, muss bereit sein, sich Herausforderungen, und das bedeutet häufig sich selber, und der Realität zu stellen. Das kann schmerzhaft sein.

Welche Eigenschaften schätze ich an anderen?

Ich mag es, wenn Menschen wissen, wofür sie auf der Welt sind, und ihrer Passion mit aller Leidenschaft frönen. Wenn sie sich selber mit Stolz und Mut auch dann noch vertrauen, wenn der Rest ihrer Welt anderer Meinung ist.

Wofür bin ich auf der Welt?

Ich bin auf jeden Fall nicht auf dieser Welt, um anderen zu gefallen. Das kann für andere auch unangenehm werden.

Ich greife vermeintliche Gewissheiten an: Routinen, die zu Erfahrungsgefängnissen werden, Komfortzonen, in denen es sich die meisten Menschen viel zu gerne bequem machen. Kreative Zerstörung ist für mich im Leben eine Notwendigkeit. Und das bedeutet: das Porzellan alter Gewohnheiten zu zerschmettern, um den Freiraum für Neues, Besseres entstehen zu lassen. Nur so kann ich Menschen und Organisationen wirklich helfen.

Was kann ich nicht mehr sehen und hören?

Menschen, die sich durch Jammerei ihrer Ehre berauben. Vorstände, die den Markt, den Staat und alles Mögliche, nur nicht sich selbst verantwortlich machen. Manager, die bei ihrem Coach über Burn-out schwadronieren und dem Unternehmen die Schuld geben. Mitarbeiter, die jede Stellenstreichung als ungerecht brandmarken und selbst dann noch an ihren Jobs kleben, wenn diese schon lange überflüssig geworden sind.

Wovon kann ich nicht genug bekommen?

Von Menschen, die nicht gedankenlos mit der Mehrheit mitlaufen. Die sich dem Kampf stellen. Die eine Haltung ein- und Verantwortung übernehmen, auch wenn die Konsequenzen nicht immer angenehm sind. Etwa der griechische Journalist, der die Namen der größten Steuerhinterzieher seines Landes an die Presse bringt und sich dafür selbst ins Gefängnis. Die jungen ägyptischen Revolutionäre, die ihr Leben für mehr Demokratie riskieren. Der Rentner, der in der S-Bahn mutig dazwischengeht, wenn andere bedrängt werden. Manager, die auch in schwierigen Zeiten

Persönlichkeit zeigen, zu Fehlern stehen und nicht nur nach vorne weisen, sondern vorweggehen. Mitarbeiter, die aufstehen und ihrer Geschäftsführung offen widersprechen, auch wenn es für sie selber kurzfristig schädlich, aber gut für das Unternehmen ist.

Was sollte jeder von uns nie vergessen?

Unsere Lebenszeit ist begrenzt. Und gerade deshalb lohnt es sich zu überlegen: Was ist mein Auftrag im Leben? Wenn ich darauf keine Antwort habe, dann verschwende ich Zeit und Kraft. Dann mache ich nur das, was andere von mir wollen, und nie das, was ich selbst will.

Wer oder was möchte ich sein, wenn ich die Wahl hätte?

Erstens: Ich habe immer die Wahl – wenn ich den Mut habe, eine Entscheidung selbstständig zu treffen und die Konsequenzen zu tragen. Zweitens: Ich möchte immer ich selbst sein – vor allem dann, wenn meine Umgebung etwas ganz anderes von mir erwartet.

Welche Todsünde wird überschätzt?

Es wird übersehen, dass vermeintliche Todsünden auch positive Seiten haben können. Zum Beispiel Neid. Es gibt nichts Besseres als Neid, um sich selbst und sein eigenes soziales Umfeld zu erkennen. Was ist mir wichtig und warum? Und nur mit ehrlichem, aufrichtigem Neid entwickeln wir die Kraft, die uns als Menschen wachsen lässt. Liebe Leser, seien Sie neidisch!

Ihr Weg zum eigenen Ziel

Ich habe das Buch *Gegen den Schwarm* für Menschen geschrieben, die eine klare Haltung entwickeln wollen, die sich selbst und andere voranbringen möchten. Dieses Buch ist für jeden, der nachhaltig etwas verändern und selbstbestimmt wachsen will. Auch wenn damit Konventionen, Regeln und Meinungen von anderen herausgefordert werden.

Sie müssen sich dafür die Frage aller Fragen stellen: Wie schaffe ich es, meinen eigenen Weg zu gehen und meine eigenen Ideen zu finden und zu verwirklichen? Dieses Buch soll Ihnen zeigen, wie man den Mut aufbringt und die Kraft entwickelt, auch gegen starke äußere Einflüsse selbstbestimmt zu denken und erfolgreich zu handeln.

Im ersten Teil von *Gegen den Schwarm* geht es um unsere Grenzen und die Gruppen von Menschen, die uns diese gegen unseren Willen setzen. Es geht um die menschlichen Schwärme, in denen wir jeden Tag mitschwimmen: Unternehmen, die Gesellschaft als Ganzes, aber auch unser privates Beziehungsgeflecht. Es ist unser soziales Umfeld, an dessen Bedürfnisse wir uns ständig anpassen, das uns formt und so lange fremdbestimmt, bis wir selbst nicht mehr erkennen, wer wir eigentlich sind und was wir wirklich wollen – und darunter zu leiden beginnen. Erkennen Sie Ihre Schwärme und Ihre eigene Position darin!

Im zweiten Teil des Buches geht es um Kraft. Wie ziehen wir aus dem Frust und Leid, die unsere Zugehörigkeit zu menschlichen Schwärmen mit sich bringt, einen Nutzen? Es gilt die Chancen zu entdecken, die in den Emotionen stecken, die wir am liebsten verdrängen oder von uns weisen, zum Beispiel Neid, Scham, Wut, Schuld, Angst und Furcht. Teil II zeigt Ihnen, wie Sie sich diesen Gefühlen stellen, Ihre eigenen Potenziale erkennen und dabei eine kraftvolle Waffe in die Hände bekommen.

Im dritten Teil des Buches werden elf Haltungen vorgestellt, die wir brauchen, um mit Schwärmen oder gegen sie das eigene Ziel zu erreichen, um aus Erfahrungsgefängnissen auszubrechen, in denen es sich die Mehrheit komfortabel einrichtet. Erfahren Sie, wie Sie eigene Ideen entwickeln und für deren Umsetzung eigene und fremde Blockaden überwinden. Wie Sie eine eigene Position gegen den Widerstand vieler aus- und durchhalten. Wie Sie Tempo aufnehmen und den kürzesten Weg zum Ziel einschlagen.

Dieses Buch sagt Ihnen nicht, was Sie genau zu tun haben. Es nimmt Ihnen keine Verantwortung ab. Aber es inspiriert und ermutigt Sie, sich und Ihre Möglichkeiten zu erkennen und Ihr Leben konsequent in die eigenen Hände zu nehmen. Dieses Buch ist eine Herausforderung. Nehmen Sie sich die Freiheit, Sie selbst zu sein!

I

(OHN-)MACHT IM SCHWARM

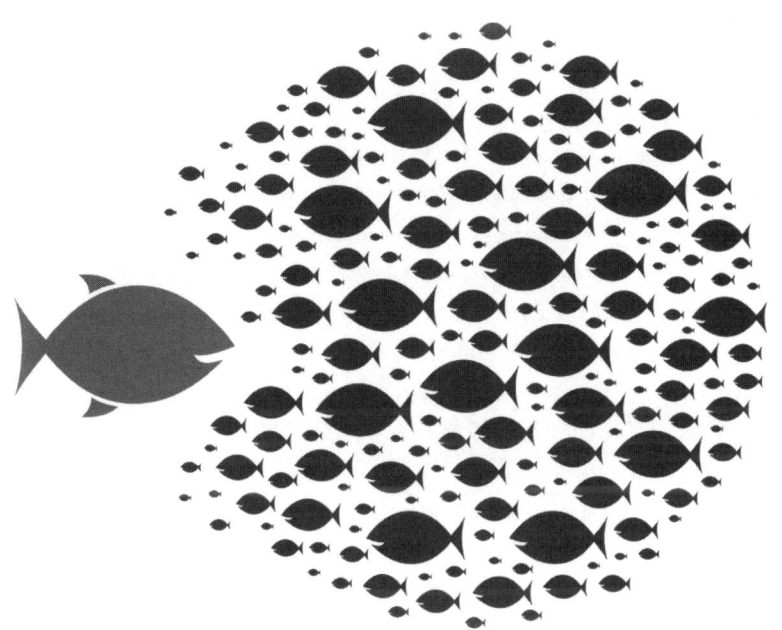

Eine Armee ist im Anmarsch. Das Stampfen von Millionen von Hufen bringt den Boden zum Beben. Flanke an Flanke, Schnauze an Schweif, preschen hagere Gnus dicht gedrängt vorwärts. Bis zum Horizont heben und senken sich Hörner und spitzknochige Schulterblätter im gemeinsamen Rhythmus. Ein aufgewühltes Wellenmeer aus Leibern hüllt die weite, versengte afrikanische Landschaft in eine Wolke aus rotem Staub. Unbeirrt strebt die Masse vorwärts, kennt kein Suchen, kein Zögern, kein Innehalten. Einem gemeinsamen Willen und inneren Antrieb unterworfen, führt ihr Weg zu den grünen Gräsern einer weit entfernten Ebene, die ausreichend Futter und das Überleben der Herde verspricht. Plötzlich gerät der unaufhaltsam scheinende Sturmlauf jäh ins Stocken. Ein breiter Fluss legt sich der tierischen Armee in den Weg.

Tausende Kilometer entfernt ein ganz anderes und doch ähnliches Schauspiel: ein vielköpfiger Heringsschwarm. In einem Moment wird er zu einem großen schimmernden Ball, der sich in der nächsten Sekunde zu einer Scheibe verflacht, um sich sogleich wieder zusammenzuziehen. Kein einzelner der kleinen Fische ist in der rasanten Bewegung der Gruppe als solcher mehr erkennbar. Auch nicht für einen der gefährlichsten Fressfeinde, den Hai, der aus der Tiefe emporstößt.

Die weite afrikanische Ebene fällt zum Fluss Sambesi ab. Die ersten Gnus stoppen abrupt in ihrem wilden Galopp. Die vordere Reihe schaut nach unten, wittert und beginnt, sich mit den Vorderhufen vorsichtig die Böschung hinabzutasten. Andere drängen nach, schieben sich an den Hinterteilen der vorderen hoch, drücken die noch Zögernden über den Rand. Am Ufer steigt mit jedem Neuankömmling die Unruhe. Hinter sich spüren die Tiere den Druck Hunderttausender Artgenossen. Vor sich, im Fluss, sehen sie die größten Krokodile Afrikas, die sich in Stellung bringen. Die Herde, die in ihrer schieren Größe und Dynamik alle Gnus bisher schützte, treibt nun jedes Einzelne in Todesgefahr. Einige Gnus, so mutig wie unvorsichtig, suchen abseits der Herde und des Gedränges nach besseren Wegen das steile Ufer hinab. Die Ausbrecher werden aufmerksam beobachtet. Löwen und Leoparden, die während des Zuges durch die Ebene die geschlossenen Reihen der Gnu-Armee nur schwer angreifen konnten, warten nun in den Büschen am Rande der Böschung auf ihre Chance.

Als der Hai aus dem tiefen Blau nach oben stößt, teilt sich der Heringsschwarm vor den gezackten Zähnen wie ein Reißverschluss, um hinter der Schwanzflosse des Jägers jedoch ebenso schnell wieder zusammenzukommen. Hartnäckig wiederholt der Hai seine Angriffe. Immer wieder stiebt der Schwarm auseinander, um erneut zur Einheit zu verschmelzen. Den Angreifer selbst sieht kaum ein Fisch. Und dennoch handeln alle so perfekt abgestimmt wie eine überdimensionale Gruppe Synchronschwimmer. Eng beieinander fühlt jeder Fisch den Flossenschlag seines unmittelbaren Nachbarn und reagiert darauf. Ändern wenige Fische, die am Rande des Schwarms den Angreifer wahrnehmen, die Richtung, gelangt diese Information in Sekundenbruchteilen zu allen übrigen Mitgliedern des Schwarms.

Die Gemeinschaft des Schwarms kann den Jäger zwar anlocken, bietet dem Einzelnen aber den überlebensnotwendigen Schutz. Für den Hai ist es unmöglich, einen einzelnen Fisch ins Visier zu nehmen. Eigentlich. Denn hin- und hergetrieben verlieren irgendwann einzelne Mitglieder des Schwarms den Anschluss. Orientierungslos, der gemeinsamen Überlebensstrategie und damit ihrer einzigen Sicherheit beraubt, stehen sie alleine im Wasser. Während der Schwarm geschlossen das Weite sucht, werden sie zur leichten Beute ihres Todfeindes.

Ein halbwüchsiges Gnu hat am Rande der Uferböschung im Durcheinander den Anschluss verloren. Ängstlich muhend steht es weit abseits und schaut suchend auf das gewaltige Getöse seiner Herde. Eben noch inmitten seiner Artgenossen, im Einklang mit ihnen sich bewegend, Körper an Körper, die anderen fühlend und riechend, ist es nun auf einmal auf sich gestellt. Zum ersten Mal in seinem Leben sieht es seine eigene Herde als Ganzes, hat einen freien Blick auf das, was sein Leben bisher in jeder Sekunde bestimmte.

Ein Moment der Freiheit, wenn auch ein kurzer. Auf den unvorsichtigen, zufälligen Ausbruch aus der Herde, dem Schwarm der Artgenossen, folgt die ultimative Bestrafung. In der Gestalt eines Löwen ist der Tod nur noch einen Sprung weit entfernt.

Kapitel 1

Wir Schwarmwesen

Bienen, die einen Staat organisieren. Vögel, die über Tausende Kilometer ein Ziel in strenger Formation anvisieren. Fische, die ihre Fressfeinde in atemberaubenden Choreografien narren. Der gewaltige Zug der Gnus. Die tierischen Kollektive halten alle Individuen eisern zusammen, lenken jedes Einzelne mit unsichtbarer Autorität und unterwerfen es dem übergeordneten Ziel – der Erhaltung der eigenen Art.

So fähig tierische Gemeinschaften auch sind: Die Herde in ihrer Gleichförmigkeit, die Verneinung jeder Individualität, das Diktat der Artgenossen – all das wirkt auf uns eher befremdlich. In dem kraftvollen Massenspektakel der afrikanischen Tierwelt ist es das kleine Gnu, das uns am meisten berührt. Weil wir nur den Ausreißer als Individuum wahrnehmen und uns gerade deshalb mit ihm identifizieren. Wir sehen den Löwen und hoffen, dass das Gnu eine Entscheidung trifft, die sich am Ende als richtig erweist.

Wer das Verhalten der Herden- und Schwarmtiere im Fernsehen verfolgt, der hat das gute Gefühl, als Mensch ganz anders zu sein. Schließlich meinen wir, mit ungetrübtem und freiem Blick durch die Welt zu gehen und allzeit in der Lage zu sein, dank der eigenen famosen geistigen Fähigkeiten das zu tun, was wir selbst für richtig halten. Wir

bestehen darauf, keine sich ein- und unterordnenden
Schwarmwesen zu sein. Der gemeinschaftlichen Jubelhys-
terie bei Fußballweltmeisterschaften, sofern wir überhaupt
daran teilhaben, verfallen wir aus freien Stücken. Im sicheren Gefühl unserer Selbstbestimmtheit schalten wir unseren
Kopf weitgehend aus, um uns ganz entspannt dem weiteren
Lauf des abendlichen TV-Programms zu überlassen.

So sehr wir auch unsere Individualität leben: Im Alltag
sieht man davon erst einmal wenig. Unser menschlicher
Herdentrieb beginnt morgens, sobald die Chipkarte am
Firmentor summt. Wir begrüßen Pförtner, Empfangsda-
men und erste Kollegen. Der Schwarm, mit dem wir einen
langen Arbeitstag verbringen, wartet bereits. Wir reihen uns
ein in einen großen Organismus. In Anzug und Krawatte,
im Blaumann, im weißen Kittel sehen wir aus wie alle anderen um uns herum. Unsere Existenz als Mutter oder Ehemann, als Hobbykoch, Fußballer oder wie wir uns sonst gerne sehen, rückt in den Hintergrund. Wir werden zu
Mitarbeiter X, Chef Y. Wir tauchen ein in eine Welt, in der
wir einen Großteil unserer Lebenszeit verbringen, mit offi-
ziellen und informellen Gesetzen und Regeln, an die wir
uns halten.

Nach der Arbeit geht es nach Hause. Wir ziehen uns um
und streifen dabei mit unserer Kleidung die eine Schwarm-
identität ab, nur um schnellstmöglich die nächste anzunehmen. Freizeit im Beziehungsschwarm, mit Freunden oder
der Familie. Wir bekommen dafür Liebe und Anerkennung.
Und auch alleine mit uns selbst lesen und glotzen wir, was
der gesellschaftliche Schwarm uns und allen anderen an
Büchern und TV-Programmen serviert. Wir joggen oder
gehen in Fitnessstudios wie Millionen andere, investieren in
den letzten modischen Schrei, der uns erst gefällt, wenn wir

ihn oft genug an anderen gesehen haben. Denn unsere Vorstellung von Schönheit entsteht nicht von allein in unserem Kopf, sondern wird uns empfohlen und verordnet von Fotostrecken in Zeitschriften und TV-Castingshows.

Die Vorstellungen und Konventionen der unterschiedlichen Schwärme umgeben uns und sind als innerer Schwarm fest in uns verankert. Als unsere Gedanken, unser Bewusstsein darüber, was wir vom Leben zu erwarten haben, wie wir Karriere machen oder wie wir unsere Kinder erziehen sollen. Unsere innere Stimme – ist das eigentlich die unsere?

Anders als Tiere kann und soll sich jeder von uns bewusst entscheiden, ob er oder sie nach den Regeln seines Schwarms spielen will. Es steht uns theoretisch frei, das selbst zu bestimmen. Denn anders als das Gnu haben wir die Chance, uns selbst und unseren Schwarm von außen zu betrachten, ohne dabei sofort in Todesgefahr zu geraten. Die Frage, die sich jeder von uns stellen muss: Nutzen wir diese Chance zur Selbsterkenntnis und Selbstbestimmtheit? Wissen wir, wofür wir im Leben stehen?

In den folgenden Kapiteln geht es um Schwärme, in denen wir uns die meiste Zeit unseres Lebens bewegen: den Unternehmensschwarm, der das Schicksal von Menschen bestimmt, aber auch selbst von jedem Einzelnen geprägt wird, den Beziehungsschwarm und den allumfassenden gesellschaftlichen Schwarm genauso wie unseren inneren Schwarm, der uns unablässig lenkt, wenn wir seiner nicht Herr werden. Und es geht um Individuen als Teil dieser Schwärme, um uns Menschen, die in ihren Entscheidungen und in dem, was wir für richtig und wichtig halten, von unseren Schwärmen geprägt werden.

Teil I beschreibt die typischen Vertreter in diesen Schwärmen: Menschen in unterschiedlichen Positionen, mal in der

Mitte des Schwarms gefangen, mal unfreiwillig außerhalb, mal blind vorneweg marschierend, mal scheinbar frei von allen Zwängen, mal festgezurrt in fremden Erwartungen. Es geht um den Typus des Schwarmlenkers, der scheinbar nur das macht, was er selbst für richtig hält – ohne jedoch zu verstehen, was er eigentlich wirklich tut. Es geht um Menschen, die unbedingt dazugehören wollen, Schwarmsucher, für die ihre Unternehmens- und Beziehungsschwärme aber zur Katastrophe werden, weil sie nichts von ihrem inneren Schwarm wissen. Um Schwarmgefangene im Zentrum ihres Schwarms, die sich gegen die Last fremder Erwartungen nicht wehren. Oder die alle Möglichkeiten haben und sich am Ende doch nur selbst betrügen.

Es geht dabei um unsere zutiefst menschliche Sehnsucht nach Anerkennung und Sicherheit, die mit unserem Verlangen nach Freiheit konkurriert. Ja, wir sind Schwarmwesen. Wir brauchen den Schutz der Gemeinschaft. Wir brauchen diesen Schutz unbedingt. Aber wie selbstbestimmt wir darin leben, darüber können wir selbst entscheiden. Das können wir, wenn wir unsere äußeren und inneren Schwärme identifizieren und beobachten, um dann unsere eigenen Urteile zu fällen und danach zu handeln.

Denn anders als für das kleine Gnu hat für uns als menschliche Individuen die Zugehörigkeit zu unseren Schwärmen einen zu hohen Preis, als dass wir uns ihnen weiterhin gedankenlos ausliefern dürften.

Kapitel 2

Hinein in den Schwarm

Es ist nicht so, dass wir immer automatisch Teil eines Schwarms sind. Ob am Arbeitsplatz oder im Freundeskreis: Manche von uns müssen sich regelrecht darum bemühen, hineinzukommen. Es ist ein Kampf um Anerkennung, Zuwendung und Respekt. Wenn wir die Augen aufmachen, dann können wir jeden Tag auf Menschen treffen, die ihre Kraft darauf verwenden, es vor allem anderen recht zu machen:

Sobald Holger Matuschek durch das Firmentor geht, den Pförtner grüßt, beginnt seine Transformation. Obwohl erst seit einem Monat in der Firma, nimmt es der Abteilungsleiter schon nicht mehr bewusst wahr, wenn er auf dem Weg zum Großraumbüro vorsorglich Rücken und Schultern aufrichtet und durchdrückt, wenn er dann am Arbeitsplatz seine Sachen auspackt und sogleich Witterung aufnimmt. Ein Blick nach rechts zu seinen Kolleginnen, die sich dem neuesten Tratsch hingeben. Dann schnell hinüber zu der Gruppe sportlicher Anfangdreißiger, die sich mit den persönlichen Bestleistungen bei ihrer letzten Kneipentour übertrumpfen. Und wie von Matuschek erwartet, fliegt aus einem vor lauter Lachen weit aufgerissenen Männermund auch schon eine Anzüglichkeit über alle Schreibtische hinweg und schlägt inmitten der Frauengruppe ein, die laut kichernd aufspringt.

»Volltreffer«, brummt der vorbeikommende Geschäftsführer und klatscht zufrieden in die Hände. So viel gute Stimmung am Morgen. Beim Weitergehen taxiert der Vorgesetzte Matuschek. Der spürt die unausgesprochene Frage: Wie ist der Neue eigentlich so drauf? Als drücke jemand einen Knopf, beginnt Matuschek zu grinsen. Obwohl der derbe, sexistische Humor so gar nicht seiner Art entspricht.

Darüber aber verschwendet er keinen Gedanken. Ihn plagt etwas anderes: »Jetzt sag endlich was«, schreit es in seinem Kopf, »oder willst du wieder nur zuschauen?« Und siehe da: Wenn auch etwas gehemmt, kommen die Worte aus seinem Mund. Zur Überraschung aller weist er plötzlich auf die etwas verantwortungslose Rocklänge seiner Kollegin hin, die noch immer im Zentrum des erhitzten Interesses steht. Dieser Anflug eines Witzes wird im weiten Rund des Büros vernommen. »Na, na, na«, summt ihm die gespielte weibliche Entrüstung entgegen. Die Jungs, vom Geschäftsführer sehr geschätzt, haben seine Bemühungen wohlwollend registriert. Matuschek atmet durch, lächelt verlegen und ein wenig stolz. Wie gut das tut. Er hebt die Hand und salutiert hinüber, spaßeshalber.

Man dreht sich wieder weg von ihm. Jetzt ist es ihm fast unangenehm, aber Matuschek ist sich sicher: Wenn das Team nach Feierabend mal wieder durchs Nachtleben zieht, dann wird man ihn, ihren neuen Chef, endlich mitnehmen – selbst wenn Kampftrinken noch nie seine Sache war.

Die Regeln der Mehrheit

Kaum befinden wir uns mit Kollegen in einem Raum, können wir uns den üblichen Gepflogenheiten in einem Unternehmen und den mit ihnen einhergehenden Emotionen nur schwer entziehen: etwa der Art, wie respektvoll oder

herabsetzend man über andere spricht, gerade über die nicht
Anwesenden. Dem Humor, der schwierige Situationen ent-
krampft oder zuspitzt. Der Intensität der Konflikte und wie
man sie in geordnete Bahnen lenkt oder chaotisch, möglicherweise sogar verletzend, eskalieren lässt. Dem Maß an
unausgesprochenem Vertrauen, das zwischen allen Beteiligten herrscht.

Der Unternehmensschwarm der vielen kleinen Fische – er
richtet sich entlang dieser kulturellen Linien aus, die in jedem Unternehmen anders verlaufen können. An den offizi-
ellen und inoffiziellen Regeln der Unternehmenskultur orientiert sich das Verhalten der Mehrheit der Mitarbeiter
automatisch. Dafür braucht es nicht einmal Strafe und Belohnung. Wie eine Firma tickt, das spüren wir sofort, wenn
uns einige der Kollegen umgeben. Wir fühlen, wie wir uns
in den Augen der anderen verhalten sollen, wenn wir von
ihnen wertgeschätzt werden möchten.

Ob wir es wollen oder nicht: Wir müssen uns entscheiden,
auf welche Weise wir uns zu diesem Schwarm verhalten.
Wenn wir Reibung und Konflikt vermeiden wollen, dann
können wir einfach mitschwimmen, uns gedankenlos und
bequem treiben lassen im Sog der Kollegen. Das tut nicht
weh, zumindest eine Zeit lang nicht. Wir bekommen einen
festen Platz in der Hierarchie und damit einen gewissen
Status. Wenn wir schön brav mitziehen, gibt es vielleicht
auch noch einen Bonus auf unser Gehalt.

Aber eines ist sicher: Niemand kann sich ewig verbiegen
und letztendlich bis zur Unkenntlichkeit anpassen, ohne
dass dies gravierende Folgen für das eigene Wohlbefinden,
die Gesundheit und das eigene Leben hat. Je länger man in
einem Unternehmensalltag einfach mitmacht, über viele
Jahre den herrschenden Geist inhaliert, desto mehr wird das

oft recht eigenartige Schwarmverhalten innerhalb der Firmenmauern als eine Selbstverständlichkeit betrachtet, zu der es keine Alternative gibt.

Kaum betreten wir ein Unternehmen, fallen uns dessen Besonderheiten auf. Da gibt es einen Wettstreit darüber, wer die meisten Überstunden anhäuft, bei dem sich Außenstehende nur an den Kopf fassen. Da tragen die Männer einer Abteilung Krawatten in einem ganz bestimmten Ton, als sei allen der Geschmack gleichzeitig abhandengekommen. Da schweigen sich in Meetings alle beharrlich an, als sei niemand für das Ergebnis verantwortlich, oder das Gegenteil ist der Fall, und auch der zarteste Spross einer Idee wird voller Leidenschaft zu Tode diskutiert. Die Frage, vor der jeder von uns steht, sobald er oder sie Teil einer solchen Unternehmenskultur wird, lautet: Können wir uns gegen die Kraft eines solchen Umfeldes behaupten und selbstbestimmt handeln?

Ich war einmal in einer Firma angestellt, in der es üblich war, den Freitagabend mit einem gemeinsamen Gang in eine Bar mit Tabledance zu beschließen. Für viele Mitarbeiter, mich eingeschlossen, war das nicht der ideale Zeitvertreib. Nur war ich erstaunlicherweise der Einzige, der sich nicht an diesem Ritual beteiligte. Entstanden dadurch Nachteile für mich? Nein!

Es gibt immer eine Alternative zum vorherrschenden Geist in einem Unternehmen. Jeder von uns hat eine Wahl, wie sehr er oder sie sich anpasst. Sie können sich selbst treu bleiben und die Witze machen, die zu Ihnen passen. Sie können freundlich sein, so wie Sie es selbst für richtig halten. Sie brauchen nicht bei Kneipentouren dabei zu sein, um Ihren Job ordentlich zu machen, dafür geschätzt zu werden und für sich und Ihr Unternehmen erfolgreich zu sein.

Aber zu viele von uns geben alles dafür, um mit Haut und Haar integriert zu werden. Keinen Zentimeter weit und kein Lachen lang wollen wir außen vor bleiben. Die Matuscheks dieser Welt fühlen sich ohne ihre Herde so hilf- und schutzlos wie das kleine Gnu.

Der Selbstverrat

Was uns in solchen Situationen umtreibt, ist nicht allein der Druck von außen. Es sind unsere Sehnsüchte. Wir wollen dazugehören, Lob bekommen, Unterstützung erfahren, einen guten Status erlangen. Dahinter verbergen sich oft vielerlei Ängste: die Angst vor Kritik, vor Zurückweisung, die Angst, sich vor den anderen zu blamieren. Wer von uns kennt nicht diese plagende Ungewissheit: Was der Teamleiter wohl über mich denkt? Hält man mich für langweilig? Und was hätte das für Folgen? Werde ich dann benachteiligt, vielleicht sogar gemobbt? Wie schnell nimmt dann das fiktive Drama in unserem Kopf schnell seinen Lauf. Die Vorstellung, wir würden auf Dauer außen vor bleiben, peinigt uns. Es ist diese Angst, der wir uns kämpferisch stellen müssen. Aber zu oft stehen wir zitternd und unsicher am Rand und wollen am liebsten nur eines: so schnell wie möglich mitten hinein in den Kern des Schwarms. Instinktiv wittern wir dort die größtmögliche Sicherheit vor den Zumutungen des beruflichen Alltags – aber die hat ihren Preis.

Wer keinen Stolz hat, kein Rückgrat zeigt, weil er sich über sich selbst nicht im Klaren ist, der zahlt dafür einen Preis. Dann verkaufen wir im Auftrag unseres Arbeitgebers Produkte, die wir selbst schlecht finden. Dann verkünden wir als Führungskraft Botschaften, an die wir selbst nicht glauben können. Dann ordnen wir uns in die Unkul-

tur unseres Büroschwarms unter und ein, obwohl sie uns
zutiefst fremd ist. Wir verraten uns dabei selbst, sind bereit, unseren Charakter zu deformieren. Das Schlimmste,
was uns passieren kann: Wir nehmen es nicht einmal bewusst in Kauf – wir lassen es, aus Unbedarftheit und der
Unfähigkeit, die eigene Situation zu überschauen, einfach
mit uns geschehen.

Mein Eindruck ist: Das geringe Selbstvertrauen schränkt
unseren Blick ein, lässt uns wie ein Herdentier nur auf unsere Umgebung und nicht auf uns selbst reagieren. Unentwegt
versucht sich die große Mehrheit der Mitarbeiter in deutschen Unternehmen abzusichern. Befolgt Gruppenrituale,
die sie selbst anwidern. Tut alles dafür, um nur nicht anzuecken. Bemüht sich verzweifelt um Anerkennung. Sammelt
Sympathiepunkte, als sei es die einzig gültige Währung für
die eigene Selbsteinschätzung.

Aber welchen Preis wollen Sie zahlen für diesen Glücks-
rausch an kurzfristiger Anerkennung auf Ihrem imaginären
Lebenskonto? Lohnt sich das brave, oft feige und gleichzeitig dumme Einordnen in einen Unternehmensschwarm,
selbst wenn uns vieles an diesem zuwider ist und wir es im
Nachhinein bereuen? Wenn wir die Witze der Kollegen eigentlich schon lange nicht mehr hören können? Wenn wir
uns fragen, ob unsere Manager noch richtig ticken? Wenn
uns die gemeinsamen Mittagessen zu Tode langweilen?
Wenn das, was im Team oder im Unternehmen passiert, unseren eigenen Vorstellungen viel zu oft zuwiderläuft? Die
Frage ist: Sind wir ehrlich zu uns selbst? Lassen wir solche
Fragen und Gedanken an uns ran? Und was soll erst sein,
wenn wir uns nicht nur im Unternehmen so verhalten, sondern auch im Privaten?

Holger Matuscheks Freunde machen es sich im neuen Wohnzimmer gemütlich. Seine Frau ist bestens gelaunt, weil sie bemerkt, wie gut die neue Couchgarnitur, für die Matuschek sein Konto geplündert hat, bei ihren Freunden ankommt. Zufrieden lehnt er sich zurück. Doch dann kommt man auf ihn zu sprechen. Er dürfe sich von seinem Chef nicht alles gefallen lassen. Die neue Position, die stehe ihm ja wohl zu. Drunter dürfe er es nicht machen. Matuschek weiß nicht so recht. Was er als Abteilungsleiter zu leisten hat, das reicht ihm doch jetzt schon.

Seine Frau pflichtet den Freunden bei. Auf jeden Fall sind alle froh, dass Matuschek vor Jahren seinen Job als Schreiner an den Nagel gehängt hat. Das sei ja nichts Richtiges gewesen. Seine Frau schaut ihn an, als habe sie es eh schon immer gewusst. Matuschek nickt. Die Gruppe schaut jetzt wohlwollend zu ihm. Er fühlt sich etwas unbehaglich.

Wenn ihm alles zu viel wird, geht Matuschek gerne in den Keller. Dort hat er eine Werkbank und Kästen voller Werkzeuge. Es gibt nichts, das ihn mehr erfüllt, als mit seinen Händen Holz zu bearbeiten. Aber als Beruf? Matuschek schätzt es ja selber, dass Bekannte und Freunde keinen Schmutz mehr unter seinen Fingernägeln entdecken. Wenn er in seinem Keller vor sich hin arbeitet, macht er ausnahmsweise mal keinen angestrengten Eindruck.

Mit seinen 35 Jahren fühlt sich Matuschek häufig schlapp und fertig. Dass er aber einfach zusammenklappen würde, das hatte er nicht erwartet. Und doch ist es passiert. Eine Woche Krankenhaus hat er hinter sich. Vielleicht hat er in letzter Zeit zu viel um die Ohren, beruhigt er sich. Der Job, der Knatsch mit seinen Vorgesetzten. Auch mit seiner Ehe steht es nicht zum Besten. Innerlich ist er verzweifelt. Aber es gehe ihm schon wieder besser, beteuert er. Er lebt weiter – in einer Haut, die nicht die seine ist.

Vom begnadeten Handwerker zum überforderten Abteilungsleiter: Menschen wie Matuschek betrügen sich selbst. Für ein klein wenig Anerkennung von Freunden, Partnern oder Eltern lassen sie sich auf ein Leben ein, das sie selbst am wenigsten glücklich macht. Aber gestehen sie sich das ein? Die meisten von uns bemerken nicht einmal, was sie sich selbst antun.

Ängstlich lassen wir uns inmitten unseres Schwarms treiben. Halten krampfhaft den Kontakt zu allen übrigen vertrauten Fischen, machen jede Bewegung artig mit, um ja nicht Gefahr zu laufen, für einen Augenblick in der großen weiten Welt alleine dazustehen. Zum Beispiel mit einer anderen Meinung, die niemand teilt. Oder mit einem Job und einem Einkommen, die nicht den Statuserwartungen entsprechen. Mit einer ganz eigenen Lebensweise und Sicht auf die Welt, die kein Verständnis findet bei den Menschen, denen wir nahestehen. Das ist unser größter Albtraum. Wir wollen gefallen und angenommen werden, um jeden Preis. Und halten dafür unseren Blick starr und konzentriert auf alle anderen Mitglieder des Schwarms, aber nie auf uns selbst, auf unsere Bedürfnisse, auf unsere einzigartige Persönlichkeit, die wir vielleicht schon in der Jugend, aber spätestens beim Eintritt ins Erwachsenendasein tief in uns vergraben.

Der Preis des Mitläufertums

Die körperlichen Folgen eines solchen Lebens gegen die ureigenen Bedürfnisse, gegen das eigene Sein, sind den meisten Betroffenen ins Gesicht gemeißelt. Man kann das sehen! Der Druck der Anpassung, der Gram über die eigene Unzulänglichkeit, sie verewigen sich im Gesicht: in der Gereiztheit, im verbitterten Blick auf die Welt, in den hängenden Schultern, der Kraftlosigkeit und der Verzagtheit oder der aufgesetzten guten Laune, mit der der Alltag bestritten wird und mit der anderen versichert wird, dass es einem »ganz gut« geht, »man könne nicht klagen«.

Die Zuwendung des Komfort spendenden Schwarms wird teuer erkauft. Schwärme können behagliche Rückzugsräume sein. In ihnen fängt man uns auf. Kollegen, die uns unter die Arme greifen, uns zur Seite stehen, vereint in der Kritik am fiesen Vorgesetzten und der Ungerechtigkeit der Welt. Und zugleich sind es Komfortzonen voller Mitleid und falscher Anerkennung, in denen wir Stück für Stück ausgehöhlt werden. Teile von uns sterben. Unsere Originalität, unsere Wahrhaftigkeit. Der Tod kommt auf Raten. Mit jedem Mal, mit dem wir, einem inneren Zwang folgend, die Erwartungen der anderen erfüllen.

Mit jedem Mal, mit dem Sie auf vieles verzichten, was Sie als Mensch auszeichnet: Ihre Eigenheiten, Meinungen, Ziele. Ihr Konformismus ist gut für den Fortbestand Ihrer heimeligen Gemeinschaft, aber für Sie selbst als Individuum kann er eine Katastrophe sein.

Kapitel 3

Mittendrin gefangen

Die meisten Menschen kämpfen nicht um Anschluss. Sei es bei der Arbeit oder privat: Es geht ihnen nicht darum, in eine Gruppe hineinzukommen und drinzubleiben, das haben sie längst geschafft. Sie sind mittendrin, werden von vielen Mitmenschen anerkannt und respektiert. Und werden dabei umso mehr mit Erwartungen konfrontiert. Erwartungen, die sich über Jahre hinweg aufgebaut haben. Solange diese erfüllt werden, ist die Welt in Ordnung.

Problematisch aber wird es, wenn wir als Schwarmmitglieder diese Erwartungen enttäuschen, weil wir uns selbst weiterentwickeln wollen. Wenn wir versuchen auszubrechen und uns von den äußeren Zwängen und Zumutungen zu befreien.

Insbesondere auf den unteren und mittleren Führungsebenen von Unternehmen und Organisationen trifft man auf Menschen, die etwas erreicht haben, auf einer bestimmten Position angekommen sind. Und sich auf ihrem Weg nach oben mal mehr, mal weniger angepasst haben. Der Wunsch, sich weiterzuentwickeln, den Status quo ihres Lebens zu verändern und eine Dynamik für sich selbst zu entwickeln, lässt sie dann auf einmal an äußere und innere Grenzen stoßen. Stellen wir uns den Typus eines Menschen vor, der mitten im Schwarm ist und eigentlich nur noch Enge spürt:

Als Martha Bachmann das Büro ihres Chefs betritt, liegen ihre Verkaufszahlen der vergangenen Monate in einer ausgedruckten Excel-Tabelle vor ihm auf dem Tisch. Nach einer herzlichen Begrüßung, die beiden kennen sich schließlich schon einige Jahre, kommt ihr Chef auf den Punkt: Sie schaffe seit einiger Zeit zu wenig Neukunden. Und das, obwohl die neue Police in anderen Teams ein echter Renner ist. Was denn mit ihr los sei, sie wirke etwas erschöpft, erkundigt er sich.

Martha schaut betroffen. Ja, sie wisse das. Zu Hause laufe nicht alles rund. Eines ihrer Kinder komme gerade in die Pubertät. Das sei nicht einfach als voll berufstätige Mutter. Ihr Chef nickt verständnisvoll. Diese ehrliche, vertrauenswürdige Art gefällt ihm an ihr. Gegenüber Kunden macht gerade diese Menschlichkeit Marthas Erfolg aus. Der Chef überlegt laut: Wie wäre es, wenn sie ab jetzt freitags früher nach Hause gehen würde? Hilft das? Martha lächelt, das hört sich doch gut an. Als sie sich verabschiedet und die Hand bereits an der Klinke hat, ruft sie ihr Chef zurück. Falls sie wieder ihr altes Niveau erreiche, dann sehe er sie als erste Kandidatin für den frei werdenden Posten der Abteilungsleiterin. Martha bedankt sich erstaunt.

Zurück an ihrem Schreibtisch, stiert sie auf den Bildschirm ihres PCs. Sie hat dem Chef den wahren Grund für ihr Leistungstief verschwiegen: Sie fühlt sich einfach nicht fähig, die neue Police zu verkaufen, weil sie deren veränderte Bedingungen als einen glatten Betrug am Kunden empfindet. So etwas tut man nicht, geht ihr immer wieder durch den Kopf. Menschen bewusst schaden für den eigenen Vorteil. Aber das kann sie hier im Job niemandem erzählen. Auch nicht, dass die Gewissensbisse sie bis nach Hause verfolgen. Dass sie nachts kaum ein Auge mehr zubekommt, gereizt ist und die Kinder ihr auf die Nerven gehen.

Seit geraumer Zeit schon überlegt Martha, ob sie sich eine neue Stelle suchen soll. Im Unternehmen ist sie seit über sieben Jahren und gerade die letzten Monate gehen ihr an die Nieren. Aber wäre eine Kündigung nicht zu riskant für sie als Alleinerziehende? Und während Martha darüber nachdenkt, schiebt sich langsam ein anderes Bild vor ihr inneres Auge: sie selbst in der neuen Chefposition. Endlich ein besseres Gehalt, das so vieles erleichtern würde – auch für die Kinder, deren Wünschen sie immer weniger nachkommen kann. Würde es sich dafür nicht lohnen, die neuen Policen zu verkaufen? Und überhaupt: Sollte sie das schmeichelhafte Angebot ihres Chefs nicht besser dankend annehmen?

Das Erwartungsgefängnis

Es ist eine Situation, die viele von uns so oder ähnlich kennen: Wir sind jahrelang bei einer Firma, vielleicht sogar recht erfolgreich. Zugleich wissen wir aber, dass es uns dort nicht mehr gefällt, die Tätigkeit uns nichts mehr gibt. Immer öfter fühlt es sich an, als würden wir die Zeit absitzen. Unsere Lebenszeit. Wartend. Auf was? Dass irgendetwas Überraschendes passiert, das den Schalter wieder von Stopp auf Go stellt?

Angestrengt und widerwillig denken wir über den Absprung nach, immer wieder, oft jahrelang, und schaffen ihn doch nicht. Verschieben ihn auf einen besseren Zeitpunkt: Wenn wir privat den Kopf freihaben, ein Kredit abbezahlt ist, der Chef uns nicht mehr braucht. Statt mutig abzuspringen, lassen wir uns vom nächsten Angebot der alten Firma einlullen und wieder vorwärtstreiben, im Glauben, dass dann vieles besser werden wird. Schließlich bringt das ein bisschen Bewegung in den Alltag. Und das reicht doch schon. Ja, tut es das?

Zu sehr hängen wir an dem, was wir sicher haben. Den sicheren Arbeitsplatz. Die bekannte Umgebung. Die Kollegen, die wir kennen und verlässlich einschätzen können. Es ist eine konforme Komfortzone, die recht unbehaglich werden kann, wenn wir den an uns gerichteten Erwartungen nicht mehr nachkommen wollen.

Selbst wenn wir uns bewusst mit unserer Situation auseinandersetzen und die Kluft zwischen unseren eigenen moralischen Vorstellungen und denen des Unternehmens klar vor Augen haben: Zu selten folgen wir unserer inneren Stimme. Die Suche nach einem neuen Job bleibt dann nur ein Gedankenspiel. Wir führen ein Doppelleben. Machen im Job mehr oder weniger, was unser Chef und die Firma von uns erwarten, obwohl sich in uns einiges dagegen sträubt. Schließlich bringt der Job materielle Sicherheit, eine Befriedigung des eigenen Erfolgsbedürfnisses und das wichtige Gefühl, Teil einer Gruppe von Menschen zu sein, die uns mögen.

Zu Hause dann leiden wir und unsere Familie oder Freunde unter unseren Widersprüchen, unserer Zerrissenheit. Unser innerer Kampf hat schleichende, aber starke Auswirkungen auf unser Leben und letztendlich auch auf die berufliche Leistung. Wir sind in einer Zwickmühle. Kommt in einer solchen Situation ein Jobangebot, neigen zu viele Menschen dazu, den angebotenen Karriereschritt als Fluchtweg nach vorne zu nehmen. Anstatt uns von unserem Schwarm mit seinen gegensätzlichen Interessen zu lösen, schwimmen wir noch tiefer hinein. Unser Dilemma potenziert sich – auch wenn wir die finanziellen Mittel bekommen, uns zumindest materiell zu befrieden.

Gemäß den Vorstellungen des Gesellschaftsschwarms wird die eigene Karriere zu oft als der wichtigste Weg ins persönliche Glück betrachtet. Als könnten der damit verbundene materielle Wohlstand und die Anerkennung, die wir von unserem Umfeld erhalten, unsere eigentlichen Probleme lösen. Solange Sie in solchen Momenten nicht authentisch handeln, nicht offen für Ihre eigene Haltung einstehen und entsprechend Ihren eigenen Vorstellungen handeln, werden Sie im Leben nie eine Stufe erreichen, die so etwas wie Ausgeglichenheit und Selbsterfüllung nahekommt. Wenn Ihr Arbeitgeber will, dass Sie sich reinhängen, das Optimale rausholen, und Ihre Familie materielle Wünsche äußert, verfangen Sie sich noch mehr in den Ansprüchen Ihrer Schwärme. Und in Ihrem Kopf spuken Erwartungen herum, von denen Sie auch noch glauben, es seien die Ihren: »So ein Karriereangebot darfst du nicht ablehnen!«, »Du darfst deinen Chef nicht enttäuschen!«, »Was würden meine Freunde denken?!« oder »Das bist du deinen Kindern schuldig!«.

Der innere Schwarm

In solchen Situationen müssen wir unbedingt in der Lage sein zu unterscheiden: Was ist uns selbst wichtig? Und was tun wir nur, weil andere es von uns erwarten? Wir spüren ganz deutlich, was das Richtige für uns wäre. Aber der nächste Karriereschritt lockt dennoch. Wir würden damit Erwartungen erfüllen, nicht nur die unseres Unternehmens, sondern auch eigene. Denn wie oft blockieren wir uns letztlich selbst: Fremde Gedanken und Werte beherrschen unser Inneres und widersetzen sich der Entfaltung unserer eigenen Persönlichkeit. Auf uns selbst und unser Bedürfnis nach Integrität und Ehrlichkeit zu achten, das steht deshalb erst an letzter Stelle. Dieser innere Schwarm ist unser größter Gegner – die fremden Ansichten, die vieles in uns verdecken, was uns wirklich wichtig ist. Wir erkennen ihn selten bewusst und oft erst viel zu spät.

Meist glauben wir, es seien die Kollegen vom Schreibtisch nebenan, die uns das Leben zur Hölle machen oder eines unserer Projekte ausbremsen. Wieder sind dann unsere Aufmerksamkeit einfordernden Freunde daran schuld, dass wir es nicht schaffen, häufiger Sport zu treiben oder einfach mal zur Ruhe zu kommen. Doch unser stärkster Gegner ist einer, von dem wir lange Zeit nicht wissen, dass es ihn überhaupt gibt. Er ist in uns selbst. Deutlich zu Wort meldet er sich bei uns genau dann, wenn wir dabei sind, unser Leben selbst in die Hand zu nehmen, und ernsthaft versuchen, daran etwas zu unseren Gunsten zu verändern. Wie beim folgenden Beispiel des Versuchs eines Schwarmausbruchs:

Hanna Müller hat heute ihren großen Tag. Sie schaut an sich hinunter und erkennt sich kaum wieder: Das ungewohnte Businesskostüm sitzt. In einer Stunde wird sie ihrem ersten potenziellen Kunden begegnen. Sie hat sich seit Wochen darauf vorbereitet. Sie hat sogar eine Broschüre erstellt, die zeigt, was sie in Sachen Kindertagesstätten alles kann. Von der Pädagogik über die Organisation bis zur Leitung – Hanna Müller beherrscht alles. Schließlich leitet sie seit Jahren selbst eine Kita. Nun will sie sich selbstständig machen. Jetzt, da immer mehr Unternehmen dabei sind, für den Nachwuchs ihrer Mitarbeiter Betriebskindergärten einzurichten. Eine tolle Geschäftsidee. Und Hanna Müller kann das. Sie weiß es.

Sie sitzt vor dem Spiegel, fährt sich zwei-, dreimal durchs Haar. Ihr Lebenspartner kommt herein, nimmt sie von hinten in den Arm und wünscht ihr viel Erfolg. Wenn das mit ihrer lukrativen Selbstständigkeit klappen würde, dann wären sie beide auch finanziell aus dem Schneider. Wegen der neuen Wohnung ist das bitter nötig.

Hanna Müller geht zurück an den Schreibtisch, ordnet noch mal akribisch ihre Dokumente, obwohl längst alles bereitliegt. Die Idee, sich selbstständig zu machen, zündete sofort bei ihr. Sie war Feuer und Flamme für die neue Perspektive. Ihrem jetzigen Arbeitgeber wird sie keine Träne nachweinen. Zu schlecht werden sie und ihre Kollegen behandelt. Und das auch noch für einen mickrigen Lohn. Aber immerhin kommt der wenigstens pünktlich jeden Monat aufs Konto. Würde sie kündigen, dann müsste mit dem ersten Kunden auch alles klappen. Bei dem Gedanken wird ihr ein wenig mulmig.

Sie steht auf, schaut aus dem Fenster und dann auf die Uhr. In ein paar Minuten muss sie sich auf den Weg machen. Es wird ernst. Was, wenn sie das Unternehmen, mit dem bisher nur ein kurzes Telefonat stattfand, mit ihrem Auftritt nicht überzeugen kann? Blödsinn, unterbricht sie sich selbst und beginnt, sich die Situation auszumalen. Das Lächeln des zuständigen Personalchefs, das doch etwas ganz anderes bedeuten kann. Die nichtssagende Verabschiedung, die sie im Unklaren lassen wird. Und immer schneller dreht sich das Karussell in ihrem Kopf. Sie bekommt weiche Knie. Ist jetzt wirklich der richtige Zeitpunkt für solch einen gewagten Schritt? Ist sie selbst schon bereit dafür? Überstürzt greift Hanna Müller zum Telefon, sagt ihren Termin ab. Danach ist sie erleichtert. Und jetzt wieder sehr sicher, dass es beim nächsten Mal klappen wird. Auch wenn sie vielleicht schon ahnt, dass es so schnell keinen nächsten Termin geben wird.

Ähnliche Situationen kennen viele von uns aus dem eigenen Alltag: vor uns eine herausragende Chance. Wir halten alle Karten, die wir für das neue Spiel brauchen, in der Hand. Wir müssen sie nur ausspielen. Aber wir zögern so lange, bis wir beschließen, die Karten ganz wegzulegen. Weil sich in diesem Moment jemand bei uns meldet, der nicht an unsere Idee glaubt, aber daran, dass die anderen, zum Beispiel die Manager in den teuren Anzügen, uns auslachen werden. Diesem Einflüsterer glauben wir dann aufs Wort. Sogar wenn ausgewiesene Experten uns darauf hinweisen, dass unsere Bedenken reine Hirngespinste sind. Denn genau das sind sie. Sie existieren nur in unserem Kopf.

Wer kennt so eine Situation des Selbstzweifels nicht, in der wir uns von allem abbringen, was uns aus der Komfortzone katapultieren und herausfordern könnte? Da sitzen wir zum Beispiel mit Kollegen zusammen und haben plötzlich eine Idee, von der wir sicher sind, dass sie das aktuelle Projekt weiterbringt. Aber wir erzählen den anderen nicht sofort davon, weil wir das Risiko, dafür ausgelacht zu werden, höher einschätzen als die Wahrscheinlichkeit, dass wir damit richtig liegen. Wie eine Riesenkrake blockiert die Angst vor der Bloßstellung unseren Willen zu handeln. Und je länger wir warten, desto mehr wachsen unsere Zweifel. Und während die Worte einfach nicht über unsere Lippen kommen, spricht ein Kollege das aus, was wir die ganze Zeit über schon dachten. Er bekommt den Applaus, während wir am liebsten in die Tischkante beißen möchten. Folgen wir in solch einem Moment unserem eigenen Willen? Das glauben wir, weil wir unfähig sind, zu sehen und zu verstehen, was wirklich in uns und mit uns passiert.

Wie oft haben wir möglicherweise von unseren Eltern oder später von Freunden gehört, dass wir handwerklich unbegabt seien. Oder nicht mit Geld umgehen könnten. Weshalb wir uns nur ja nicht beruflich selbstständig machen sollen. Im Laufe der Zeit beginnen wir, das selbst zu glauben. Worte, die oft genug wiederholt werden, prägen uns. Vielleicht spricht aus der Mutlosigkeit, den Schritt in die

Selbstständigkeit nicht zu wagen, aber auch der Einfluss unserer Kollegen, die sich das aufgrund des eigenen mangelhaften Selbstbewusstseins weder bei sich selbst noch bei anderen vorstellen können und wollen.

Die Erwartungen alter oder aktueller Freunde und Kollegen, Eltern und Lehrer, ihre Bedenken, ihre längst überholten Einschätzungen zu unserer Person, ihre Werte und ihre ängstlichen Perspektiven auf die Welt – was es auch immer sein mag: Die Mitglieder unserer Schwärme müssen nicht leibhaftig neben uns stehen, um ihren mächtigen Einfluss zu entfalten. Unsere Meinung über uns selbst oder andere Menschen, über unser Umfeld und die ganze Welt dort draußen drückt viel zu oft vor allem eines aus: die Haltungen und Sichtweisen von sozialen Gruppen, denen wir zugehörig sind oder waren. Ihre Ansichten haben sie irgendwann einmal wie Saatkörner in uns eingepflanzt. Und wir haben diese Saat dann im Unbewussten prächtig gedeihen lassen. So lange, bis diese Gewächse äußerer Einflüsse all das in uns überwuchern, was unsere originelle Persönlichkeit ausmacht.

Um im entscheidenden Moment dennoch an uns zu glauben, brauchen wir eine vollkommen klare Sicht auf uns selbst – unvernebelt von den negativen Haltungen unserer Umgebung, die sich in unseren Ansichten widerspiegeln.

Ein innerer Schwarm, der uns lenkt – das kann nicht akzeptabel sein! Oder verspüren Sie die Lust, die Werte und Vorstellungen aktueller Kollegen oder ehemaliger Schulcliquen, die Noten längst vergessener Lehrer, die Weltsicht Ihrer Eltern oder sogar Großeltern als dauerhaftes Störfeuer ewig mit sich herumzutragen?

Wenn Sie nicht wollen, dass die persönlichen Grenzen der anderen zu den Ihren werden, dann müssen Sie sich davon befreien!

Kapitel 4

Blind vorneweg

Von einem Firmenlenker sollte man viel erwarten: zum Beispiel Weitblick und die Fähigkeit, das eigene Verhalten differenziert einzuschätzen. Was aber, wenn der Lenker sich einen eigenen Schwarm geschaffen hat, der seine ganze Konzentration einfordert? Wie bei der folgenden beispielhaften Geschichte:

Einer wie der Vorstandsvorsitzende Werner Breuner sieht alles. Von seinem großen Büro im zwölften Stock der Firmenzentrale erkennt der Mittsechziger, was vor sich geht. Im Markt, wo er den größeren Wettbewerbern immer eine Innovation voraus sein will. Im Unternehmen, wo er immer genau spürt, woran er bei jedem seiner Mitarbeiter ist. Da genügt ein Blick auf das Bewerbungsfoto. Was zählt, ist Sympathie. Ein System, das lange funktioniert hat, weil Breuner für viele die große, wohlwollende Vaterfigur ist und in seiner Karriere immer wieder richtige Entscheidungen getroffen hat. Doch jetzt, nach Jahren des Erfolgs, läuft es mit dem Unternehmen nicht mehr so gut. Externe Experten kritisieren seine Unternehmensstrategie. Aber die behält er bei und trennt sich stattdessen von einigen seiner Manager. Nicht, weil sie inkompetent sind. Er kann sie einfach nicht mehr sehen. Die Typen passen ihm nicht mehr, zu eigenwillig sind sie geworden. Hinter vorgehaltener Hand lässt er das auch alle wissen. Das bringt ein bisschen Unruhe hinein. Also wendet Breuner sein bewährtes Mittel an: Er hält eine Rede.

5.000 Mitarbeiter stehen bereit, um von Breuner das sichere Gefühl zu bekommen, dass alles so bleibt, wie es ist. Das erwarten sie von ihrem Chef. Genauer gesagt: Das haben sie gelernt, von ihrem Chef Breuner zu erwarten. Als der Vorsitzende endlich das Podium betritt, richten sich alle Gesichter nach ihm aus – wie Metallspäne an einem Magneten. Das Redemanuskript in der Hand, aber noch nicht an die Wartenden gewandt, dirigiert Breuner nach links und rechts noch schnell ein paar in unmittelbarer Nähe befindliche Assistenten. Man möge ihm ein Glas Wasser besorgen und dies und das für die versammelte und sicherlich hungrige Mannschaft noch auf den Weg bringen. Dass all das längst auch ohne sein Zutun geschehen ist – sei's drum. Die Botschaft ist klar: Ohne mich läuft nichts, wie es soll, ich habe das hier bis ins kleinste Detail im Auge.

Kurz vor der Rede wollte man ihn noch überzeugen, dass er dieses Mal auch einige Bereichsleiter auf die Bühne lässt. Da er sonst das Unternehmen zu sehr auf seine Person ausrichte. Und wie solle das auf Dauer funktionieren, wenn immer alles von ihm abhängt? Da hatte er tatsächlich irritiert aufgeschaut. Ein Moment des Zweifelns, bevor er sich wieder fasste. Die große Rede, die will er sich nicht nehmen lassen. Das brauchen seine Leute von ihm, da ist er sich sicher. Dass er seine Mitarbeiter blind und kritiklos gemacht hat, weil er konsequent nichts anderes als Applaus duldet, das sieht er nicht, als er vor seinem ihm ergebenen Schwarm steht. Nein, er meint alles zu überblicken, bis in die letzte bestuhlte Reihe. Doch über seine Gefolgschaft hinaus reicht sein Blick nicht. Nicht zu den Wettbewerbern, die den Markt aufrollen. Nicht zur nahenden Übernahme seiner Firma und dem Niedergang seines Lebenswerks.

Es gibt Unternehmen, die bewegen sich in einem wettbewerbsintensiven Markt, als wären sie alleine unterwegs. Verantwortlich dafür sind häufig Firmenchefs, die sich mehr auf die Anerkennung ihrer Mitarbeiter konzentrieren als auf das, was außerhalb passiert. Schwarmlenker, die für den Schwarm der Mitarbeiter in diesem stürmischen Meer ein sicheres Rückzugsgebiet bauen: ein Aquarium. Oder besser gesagt: ein verglastes Becken im Meer, das die Wellen des Wettbewerbs draußen vor hält. Eines, in dem die kleinen Fische, die der Chef mag, regelmäßig gehegt und gepflegt werden, aber andere, die seiner Meinung nach zu eigensinnig ihre Bahnen schwimmen, aus dem Aquarium entfernt und ins offene Meer zurückgeworfen werden. Die Fische in diesen Schwärmen sehen längst nicht mehr, dass ihr Aquarium nicht das offene Meer ist. Ihre Wahrnehmung ist begrenzt. Und der Schwarmlenker, der hat es irgendwann selbst verdrängt. Vielleicht, weil ihm mit zunehmendem Alter ein harmloses Aquarium immer angenehmer wird.

Diese Art von Topmanagern kann sich immer sicher sein, dass ihre Mannschaft hinter ihnen steht und ihre Entscheidungen nicht infrage stellt. Das macht sie lange Jahre erfolgreich. In einem Markt, der sich nicht gravierend ändert, kann ein eingeschworenes, auf sich selbst bezogenes Team ein Vorteil sein. Doch sobald von außen neue Herausforderungen auftauchen, die das Altbewährte infrage stellen, droht solch ein System zu kippen. Denn dann ist niemand im Unternehmen, der es wagt, auf der Suche nach Antworten über den Rand hinauszuschauen. Niemand versteht dann die Notwendigkeit, anders zu denken und zu handeln.

Die Schwarmdummheit

Möglicherweise kennen Sie solch ein Verhalten von sich selbst. Wenn Sie etwa versuchen, sich privat oder beruflich nur mit Menschen zu umgeben, die Sie nicht kritisieren oder fordern. Die Sie in Ihrem Denken, Ihrem Tun nur bestätigen, anstatt Ihnen zu widersprechen und auf ehrliche Weise den Spiegel vorzuhalten. Wie groß ist doch unsere Angst vor Kritik, vor Ablehnung! Konflikten und Diskussionen gehen wir am liebsten aus dem Weg. Das Ergebnis ist Stillstand – für uns als Einzelne, aber auch als Gruppe.

In einer solchen Gruppe, in einem Unternehmen, das von kurzsichtigen, auf Applaus fixierten Anführern gelenkt wird, gibt es keine Schwarmintelligenz. Hier herrscht allein die eingeschränkte Binnensicht. Kompromisse statt echter Lösungen, gegenseitige Fellpflege statt produktiver Reibung. Gemeinsam endet der Blick an der Firmenmauer. Und so summiert sich die Zusammenarbeit in den Gruppen nicht zu einem Ergebnis, das größer ist als die Summe ihrer einzelnen Köpfe.

In vielen Unternehmen sind ganze Belegschaften Gefangene von gewohnheitsmäßigen Ritualen, die alle Arbeitsprozesse durchziehen und den Blick auf unternehmensrelevante Notwendigkeiten versperren.

Als Berater für den Geschäftsführer eines Telekommunikationsunternehmens fiel mir auf, wie zu jedem Arbeitstreffen, das die Firmenleitung zum Thema Strategie anberaumte, Dutzende von Mitarbeitern aus unterschiedlichen Abteilungen kamen. Jeder, der meinte, etwas beitragen zu können, oder fürchtete, vom Informationsfluss abgeschnitten zu werden, fand sich in dem überfüllten Konferenzzimmer ein. Dass bei diesem zeitintensiven Unterfangen kaum etwas Effektives herauskommt, das kümmerte niemanden. Die große Gruppe kreiste, wie sollte es anders sein, zunächst um sich selbst und erst dann um das jeweilige Thema.

Was sich einmal etabliert hat, wie etwa regelmäßige Zusammenkünfte möglichst vieler Mitarbeiter, mag in den Anfangstagen eines Unternehmens einen Sinn gehabt haben. Informationen flossen schneller, Ideen wurden dynamischer aus der Taufe gehoben, Entscheidungen gemeinsam getroffen. Im nun groß gewordenen Unternehmen werden dieselben Verhaltensweisen nun immer kontraproduktiver. Das alte Schwarmritual entwickelt jetzt ein Eigenleben, sein Sinn geht verloren und wird auch nicht mehr hinterfragt. Auch wenn der Geschäftsführer das erkennt: Zu selbstverständlich fordert die Mehrheit ihr Gewohnheitsrecht weiterhin ein. Zu groß ist seine Furcht, sich unbeliebt zu machen, wenn er an diesem Ritual etwas ändert. Mit zerstörerischen Folgen: Im Beispiel oben lähmt die Beteiligung der vielen alle Prozesse. Das Unternehmen reagiert im Wettbewerb zusehends langsamer und vor allem nicht auf die Impulse von außen, sondern nur auf die unmittelbare Dynamik der sich Schulter an Schulter bewegenden Mitarbeiter. Das ist gefährlich. Das ist Schwarmdummheit.

Schwarmintelligenz gibt es nicht in gleichgeschalteten Gruppen, sondern nur dort, wo jedes Individuum unabhängig von allen anderen entscheidet – nach eigenem Willen, Wissen und bestem Gewissen. Bei »Wer wird Millionär?« wird die Publikumsfrage von jeder Person im Publikum selbstständig beantwortet. Die Summe dieser Einzelentscheidungen zeigt mit hoher Wahrscheinlichkeit die richtige Antwort an. Die Kandidaten der Show, die der Publikumsentscheidung folgen, liegen deshalb meistens richtig.

In deutschen Unternehmen sieht es dagegen oft anders aus. Entweder entscheidet ein Chef und die Gruppe folgt. Oder in einem gruppendynamischen Prozess passen sich die Gruppenmitglieder einander an. Die wenigsten wagen es, unabhängig zu denken und zu entscheiden, einen Schritt alleine oder gar abseits der ausgetretenen Wege zu gehen. Zu groß ist die Gefahr, damit anzuecken. So ist der Stillstand vorprogrammiert.

Und je stärker der Druck des Schwarms ist, desto konformer das Verhalten der einzelnen Mitarbeiter. Dann springt die Angst vor Fehlern, aber auch die Bereitschaft zu unmoralischem Verhalten von einem Schreibtisch zum nächsten, infiziert alle, die sich nicht bewusst dagegenstemmen.

Der gefangene Schwarmlenker

Es ist eine der Aufgaben von Führungskräften, auf den internen Stillstand zu reagieren – den Schwarm nicht dümmer, sondern intelligenter zu machen. Aber wie viele Verantwortliche in den Chefetagen können diese Notwendigkeit überhaupt erkennen? Denn dafür müssten sie den Kopf heben, um zu sich selbst und ihrem Schwarm eine neue Position einzunehmen. Sie müssten ihre Existenz und die des Unternehmensschwarms aus einer für alle neuen Perspektive betrachten und auf den Prüfstand stellen. Doch zu sehr sind sie in ihrer eigenen, geschützten Welt gefangen. In ihrer Komfortzone. In ihrer selbst geschaffenen Rolle als Übervater. In einer Gemeinschaft, die sie von ihrer Person abhängig gemacht haben, die ihnen Anerkennung gibt, Ansehen verleiht. Das fühlt sich gut an. Der Schwarm braucht sie, sie brauchen den Schwarm. Harte Wahrheiten von außen sind hier nicht vorgesehen.

Viele Schwarmlenker können nicht anders. Nicht zuletzt, weil sie auch selbst noch in einem anderen Schwarm unterwegs sind. Nämlich im Schwarm der übrigen Geschäftsführer oder Vorstände aus den anderen Unternehmen der jeweiligen Branche. Möglicherweise geben noch wesentlich mächtigere Schwarmlenker den Ton an. In diesem Umfeld soll es immer mehr sein. Mehr Gehalt, mehr Macht. Aber es reicht nicht für jeden bis nach ganz oben. Ihre Unternehmen geben es nicht her. Also helfen sie nach, wollen in irgendeiner Disziplin führend sein. Wenn nicht der Größte, dann wenigsten der Cleverste, der Fortschrittlichste, der Innovativste und dazu noch eine führende Rolle im Verband oder in einem Verein. Das würde guttun. Das brächte ordentlich Pluspunkte auf der eigenen Geltungsskala. Und deshalb schwören sie ihre Leute auf Ziele ein, die mehr über sie selbst aussagen als über das Unternehmen. Es ist ihr innerer Schwarm, nach dem die Firma und ihre Mitarbeiterschaft geformt werden. Nach ihrem Geltungsdrang, ihrer Sucht nach Applaus und Schulterklopfen, ihrer Nichtakzeptanz von Kritik. Es gibt zu viele Vorstände, die mehr damit beschäftigt sind, ihre inneren Widersprüche zu befrieden, als selbstreflektiert und mit Weitblick die Geschicke ihres Konzerns zu lenken.

Und weil in einem solch gleichgeschalteten Schwarm alle Angestellten der anerkannten Instanz des Schwarmlenkers widerspruchslos folgen, kommt für solche Unternehmensschwärme, was kommen muss. Die Wellen des offenen Meeres schwappen irgendwann und von niemandem der Betroffenen vorhergesehen mit Wucht in das scheinbar so schützende Aquarium. Das Unternehmen gerät immer tiefer in die Krise. Und die vielen kleinen Fische rücken noch enger zusammen, vertrauen noch verzweifelter auf den väterlichen

Chef und den beruhigenden Flossenschlag ihrer Kollegen neben sich. Erst wenn die Wände des Schutzraums zusammenbrechen und ein Wettbewerber das erste Stück aus dem Unternehmen herausbeißt, öffnen sie ihre Augen. Der Schwarmlenker beginnt in diesem Moment jedenfalls zu sehen, dass er besser nicht auf ein paar unangenehme Querdenker verzichtet hätte, die die Intelligenz des Schwarms erhöht hätten. Aber das sieht er erst, als es für ihn, den typischen Karrieremann am Ende der Karriere, bereits viel zu spät ist, um noch irgendetwas zu verändern.

Kapitel 5

Schwarmidentitäten:
Es ist, wie es ist, aber wie ist es?

Schwärme ziehen uns an. Wir alle suchen schließlich unseren Platz in der Gesellschaft, in Unternehmen und persönlichen Netzwerken. Wer kann uns das verdenken? In den kleinen und großen Gruppen erhalten wir die Anerkennung und Sicherheit, die wir als Menschen immer wieder brauchen. Die notwendige Nestwärme, ohne die wir nicht leben können. Dass wir uns dafür anpassen, es unseren Mitmenschen recht machen, uns oft auch selbst verleugnen, unsere Persönlichkeit verbiegen, das ist uns meist nicht bewusst. Aber es ist der Preis, den wir dafür zahlen. Wenn wir etwa einen Job nur noch schwer ertragen, wenn wir im Leben nicht vorwärtskommen, wenn unsere täglichen Routinen, unsere privaten Beziehungen uns keine Freude mehr bereiten, sondern nur noch Frust. Und sind wir erst mal mittendrin im Erwartungsgefängnis des Schwarms, dann kommen wir auch nicht mehr so einfach raus. Selbst wenn unser Seelenfrieden ganz offensichtlich Schaden nimmt oder eine bessere Alternative zum Greifen nah ist. Zu stark sind die Erwartungen der anderen an uns, zu angenehm der Komfort der Routine – das Bekannte lassen wir nicht so leicht hinter uns. Lieber verzichten wir im Zweifelsfall darauf, Neues zu wagen und uns weiterzuentwickeln.

Wenn wir nicht aufrecht und wachen Auges durch die Welt gehen, werden Schwärme zu Orten des Selbstverrats und Selbstbetrugs – selbst für einen Firmenlenker, der glaubt, sich seine Welt so machen zu können, wie sie ihm gefällt. Zu gerne machen wir uns etwas vor, bemerken nicht, dass wir nicht nur äußeren Zwängen ausgesetzt sind, sondern vor allem in uns selbst keine Klarheit herrscht. Es ist unser innerer Schwarm, die fremden Vorstellungen in unserem Kopf, die unsere eigene Idee von einem erfüllten Leben zur Seite drängen. Bis wir nicht mehr sehen, wer wir wirklich sind und was wir selbst für uns und andere erreichen wollen.

Wir haben die Wahl

Wir stellen uns und das Drumherum selten infrage. Wie auch?, denken Sie sich jetzt vielleicht, wann soll man denn innehalten, die Stopptaste drücken, ein wenig Abstand gewinnen zur rasant laufenden Tretmühle? Doch es gibt diese kleinen Momente, die uns die Freiheit schenken, mehr zu sehen, als wir es sonst können: immer dann, wenn wir aus einem Schwarm auftauchen und in den nächsten noch nicht eingetaucht sind. Wenn wir etwa bei der Arbeit ein Meeting verpassen und der Zug unserer Kollegen kurz ohne uns weiterfährt. Abgeschnitten von den aktuellen Informationen und Diskussionen überfällt uns die Angst, ab jetzt außen vor zu bleiben. Jetzt könnten wir die Chance nutzen und einfach mal die Augen aufmachen. Unseren Blick durch die Büroflure wandern lassen, den Unterhaltungen der Kollegen lauschen, einige Präsentationen einfach mal genauer unter die Lupe nehmen. Vielleicht erkennen wir dann, was sich wirklich um uns herum abspielt. Etwa die Blindheit,

mit der jeder den Vorschlägen der Führungsspitze hinterher-
läuft. Das falsche Pferd, auf das alle setzen, weil sich eine
fixe Idee verselbstständigt hat und die ganze Herde kritiklos
in eine bestimmte Richtung treibt – im festen Glauben an
ein bestimmtes Produkt, eine Vision oder eine Methode.

Vielleicht haben wir, während sich unsere Kollegen im
Meeting die Köpfe heißreden, genügend Abstand, um mit
einem klaren Blick zu sehen, was unser Unternehmen und
unser Team umtreibt. Und auf einmal sehen wir uns dabei
selbst, wie wir mitrennen, ohne nur einmal den Kopf zu heben, ohne uns umzuschauen und die Dinge zu hinterfragen.
Gefangen in unserem inneren Schwarm folgen wir blind
unserer Gruppe.

Jede Situation in unserem Tagesablauf, die unsere
Schwarmzugehörigkeit nur für kurze Zeit unterbricht, ist
eine Chance für einen freien Blick auf uns selbst und alle
anderen.

Stellen Sie sich einen Schwarmsuchenden wie Holger
Matuschek vor, wie er jeden Samstag zum Fußball geht. Ins
Stadion oder in die Kneipe. Immer gemeinsam mit seinen
Kollegen:

*Sobald das erste Bier gekippt ist, steigt die Stimmung, unabhän-
gig vom Spiel. Wenn Matuschek nach kurzem Austreten zu seiner Gruppe zurückkommt und das laute, bierbeseelte Grölen
hört, das Rülpsen, das Schlagen auf Tisch und Schenkel, dann
wundert er sich oft für einen kurzen Moment: Was mache ich
hier eigentlich?*

Es ist ein Moment der Klarheit. Aber was tun mit solchen
Einsichten? Der Schwarmsucher Matuschek gliedert sich
schnell wieder ein. Jetzt bloß nicht zu ernst werden. Eigent-

lich will er nur eine gute Zeit haben. Ein Schluck vom Bier, und er ist wieder mittendrin. Der Typus Schwarmlenker braucht einen Moment, in dem ihm seine selbstverständliche Autorität abhandenkommt:

Breuners Taxi steht im Stau. Ungeduldig springt er aus dem Fahrzeug und die Treppe zur U-Bahn hinunter. Während die Bahn fährt, überlegt Breuner, wo er eigentlich aussteigen muss. Es ist fast 20 Jahre her, dass er zum letzten Mal in einem öffentlichen Nahverkehrsmittel saß. Er steigt aus der U-Bahn wieder aus und betritt eine Welt, die er nicht kennt. Die Menschen sehen anders aus, reden anders. Junge Kerle lungern in Gruppen herum. Schauen ihn an. Breuner will nach dem Weg fragen. Er traut sich nicht. Und keiner rührt für ihn einen Finger. Als ein Taxi neben ihm hält, ist er in seiner Dankbarkeit fast demütig. Er bemerkt die Aufgeregtheit in seiner Stimme, als er mit dem Fahrer spricht. Er wundert sich über sich selbst. Und darüber, dass so viele Menschen in seiner Firma ihm einfach folgen.

Es sind Momente des Erkennens: Ja, wir sind Teil von einem Schwarm, der oft genug in eine andere Richtung schwimmt, als wir es wollen, jeden Tag aufs Neue. Wenn wir uns das eingestehen, dann ist es unsere Entscheidung, was wir aus dieser Erkenntnis machen. Wollen wir ausbrechen, uns ändern?

Wollen wir unseren Gehorsam aufkündigen? Wollen wir in einem Unternehmen eine eigene Idee auch mal gegen den Widerstand der Mehrheit durchsetzen? Oder sind wir zu schwach und zu bequem, einen Weg für eine bestimmte Zeit auch mal alleine gehen zu können? Finden wir uns damit ab, dass andere zu den Mördern unserer Träume werden?

Selbstbestimmtheit statt Selbstbetrug

Wir können einem Unternehmens- oder Beziehungs-schwarm mehr geben als unsere Gefolgschaft. Wenn er es wirklich will, dann könnte selbst ein Schwarmsucher den Versuch wagen, das immer so nervende Humorniveau seiner Truppe ein wenig anzuheben. Oder ein paar Grenzen ziehen und dabei an Selbstbewusstsein zu gewinnen. Schwarmge-fangene vom Typus Martha könnten zur moralischen Instanz für ihr Team werden und versuchen, etwas zu ändern. Oder für sich selbst eine neue Freiheit entdecken und sich von ihrem Chef und ihrer so bedrückenden Arbeit lossagen. Ein Schwarmlenker könnte auf seine alten Tage seinen Mitarbeitern nicht nur selbstkritischer gegenübertreten, sondern endlich mehr von seinen Leuten fordern als Gefolgschaft.

Jeder Bruch mit eingefahrenen Verhaltensmustern fordert unser Umfeld heraus, jede Veränderung im Verhältnis zu unseren Mitmenschen kann zu Konflikten führen. Das kann uns erst einmal ein Stück einsamer und unglücklicher machen: Etwas geht zu Ende. Manche Menschen werden sich vielleicht von uns abwenden. Ja, und?

Sicher, das kann hart für uns werden. Aber auf dem Weg in ein selbstbestimmtes, erfolgreiches Leben werden wir nicht physisch umkommen. Das passiert nicht. Im Unterschied zum kleinen Gnu werden wir nicht sofort von hungrigen Löwen gerissen. Vielleicht erfahren wir Zurückweisungen, erleiden wir Niederlagen, bekommen wir Schrammen und Narben, bis wir dort ankommen, wo wir hinwollen. Dennoch: Wir werden es mit Sicherheit überleben!

Um sich gegen die äußeren Schwärme zu behaupten, müssen Sie für sich selbst eine Aufgabe erfüllen: Stellen Sie sich Ihrem inneren Schwarm.

Erkennen Sie, welche Knöpfe etwa ein Vorgesetzter bei Ihnen drücken muss, damit Sie wie eine Marionette tanzen. Machen Sie sich bewusst, warum Sie sich in bestimmten Momenten nicht trauen, eine klare Position zu beziehen. Wovor haben Sie im Leben Angst? Davor, größer zu sein, als Sie es jetzt sind? Warum fühlen Sie sich schuldig, wenn Sie den Erwartungen der anderen nicht entsprechen? Was passiert da genau mit Ihnen?

Um das herauszufinden, müssen Sie die dunkle Seite Ihrer Schwarmzugehörigkeit durchleuchten. Die Quelle negativer Emotionen wie Angst, Schuld oder Scham. Dabei werden Sie Erstaunliches entdecken: die ungeheure Kraft, die in Ihren Emotionen verborgen liegt.

II

AUS DEM SCHWARM HERAUS

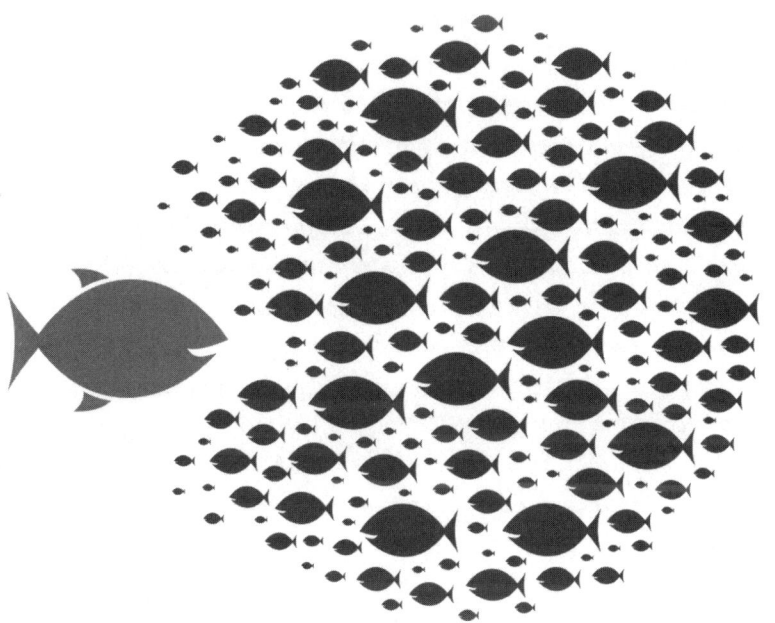

Der Fall des Schwarmlenkers

Der ehemalige Vorstandsvorsitzende ist im Ruhestand. Die Berichte über den Niedergang seiner ehemaligen Firma verfolgt er dennoch. Man macht ihn dafür mitverantwortlich – ihn, nach dessen Abschied es erst richtig bergab ging. Werner Breuner dämmert, dass er nicht rechtzeitig das Feld für seinen Nachfolger bestellt hat. Und dass er sein Management nie dazu gebracht hat, selbstständig zu denken und zu handeln. Dass er fähige, andersdenkende Köpfe nach vorne hätte holen müssen. Der Gedanke nagt an ihm. Vor allem jetzt, da sich niemand mehr bei ihm meldet und nur noch seine Frau an die Tür seines Arbeitszimmers klopft.

Dann spürt er, was ihm am meisten fehlt. Früher, da war er der Mittelpunkt, bekam Vertrauen, Respekt, Applaus im Überfluss. Wie sehr er sich hat davon blenden lassen, das wird Breuner nun klar. Und doch hätte er gern wieder mehr Aufmerksamkeit. So wie der ehemalige Vorstandsvorsitzende seines großen Konkurrenten. Noch mehr als früher packt Breuner Neid, wenn er daran denkt, wie dessen Ansehen von Mitarbeitern und Öffentlichkeit in Ehren gehalten wird. Wo sind sie hin, die Schulterklopfer?

In den stillen Momenten sieht Breuner sich selbst. Den mit sich selbst hadernden alten Mann, der nach außen hin keine Zweifel an seiner Lebensleistung gelten lässt. Hätte er doch nur mehr Zeit gehabt, er hätte so vieles noch anders gemacht. Breuner blickt der Wahrheit in die Fratze und verzweifelt daran, weil er erkennt, dass es nun zu spät ist.

Die Wut der Schwarmgefangenen

Hanna Müller sitzt vor dem Spiegel, und während sie sich schminkt, fällt ihr der Lippenstift aus der Hand. Ihre Hand zittert. Sie schaut sich an, sieht, wie ihre Backenknochen mahlen. Sie ist wütend und weiß nicht, worauf. Alles ist doch wieder gut. Sie bleibt bei ihrem alten Arbeitgeber. Den Versuch, sich selbstständig zu machen, hat Hanna hinter sich gelassen. Aber der Stachel der Angst, das Bild von sich selbst, das sie im Moment der Wahrheit im Spiegel gesehen hat, bevor sie den Termin absagte, der bleibt. So wie ihre Furcht, nicht gut genug zu sein, abgelehnt zu werden. Es sind Gefühle, die darauf warten, wieder an die Oberfläche ihres Bewusstseins zu gelangen.

Sie hat das Bild einer Kollegin vor ihrem inneren Auge. Die hat es sich getraut, hat sich selbstständig gemacht. Anders als ich, denkt sich Hanna. Der Gang zur Kita fällt Hanna jeden Tag schwerer. Sie hält das kaum noch aus: ihre Möglichkeiten wieder und wieder durchzuspielen, um dann einfach immer weiterzumachen wie gehabt. Am liebsten würde sie es anschreien, ihr eigenes Spiegelbild.

Die Kraft der Schwarmausbrecher

Antje Hansen sitzt zu Hause und schreibt etwas auf ein Blatt Papier. Es sind Gedanken, unfertige Ideen darüber, welcher Beruf ihr Spaß machen könnte. Momentan ist sie arbeitslos. Und überaus glücklich. Darüber, dass sie es endlich geschafft hat, sich von ihrer alten Firma zu trennen. Dass sie nun Zeit für sich hat. Für ihre Kinder. Um nachzudenken über ihr Leben.

Nachdem sie die Stelle als Abteilungsleiterin angenommen hatte, wurde es mit ihren Depressionen nicht besser, sondern schlimmer – trotz des besseren Gehalts. Eines Morgens wachte sie auf und wusste, dass es so nicht mehr weitergeht. Sie traf die Entscheidung. Nachdem sie es ihrem Chef gegenüber ausgesprochen hatte, fielen ihr Zentnerlasten von den Schultern. Wie gut es sich anfühlte, das Heft wieder in die eigene Hand zu nehmen. Ihr ist endlich klar: Die Kollegen werden auch ganz gut ohne sie zurechtkommen. Was hatte sie sich nur alles vorgemacht! Jetzt hat sie kaum noch Geld. Aber Träume, die darauf warten, umgesetzt zu werden.

Schwarmsucher: Schrecken ohne Ende

Nachts kann Holger Matuschek kaum noch schlafen. Er hat Angst. Vor dem nächsten Tag, von dem er nicht weiß, was er bringt. Vor den Bildern in seinem Kopf, die er nicht bändigen kann. Er denkt an den letzten Anpfiff durch den Bereichsleiter. Er schade dem Team, warf der ihm vor. Matuschek sinkt in sich zusammen. Ihn überwältigte das Gefühl der Schuld, nicht die Leistung zu bringen, die man von ihm erwartet. Die Scham, versagt zu haben.

Oft nimmt er die Verzweiflung der Nacht mit an seinen Arbeitsplatz. Dann sitzt er schweißgebadet am Schreibtisch. Tut, als würde er die Arbeit seiner Mitarbeiter kontrollieren, und malt sich aus, was in seinem Leben noch alles schiefgehen wird. Was passiert, wenn sein fragiles Kartenhaus einstürzt. Wenn ein Kollege ihm im Vorbeigehen auf die Schulter haut und sich nach ihm erkundigt, erschrickt er kurz und beruhigt sich dann wieder. Das wird schon alles, das wird schon alles.

Kapitel 6

Der schwarze Kern des Schwarms

Die unreflektierte Zugehörigkeit zu einem Schwarm – wenn wir nicht rechtzeitig erkennen, wer wir sind und was wir im Leben wirklich wollen – hat Konsequenzen. Körperliche und seelische Konsequenzen. Und im schlimmsten Fall kostet sie ein ganzes Leben. Ob wir den Schwarm anführen, in ihm gefangen sind oder verbissen den Anschluss suchen: Wir leiden dann. Egal, ob wir ahnen, was bei uns selbst falsch läuft, oder ob wir von dieser Selbsterkenntnis noch meilenweit entfernt sind: Wir geraten immer tiefer hinein in unsere ganz persönliche Misere. Ganz anders dagegen fühlt es sich an, wenn wir aufbegehren gegen unsere inneren und äußeren Zwänge, um gegen die Interessen der anderen das Richtige für uns selbst zu tun. Die wenigsten von uns tun das.

Die Folgen dieses falschen oder unterlassenen Handelns treten irgendwann zutage – mal früher, mal später. Nachdem sie monate- oder jahrelang im Stillen wie Krankheitserreger in uns arbeiten, kommt der Zeitpunkt, an dem unsere Schwarmgefolgschaft etwas in uns auslöst.

Als ich mich mit meiner ehemaligen Beratungsfirma auf dem unternehmerischen Höhepunkt sonnte, traf es mich aus heiterem Himmel. In den Monaten zuvor hatte ich jede Woche bis zu 80 Stunden gearbeitet. Ich hatte jedes Projekt angenommen und unendlich viel Energie investiert. Für mich galt nur ein Maßstab für Zufriedenheit: der Profit meiner Firma. Das Einzige, was ich mir leistete, waren die gut sichtbaren wie kostspieligen Insignien des Erfolgs: Uhr, Auto, Haus. Doch dann erwischte mich der körperliche und psychische Zusammenbruch. Rien ne va plus, hieß es plötzlich mit Mitte 30, nichts ging mehr. Ich brauchte lange, um zu begreifen, was mit mir passiert war. Und einige Monate, um wieder zu Kräften zu kommen. Ehrgeizig und perfektionistisch hatte ich mich aufgeopfert für Ziele, die gesellschaftlich gewürdigt und in meiner Branche selbstverständlich gefordert wurden. Die aber rein gar nichts mit dem zu tun hatten, was letztendlich meiner persönlichen Vorstellung von einem erfüllten Leben nahekam. Es dauerte eine Weile, bis ich begriff, was ich in meinem Job und in meinem Leben wirklich erreichen will: Nicht um jeden Preis den Gewinn zu maximieren, sondern etwas leisten, das anderen wirklich hilft.

Frust und Leid können sich in unterschiedlichen Formen bemerkbar machen. Oft ist da zu Beginn nur eine latente Unzufriedenheit. Ein Aufwachen in der Nacht. Eine enorme Gereiztheit, wenn sich wieder mal zu viel Arbeit auf dem Bürotisch ansammelt. Der Urlaub, der keine Erholung bringt. Langsam kriechen Emotionen an die Oberfläche unseres Bewusstseins, die wir nicht verstehen. Die Wut auf uns selbst und die Welt. Ein Gefühl der Schuld, weil wir fremden und eigenen Erwartungen nicht gerecht werden. Oder einfach nur die Furcht vor dem nächsten Tag, vor einem Termin beim Kunden, vor einer Entscheidung unseres Chefs, den Reaktionen der Kollegen oder Freunde. Und manchmal, da reißen uns diese Emotionen plötzlich mit einem lauten Knall aus einem fragwürdigen Film, den wir bislang für unser mehr oder weniger gelungenes Leben gehalten haben.

Dann wehren wir uns gegen die eigene Seelenlast, begehren auf, wollen nicht wahrhaben, dass wir unsere Gefühle im Alltag nicht mehr unter Kontrolle haben. Aber dennoch geschieht es mit uns: Der Widerspruch, in dem wir täglich leben – unser Handeln, das wir gegen unsere echten Bedürfnisse den äußeren und inneren Zwängen anpassen –, er trifft uns mit einer Wucht, der wir kaum etwas entgegensetzen können.

Die Ergebnisse vieler Studien zeichnen ein schwarzes Bild. Die Zahl der Menschen in Deutschland, die an Depressionen und anderen seelischen Störungen leiden, ist in den vergangenen zehn Jahren um 40 Prozent gewachsen. Zu viele fühlen sich gehetzt, getrieben, selbst in der Freizeit. Sie finden im Hamsterrad des Alltags keine Zeit für sich selbst und für die Menschen, die ihnen wirklich etwas bedeuten. Die Scheidungsrate verharrt auf einem hohen Niveau, während immer weniger Akademikerinnen den richtigen Mann und Moment zum Kinderkriegen finden, weil der Unternehmensschwarm von ihnen alles einfordert und sie das wie selbstverständlich zulassen. Über die Hälfte aller Mädchen und Frauen zwischen 15 und 35 fühlen sich in ihrem Körper zu dick, selbst wenn sie das offensichtlich nicht sind. Gefangen im genauso oberflächlichen wie mächtigen Zeitgeistschwarm rennen Frauen und auch immer mehr Männer zum Schönheitschirurgen und einem teuren Bild von Glück hinterher.

Millionen von Deutschen leiden im Job. Jeder zweite Arbeitnehmer fühlt sich fremdbestimmt und getrieben – von sinnlosen Aufgaben, den Ansprüchen der Kunden, den fordernden Chefs. Wie oft habe ich das bei Unternehmen erlebt: Ein Vorstand treibt seine Mitarbeiterschaft von einem sinnlosen Projekt ins nächste und niemand widerspricht. Klaglos folgt die Meute, frisst zur Belohnung den nächstbesten Happen, der ihnen vor die Füße geschmissen wird. Sei es der Bonus am Ende des Quartals, die zugesagte Karriereoption, die Garantie des Arbeitsplatzes oder lediglich ein feuchter Händedruck.

Dagegen lässt man talentierte Mitarbeiter mit ebenso herausragenden wie herausfordernden Ideen gegen die Wand laufen. Weil es die Mehrheit, die es sich im Status quo behaglich gemacht hat, so will. Meiner Beobachtung nach bleiben 80 Prozent aller aussichtsreichen Ideen von Mitarbeitern in den Startlöchern stecken, weil sie frühzeitig von Kollegen und Verantwortungsträgern sabotiert werden. Besser kann man Menschen die Lust an der Arbeit nicht rauben. Und meist sind es eben nicht nur einzelne Mitarbeiter, sondern Abteilungen oder ganze Unternehmen, die nicht aus ihrer Haut rauskönnen. Die den Gleichschritt der individuellen Klasse vorziehen. Unser Unternehmensschwarm, er scheint im negativen Sinne ganze Arbeit zu leisten. Er schürt in uns Wut, Schuld und dann immer mal wieder Hoffnung.

Dabei liegt es doch vor allem an uns selbst. Weil wir es sind, die nicht erkennen, wer in unserem Kopf welche Knöpfe drückt. Unser Vorgesetzter etwa, der uns Aufgaben stellt, deren Erfüllung wir für den Unternehmenserfolg als völlig sinnlos oder vielleicht sogar als unmoralisch erachten und denen wir dennoch jedes Mal ehrgeizig nachkommen, als hänge unser ganzes Glück davon ab.

Und das tut es ja gefühlt auch: weil wir meinen, die Anerkennung des Chefs und die unserer Kollegen zu brauchen, um Karriere zu machen. Weil wir für unser Glück materielle Ziele definieren, ein größeres Auto, eine noch schönere Wohnung – Dinge, mit denen wir unser Selbst adäquat auszudrücken meinen und die wir nur mit dem Aufstieg in diesem gut bezahlten Job erreichen können. Dem Stress, den fremden Regeln unterworfen, beklagen wir uns und jammern zugleich. Und fügen uns doch.

Getrieben von dieser Kette scheinbar essenzieller Bedürfnisse, gehen wir im Schwarm, zwischen all den ähnlich handelnden Individuen auf und irgendwann unter. Wir spüren es oft erst, wenn uns alles zu viel wird. Wenn wir einfach nicht mehr wollen, der Frust ein so hohes Niveau erreicht, dass wir ihn herausschreien wollen. Die eigentliche Ursache können wir nicht benennen. Weil wir uns damit zufriedengeben, die Schuld für unser Unglück auf den einen Chef, ein paar Kollegen oder unser gesamtes soziales Umfeld zu schieben. Dass wir selbst dafür verantwortlich sein könnten, wie es uns geht, weil wir zu vieles mit uns geschehen lassen, ohne auch nur einmal bewusst darüber nachzudenken? Darauf kommen wir nicht.

Unseren verschiedenen Schwärmen treten wir völlig unreflektiert gegenüber. Wir spüren die Belastungen, die Ursache ist uns dagegen nicht klar. Um unser Leben im Griff zu behalten und zwischen all den unterschiedlichen Erwartungen nicht ins Schleudern zu kommen, suchen wir nach Rat und Lösung. Bei Freunden, aber noch viel lieber bei professionellen Ratgebern. Unser Ziel: uns weiter zu optimieren – um ganz im Sinne unserer inneren und äußeren Schwärme einwandfrei funktionieren zu können.

Die Krux mit Ratgebern und anderen Helfern

Die Symbole unseres Verzweifelns an der Realität stehen als
Bestseller und Restposten in den Regalen der Buchhandlungen: Ratgeber für ein besseres Leben, Instrumente des
positiven Denkens. Ehrlich gesagt: Ich lese sie auch gerne
mal, diese Anleitungen zur Glücksfindung. Aber außer, dass
sie einen dieser tollen Momente erzeugen, in denen wir sagen: »Genau!«, und uns erkannt und emotional aufgeladen
fühlen, folgt daraus meist – außer einer kurz nachklingenden guten Laune: nichts. Wir bleiben in diesem Moment
und an diesem Gefühl haften, und gierig nach mehr lesen
wir das Buch weiter oder fangen gleich das nächste an, anstatt unseren Hintern zu bewegen und unsere eigene Trägheit endlich zu überwinden. Nach der Lektüre solch eines
Ratgebers bleiben wir so ohnmächtig wie zuvor. Kurz: ein
Opfer unseres eigenen Lebens! Weil ein Riesenknäuel an
Blockaden uns bewegungsunfähig macht: Emotionen, die
wir nicht im Griff haben, die Unklarheit über uns selber, die
mangelnde Fokussierung und Disziplin im Hinblick auf
das, was wir für uns selbst erreichen wollen. Als würde uns
das gute Leben in den Schoß fallen, wenn wir es in die
Hände anderer geben.

Wir kaufen uns Ratgeber, lassen uns vom Arzt krankschreiben, vom Psychotherapeuten Psychopharmaka oder vom
Heilpraktiker Kräuterkuren verordnen. Unsere Haltung:
»Machen Sie mich bitte wieder gesund! Tun Sie alles, damit
ich mich wieder gut fühle!« Aus der einen Abhängigkeit von
unseren Schwärmen begeben wir uns gleich in die nächste.

Ob Ärzte, Freunde, Verwandte oder Menschen, die es gut
mit uns meinen: Gerade wenn es uns schlecht geht, wenn
uns das Leben mal wieder hart anfasst, gerade dann neigen

wir umso mehr dazu, die Kontrolle über uns an andere ab-
zugeben. Wie gerne lassen wir uns, schwach, wie wir uns
dann fühlen, in Richtungen drücken, in die wir eigentlich
nicht wollen. Und umso stärker spüren wir dann, mit leichtem Zeitverzug, Frust und Leid. Wir tun uns selbst leid,
geben anderen oder gleich der ganzen Welt die Schuld an
unserem Schicksal. Denn als solches betrachten wir unser
Leben doch am liebsten: als unserer eigenen Verantwortung
entzogenes Schicksal.

Ein riesiger Fehler. Niemand außer Ihnen selber kann Sie
zufrieden, stolz und motiviert machen. Niemand anderes als
Sie selber kann Sie von Gefühlszuständen wie Angst, Schuld
und Scham befreien, um das Leben gegen alle Widerstände
so zu gestalten, wie Sie es selbst möchten. Überantworten
Sie Ihr Leben nicht fremden Experten. Nehmen Sie gerne
ihre Hilfe an, um sich selbst und das, was Ihnen helfen kann
oder im Weg steht, besser zu erkennen. Aber betrachten Sie
diese Dinge als das, was sie sind: Werkzeuge. Ich selbst be-
nutze Psychologen und Hypnotiseure, um besser zu verstehen, was mich beeinflusst, begrenzt und welcher Hebel ich
mich bedienen kann. Mein Ziel: Ich will immer wieder in
mich hineinschauen, um mich für meinen Kampf um
Selbstbestimmtheit stärker zu machen.

Der innere Kampf

Für unseren ganzen Lebensfrust, unsere Enttäuschungen
über Glück oder Unglück, über unser Unvermögen, die eigenen Ziele zu verwirklichen, dafür gibt es nur einen Verursacher: uns selber!

Das, was uns bremst, all unsere falschen Haltungen und
Einstellungen, haben wir von unserem Umfeld übernom-

men. Aus Feigheit und mangelndem Rückgrat, darauf hoffend, dass wir damit erfolgreich sind. Und irgendwann glauben wir, dass diese Einstellungen zu uns gehören, obwohl sie nur das Ergebnis unserer Anpassung an äußere Zwänge sind.

Wir kaufen uns Sachen mit Geld, ob wir es nun haben oder nicht haben, um Leute zu beeindrucken, die wir nicht mögen. Wir rennen tagein, tagaus Lob und Anerkennung und kleinen Komplimenten hinterher. Biedern uns an, vermeiden jedes Risiko und jede Auseinandersetzung, um ja nicht den Anschluss zu verlieren. Die fehlende Klarheit in Bezug auf uns selbst macht uns verwundbar. Wir werden empfänglich für fremde Forderungen. So scheitern wir bei der Arbeit und in Beziehungen, sind unglücklich, weil wir nicht fähig sind, selbstbestimmt zu denken und zu handeln.

Die folgenden Seiten zeigen: Wir müssen hinabsteigen in den schwarzen Kern unseres inneren Schwarms. Wir müssen, ohne mit der Wimper zu zucken, der Wahrheit ins Gesicht blicken und ihr standhalten, um zu sehen, wer wir wirklich sind, und um herauszufinden, warum uns etwa eine Emotion wie Schuld ungerechtfertigterweise blockiert. Aber vor allem, in welchen scheinbar negativen Emotionen unsere Kraft liegt – eine Kraft, mit der wir unser Leben so gestalten können, wie wir es wirklich wollen. So, dass wir unumstößlich dazu stehen können, mit klaren Vorstellungen, klaren Werten und Prinzipien, über deren Einhaltung Sie nur einer Person Rechenschaft schuldig sein werden: sich selber.

Gerade in Ihren negativen Emotionen – Ihrer Wut, Ihrer Hoffnungslosigkeit, Ihrer Angst, Ihrer Furcht, Ihrem Neid, Ihrer Schuld, Ihrer Scham – findet sich diese Kraft. Das ist Ihr Potenzial, das es zu nutzen gilt. Um Ihre eigenen Werte hinter der angepassten Fassade zu erkennen und damit authentisch für sich und andere zu leben. Und um anschließend mit Ihrer gesammelten Kraft den Kampf für ein wahrhaftiges und großes Ziel aufzunehmen. Und das nicht irgendwann, sondern jetzt!

Kapitel 7

Hoffnung ist keine Strategie

Ich begegne diesem Phänomen überall: bei Managern, die daran glauben, dass ein Projekt noch irgendwie gelingen wird. Bei Mitarbeitern, deren Entlassung kurz bevorsteht. In Unternehmen, deren Untergang besiegelt ist. Bei Ehen von Freunden, die seit Jahren nicht mehr ein noch aus wissen. In Gottesdiensten an Weihnachten. Das Phänomen heißt Hoffnung.

Sie können hoffen, dass Ihr Unternehmen den neuen Herausforderungen schon gewachsen sein wird, und überlassen damit den Kräften des Marktes, darüber zu entscheiden, ob es weiterlebt. Als Mitarbeiter können Sie im Job darauf hoffen, dass Ihr Chef entdeckt, dass Sie unentbehrlich sind, Ihnen mehr Respekt entgegenbringt oder die Kollegen endlich einsehen, wie kompetent Sie sind. Sie können auch hoffen, dass sich die Probleme auf Ihrem Schreibtisch nicht länger stapeln und die To-do-Liste irgendwie kürzer wird. Vielleicht passiert das ja eines Tages.

Sie können hoffen, dass sich Ihr Lebenspartner ändert, der oder die Richtige in Ihr Leben tritt, um Sie zu retten, oder die nächste Diät Sie so schön macht, dass alles besser wird. Sie können ebenso hoffen, dass die nächste Familienfeier nicht wieder eskalieren wird oder dass die Freunde Ihrer Frau Sie endlich mögen. All das steht Ihnen frei zu hoffen.

Aber meinen Sie wirklich, dass Hoffnung reicht? Sie hoffen darauf, dass etwas passiert. Sicher, irgendetwas passiert immer irgendwann. So ist das Leben. Alles ist im Fluss. Aber der Treiber dieses Wandels werden dann ganz sicher nicht Sie selbst sein. Und genauso wenig wird dieser Wandel dann zufällig in Ihrem Sinne verlaufen.

Ihnen sollte klar sein: Hoffen geht damit einher, dass wir erwarten oder uns wünschen, dass Dinge von außen angestoßen werden und etwas von anderen für uns gerichtet wird. Hoffnung ist das Gegenteil von Handeln. Wer keinen inneren Antrieb hat, sich nicht überwinden kann, der handelt nicht, der hofft nur. Wer hofft, gibt die Kontrolle ab und legt sein Leben tatsächlich in die Hände anderer. Wollen Sie das? Wollen Sie, dass Ihre Wettbewerber, Ihre Kollegen, Ihre Freunde bestimmen, wo es langgeht? Worauf hoffen Sie?

Es gibt immer wieder Manager, die zum Beispiel von einem Berater vor allem eines erwarten: dass er das Problem hoffentlich schultern wird. Dass sie sich selbst keine Gedanken mehr machen müssen. Indem sie ihr Problem an ihren Dienstleister auslagern, geben sie sich der Hoffnung hin, dass am Ende das richtige Ergebnis dabei herauskommen wird. Falls nicht, sind sie dafür nicht verantwortlich. Aber das Schwert selbst in die Hand zu nehmen, um den gordischen Knoten durchzuschlagen? Sich selbst ehrlich die Frage zu stellen, warum sich Kunden abwenden oder das Engagement der Mitarbeiter sinkt? Nein, die Verantwortlichen verstecken sich lieber zu 100 Prozent hinter dem externen Berater. Doch das kommt einer Selbstaufgabe gleich, unverantwortlich sich selbst gegenüber, dem Unternehmen und seinen Mitarbeitern.

Wer nur hofft, der gibt täglich auf. Der glaubt nicht daran, dass es in seiner eigenen Hand liegt, das Blatt zu seinen

Gunsten zu wenden. Und verwechseln Sie hier Hoffnung nicht mit dem Glauben an sich selbst: Die innere Überzeugung gibt uns die Kraft zu handeln und ein Ziel zu verfolgen. Sie lässt uns größte Herausforderungen angehen. Selbst dann, wenn wir schwer kämpfen müssen.

Ich erlebe immer wieder Unternehmen und Mitarbeiter, die vor dem Abgrund stehen und dennoch aus eigener Kraft wieder auf die Beine kommen. Die nicht darauf warten, was als Nächstes passiert, sondern eine Strategie entwickeln. Sie nehmen ihr Schicksal in die eigene Hand, gestalten und verändern es. Ein Autozulieferer etwa, der sich nicht vom Markt drängen lässt, sondern dem mit einem neuen Produkt der Befreiungsschlag gelingt. Ein Manager, der sich der heftigen Kritik, die hinter vorgehaltener Hand geübt wird, vor versammelter Mannschaft stellt und die Probleme anspricht, anstatt zu hoffen, dass sich alles von selbst in Wohlgefallen auflösen wird.

Sie müssen vor allem eines sehen: Das Leben rollt uns keinen roten Teppich aus. Von dort, wo wir uns gerade befinden, bis zu unserem Ziel befinden sich jede Menge Frust und Leid. Weil unser innerer Schwarm uns davon abhält, uns darauf zu konzentrieren, was uns als Menschen und als Unternehmen wirklich nach vorne bringt.

Deshalb gilt: Hoffen Sie nicht – Ihr innerer Schwarm wird sich nicht von alleine zur Seite drängen lassen, Ihr äußerer Schwarm sich nicht Ihrem persönlichen Glück anpassen. Sie selbst müssen sich überwinden: Ihre Trägheit, Ihre Zaghaftigkeit, Ihren Hang auszuweichen, sich mit lauen Gesprächen zu zerstreuen und zu betäuben, sich mit der medialen Entertainment-Brause berieseln zu lassen. Vor Ihnen liegt kein roter Teppich, sondern ein anstrengender Kampf. Es geht nicht anders. Nur wenn Sie selbst entscheiden aufzubrechen, anstatt auf andere zu hoffen, werden Sie siegen können. Und glauben Sie mir: Es gibt kein besseres Gefühl, als sich selbst zu überwinden und loszulegen. Allein das ist Ihr erster großer Sieg! Seien Sie hoffnungslos!

Kapitel 8

Umarme die Wut

Ein Mann läuft Amok. In dem Film »Falling Down« spielt Michael Douglas einen Ingenieur und so etwas wie einen amerikanischen Durchschnittsmann. Der steht in glühender Hitze inmitten eines Staus, wie man ihn in Los Angeles täglich erlebt. Nichts geht mehr. Auch bei dem von Douglas verkörperten Charakter. Zu lange läuft in seinem Leben einiges schief. Im Job klappt nichts mehr, von seinem Chef wird er schikaniert. Seine Ehe ist ein Desaster. Seine Kinder sind von ihm enttäuscht. Der Stau an diesem unerträglich stickig-heißen Tag ist der Tropfen, der das Fass zum Überlaufen bringt. Der Mann greift, übermannt von einem emotionalen Tornado, zu den Waffen in seinem Kofferraum. Ein Albtraum beginnt, der für ihn zur Erlösung wird.

Nicht so dramatisch, aber dennoch emotional erlebe ich manche Situation in deutschen Unternehmen, auch und gerade in den Chefetagen. Ich erinnere mich an eine Explosion in einer Vorstandssitzung. Es ging um ein großes Umstrukturierungsprojekt. Ressourcen sollten neu verteilt, Prozesse auf den Prüfstand gestellt werden. Jeder der Vorstände hatte seine Aufgabe und gemeinsam sollten alle an einem Strang ziehen. Doch nur einer, ich nenne ihn hier Herrn Macher, hatte seine Aufgabe in den vergangenen Monaten wirklich ernst genommen. Als Einziger aus dem

Vorstand stellte er in seinem Bereich alles auf den Prüfstand, identifizierte unnütze Prozesse, beseitigte sie und
entwickelte zugleich eine Wachstumsstrategie, die für seine Mannschaft eine enorme Belastung darstellte. Alle anderen seiner Vorstandskollegen aber waren zögerlich oder
gar nicht in die Gänge gekommen. Und so traf der Frust
der Mitarbeiter über die Veränderungen vor allem denjeni-
gen, der mutig als Erster die entscheidenden Schritte eingeleitet hatte.

Bislang war man bei Vorstandssitzungen in einem überaus
netten Ton miteinander umgegangen. Probleme wurden
eher kleingeredet. Auch bei dem Treffen, an dem ich selbst
teilnahm, schien wieder alles seinen gewohnten Gang zu
gehen. Halbherzig wurden einzelne Punkte besprochen und
Entschlüsse durchgewunken. Da reichte es Herrn Macher.
Er stand auf, stützte die Fäuste auf den Tisch und drohte
grollend: »Das kann doch nicht sein.« Mit hochrotem Kopf
und grimmigem Ton hielt er einen fünfminütigen Monolog.
Eine Anklage. Jeder im Raum spürte: Hier sprach ein ver-
letzter Mensch, einer, der sich ausgenutzt, aber zugleich im
Recht fühlte. Er schrie nicht, sondern sprach langsam, aber
er glühte vor Wut. Er redete von dem Schuldgefühl den
Mitarbeitern gegenüber, das ihn seit längerer Zeit plagte,
weil er ihnen so viel zumutete. Von der Angst, alleine vor-
auszugehen. Und über die Enttäuschung darüber, dass ihn
die anderen im Stich ließen. Als er sich wieder setzte, war es
still im Raum. Dann wurde der bloßgestellte Rest des Vor-
stands ebenfalls von Emotionen mitgerissen. So wie Menschen eben Scham empfinden, wenn sie sich ertappt fühlen
und es sich selbst und anderen nicht eingestehen wollen.
Herr Macher aber machte den Eindruck, als fühle er sich
jetzt definitiv besser. Erleichtert. Mit sich im Reinen.

Wut ist die finale Zuspitzung. Die Summe aller negativen, selbstzerstörerischen Gefühle, die schon lange vor dem Ausbruch in uns brodeln. Mal ist es ein kleiner, mal ein ernst zu nehmend großer Vulkan.

Schuld, Neid, Angst, Furcht – oft ist es ein ganzes Sammelsurium, eine Ursuppe aus elementaren Emotionen, die sich in uns vermischen, gegenseitig verstärken und langsam hochkochen, bis die Grenze des Erträglichen erreicht ist. Dann kommt das Überlaufen, das Explodieren und die schlagartige Erkenntnis: Meine Situation ist unerträglich. Im schlimmsten Fall: Ich halte dieses Projekt, diesen Job, diese Beziehung, diese Freundschaft nicht mehr aus. Mein Leben kann so nicht mehr weitergehen.

Wut kann zum ultimativen Befreiungsschlag werden. Dabei kommt es darauf an, wie wir mit dieser ungeheuren Energie, die in diesem Gefühlszustand steckt, umgehen. Wir können mit dem Ventil Aggression uns und anderen enorm schaden. Oder aber wir kanalisieren unsere Wut zu etwas anderem: zur Quelle unserer Erkenntnis und zur ultimativen Kraft der Veränderung.

Klarheit

Zuerst müssen wir verstehen, wann und warum uns Wut überhaupt überfällt. Wenn ich etwa mit Kollegen oder einem Kunden verabredet bin und dieser mich dann nicht zum ersten Mal eine halbe Stunde warten lässt, dann brodelt es in mir. Der Minutenzeiger meiner Armbanduhr zeigt mein steigendes Hitzelevel an. Na klar, werden Sie sagen, da hat man jedes Recht, wütend zu sein. Aber was passiert da genau in uns, wenn wir rotsehen? Nun, es geht immer um nicht erfüllte Erwartungen, darum, dass sich

Menschen nicht so verhalten, wie wir es gerne hätten. Das fängt im Kleinen an: Die Kollegen sind unpünktlich, wegen eines überlangen Meetings verpasse ich den Anpfiff eines Fußballspiels, jemand vergisst meinen Geburtstag. Und das wird sehr viel ernster und bedeutsamer, wenn es um Großes geht: eine ausbleibende Beförderung, ein Projekt, das ganz anders verläuft als geplant, ein Geschäftspartner, der einen belügt und betrügt.

Entscheidend ist, dass Sie genau hinschauen, tiefer einsteigen in Ihre Empfindung. Denn hinter der oberflächlichen Wut und harmlosen Ungeduld können sich wichtige, weitaus stärkere Motive unseres Handelns verbergen. Motive, die mehr aussagen – über uns selbst und wie wir durch andere oder uns selber blockiert werden. Das Beispiel Unpünktlichkeit: Was entfesselt meine Wut? Dass ich 30 Minuten meines Lebens verloren habe? Dass ich keine Ahnung habe, wie ich die Zeit anderweitig nutzen soll? Oder dass ich alles dafür getan habe, selbst pünktlich zu sein? Stress entsteht immer, wenn wir nicht wahrhaben wollen, was ist.

Der Schleier muss weggezogen werden, auch wenn das unangenehme Wahrheiten ans Tageslicht bringen kann. Was, wenn mich, um bei dem obigen Beispiel zu bleiben, das Zuspätkommen meiner Kollegen oder Kunden kränkt? Also nicht mein eigener Zeitverlust in dieser Situation mich zur Weißglut treibt, sondern ausschließlich das Verhalten der anderen – ein äußerer Faktor. Hängt meine emotionale Ausgeglichenheit in einem viel zu hohen Maße vom nicht kontrollierbaren Verhalten meiner Mitmenschen ab?

Das würde bedeuten: Mein Selbstwertgefühl steht auf tönernen Füßen. Sobald man mich hängen lässt, werde ich unsicher. Ich verliere die Kontrolle über mich. Wie ein unsicherer Hund, der es nicht erträgt, alleine vor dem Super-

markt zu warten, und so lange bellt, bis Herrchen wieder-
kommt. So werde ich zum Opfer meiner eigenen Schwäche.
Das Verhalten meiner Kollegen offenbart eine Baustelle, an
der es zu arbeiten gilt.

Zweite Folgerung: Meine Kollegen und Kunden nehmen
meine Bedürfnisse nicht wahr. Sie sehen nicht, dass mir
Pünktlichkeit wichtig ist. Oder schlimmer: Sie sehen es,
aber es ist ihnen nicht wichtig genug, um sich zusammen-
zureißen. Das würde bedeuten: Mein Umfeld respektiert
mich nicht.

Der wachsende Ärger in mir ist ein deutliches Signal, dass
etwas nicht stimmt. Vor allem bei mir selbst nicht, in meinem inneren Schwarm, aber auch im Verhältnis zu meinen
Freunden.

Kontrolliertes Brennen

Die Kunst ist es, die enorme Brennkraft der Wut bis zum
letzten Augenblick unter Kontrolle zu halten und auf das
richtige Ziel zu richten. Wir bewegen uns hier im Millise-
kundenbereich: Die Wut kocht hoch und dann ist sie da.
Und wenn ich in diesem Moment nicht aufpasse, dann wird
sie in die falschen Bahnen gelenkt.

Trete ich meinen Kollegen gegenüber so in Aktion, dann
kann die latent vorhandene Wut unkontrolliert ausbrechen. Und, Sie werden es aus Erfahrung wissen, das ist immer gefährlich. Denn Wut beschleunigt unglaublich schnell.
Sie reißt uns mit, lässt uns weit über das Ziel hinausschie-
ßen. Das, was wir sagen und tun, können wir nur schwer
kontrollieren. Aus uns kommen dann keine verständlichen
Argumente oder Erklärungen, sondern nur die heiße,
überschwappende Suppe aus Emotionen. Das aber wird

uns leider meistens erst dann bewusst, wenn die Wut verraucht, das Feuerwerk vorbei ist. Wenn wir in entsetzte Gesichter schauen und uns selber fragen, wo das Gewitter gerade herkam. Und dann kann es zu spät sein. Dann hat man anderen Dinge an den Kopf geworfen, die man nicht mehr zurücknehmen kann. Oder das Büro ist für die nächsten Tage vermint.

Wut ist ein Scheideweg. Wir können zum Opfer werden, weil wir unfähig sind, den Anfall zu kontrollieren. Weil wir dann uns und andere mit unserer Energie verbrennen und ihnen womöglich Wunden zufügen, die bleiben.

Oder aber wir werden von einem Getriebenen zu einem bewusst Handelnden. Zu einem Krieger. Einem, der lernt, mit der Wut umzugehen, sich der Eskalation seiner Gefühle und Gedanken in jedem Moment bewusst ist und die Wut in jeder ihrer Phasen gekonnt und mit kühlem Herzen steuert.

Wenn mir etwa Mitarbeiter in einem Projekt zuarbeiten und ich sehe, dass ihre Ergebnisse trotz meiner stetigen Bemühungen absolut unzureichend bleiben, dann kann ich als Chef in meiner ganzen Hilflosigkeit explodieren. Oder ich atme erst einmal durch, gehe vor die Tür und mache mir klar, was ich will. Ich will jetzt nicht diese beiden Mitarbeiter zerreißen, sondern für unseren Klienten, ein renommiertes Industrieunternehmen, eine gute Leistung erreichen. Ich mache mir die Wut innerlich bewusst, lasse sie aber nicht einfach verfliegen. Ich gehe wieder rein, rede nichts schön, verwende aber die weiter in mir köchelnde Unzufriedenheit, um den Mitarbeitern mit aller Hingabe und noch mehr Kraft zu helfen, den richtigen Weg zu finden. Ich lasse sie meine Energie spüren, übertrage diese Energie auf das gemeinsame Projekt, das Ergebnis, das wir erreichen wollen.

Denn Wut zeigt mir immer eines ganz klar: Ich brenne für etwas. Etwas ist mir nicht egal. Ich verzweifle, weil ich unserem Kunden etwas Gutes tun will und das nicht klappt. Diese Leidenschaft ist ein unglaublicher Beschleuniger, ein Überwinder von Hindernissen. Dagegen ist Wut, die heruntergeschluckt wird oder sich einfach nur selbstständig entlädt, nicht produktiv.

Nutzen Sie Ihre Wut aktiv! Der gekonnte Umgang mit Wut ist Trainingssache. Üben Sie mit dieser starken Emotion umzugehen.

Nichts ist befriedigender, als über die eigenen Emotionen zu siegen und ihre Kraft für den eigenen, konstruktiven Erfolg zu nutzen.

Befreiungsschlag

Manchmal aber kann es sich lohnen, absichtlich einen Schwall destruktiver Wut herauszulassen, nämlich immer dann, wenn wir mit dieser Wut unsere äußeren Schwärme wie ein Hai attackieren wollen. Mit einem Biss können Sie so neue Verhältnisse schaffen.

Ich erlebte einmal, wie eine bis dahin zurückhaltende, sich unterordnende Mitarbeiterin, die sich von einem unsensiblen Chef schon lange drangsaliert fühlte, diesem von einer Sekunde auf die andere die Unterlagen vor die Füße knallte und endlich die Meinung geigte. Mit einem Mal lagen alle Karten auf dem Tisch, war das Gestrüpp aus Heuchelei, in dem sie sich selbst im Alltag verheddert hatte, gerodet. Mit solch einem Gefühlsausbruch erzwingt man eine Entscheidung, die man sonst vielleicht nicht zustande gebracht hätte. Der Chef und seine Mitarbeiterin redeten danach ehrlich miteinander und fanden zu einem besseren Verhältnis. Aber

auch, wenn die Mitarbeiterin hochkant aus der Firma geflo-
gen wäre: Selbst das wäre eine Lösung gewesen, hätte es
doch einen nicht tragbaren Zustand beendet.

In meinen Zwanzigern hatte ich während meines Studi-
ums eine Phase, in der ich wirklich mein komplettes Umfeld
vergrault habe. Ich war sehr unzufrieden mit mir selbst und
stellte deshalb auch alle anderen permanent infrage, schnauz-
te mir wohlgesonnene Menschen an, ging bei kleinsten An-
lässen in die Luft. Der positive Effekt war: So erboxte ich
mir einen Freiraum, den ich zu brauchen glaubte. Der nega-
tive Effekt: Das war ein Freiraum von Freunden, Mitstuden-
ten und Eltern.

Wo andere durch solch eine Erkenntnis in ein tiefes Loch
gefallen wären, nutzte ich meine einsame, verfahrene Situation, um Antworten zu finden. Zu sehen und zu erkennen,
was mich eigentlich so in die Enge treibt. Ich sah in mir die
Wut auf alles und mich selbst: meine Schwächen, meine
emotionalen Abhängigkeiten von anderen Menschen, die
mich im Alltag irrlichtern ließen. Meine Sehnsucht danach,
von allen gemocht zu werden und dafür Dinge zu tun, für
die ich mich selbst weder akzeptieren noch lieben konnte.
Nach langer Selbstsuche und schließlich auch Selbsterkenntnis trat ich bewusst aus meiner Einsamkeit zurück in
die Welt aus Menschen, die ich brauchte, und ich sah klar
genug, um mich gegenüber meinen Schwärmen nun anders,
besser und gesünder zu verhalten.

Nutzen Sie Ihre Wut! Analysieren Sie Ihr Verhaltens-
muster, um zu erkennen, was bei Ihnen im Argen liegt.
Und holen Sie sich diese unbändige, klare Kraft, die hinter
Ihrer Wut verborgen liegt, um die elementaren Dinge in
Ihrem Leben mit voller Konzentration und Leidenschaft
anzupacken.

Kapitel 9

Neid – Impulsgeber und Augenöffner

Neid gilt als unsympathischer, unvorteilhafter Charakterzug, zuweilen sogar als fies. Eine Eigenschaft, die sich niemand unterstellen lassen, geschweige denn sich selbst eingestehen will. Aber seien wir ehrlich: Wer ist nicht ab und zu neidisch auf andere? Auf das, was sie im Leben erreicht haben, den Respekt, den sie von anderen Menschen oder sogar der breiten Öffentlichkeit bekommen? Wir müssen uns eingestehen, dass Menschen Anerkennung und Status einfach wichtig sind. Das zu leugnen wäre naiv. Aber bei Neid geht es nicht nur um ein schnelleres Auto, das größere Haus oder eine attraktivere Lebenspartnerin an der Seite eines anderen. Es ist das ungezügelte Begehren, das Neid so interessant macht: ein starker innerer Antrieb. Neid macht positiv aggressiv und kann so einer der Schlüssel zu unserem Glück sein, ein wichtiger Schritt in Richtung Selbsterfüllung.

Die Frage lautet nicht, ob wir überhaupt neidisch sind, sondern auf welche Art von Neid wir uns selbst einlassen. Und wie holen wir das Beste aus dieser Emotion, wie können wir die Energie, die im Neid steckt, zu unserem eigenen Vorteil wandeln?

Neid ist nur im sozialen Kontext unserer Schwärme möglich. Das ist offensichtlich. Wir vergleichen uns mit anderen, andauernd. Im Büro bewerten wir die Leistung unserer Kollegen und vergleichen sie mit unseren. Wir bringen ihre Leistung in Verbindung mit ihrem Gehalt und haben dabei unser eigenes im Hinterkopf. Wir schauen zum Chef über uns und überlegen, ob er es verdient hat, dort zu sitzen. Wir blicken auf die Koryphäen der Branche, sehen den Respekt, den sie genießen, und spüren manchmal schmerzlich die Diskrepanz zwischen uns und ihnen. Vielleicht wirft sogar das ganze Unternehmen einen ebenso neidischen wie nervösen Blick auf den erfolgreicheren Wettbewerber und beginnt dann, hektisch oder sogar aggressiv zu handeln.

Im Sport vergleichen wir uns mit den eigenen Mitspielern oder den Idolen am Bildschirm und gestehen uns widerwillig ein, was wir alles nicht können. Wir sehen TV-Dokumentationen und können kaum glauben, was andere erlebt oder sich an Wissen angeeignet haben, während wir im Leben so einiges verpasst zu haben scheinen.

Selbst im privaten Kreis können wir es nicht lassen. Wir sehen das neue Auto des besten Freundes, das wir selbst immer haben wollten, und kämpfen gegen unsere Missgunst. Wir ringen uns zu einem halbwegs ehrlichen Glückwunsch durch – und schmälern die Anschaffung unseres Freundes dann doch noch durch einen kleinen Seitenhieb, der uns später leidtut. Neid treibt schräge Blüten. Wir sehen im Kindergarten oder in der Schule die Kinder der anderen. Sehen, dass sie geschickter die Bauklötzchen auftürmen oder bessere Noten nach Hause bringen. Wir vergleichen sie klammheimlich mit den unseren, bis uns das Gefühl unangenehm aufstößt.

Neid ist eine hervorragende Emotion, um das, was uns selbst im Inneren steuert, zu entlarven. Warum ergreift mich in einem bestimmten Moment der Neid, in anderen nicht?

Was löst er in mir aus, was ist mir im Leben wichtig? Wer die Wurzeln seines Neids erkennt, stößt mitten hinein in seinen inneren Schwarm, seine Macht und seine Funktionsweise. In die eigene Gedankenwelt, die voll ist von Zielen, die nicht die eigenen sind. Der Chefposten des anderen, den wir meinen erreichen zu müssen, um glücklich sein zu können. Der Applaus, den ein Kollege erhält und nach dem wir uns so sehr sehnen. Die noble Limousine auf dem Firmenparkplatz, ohne die wir glauben, nichts wert zu sein. Neid zeigt uns, wo wir noch mit uns selbst kämpfen müssen, um selbstbestimmter und selbstbewusster zu leben. Was macht mich neidisch? Und was lässt sich als Kraftquelle für mich selbst nutzen?

Unproduktiver Neid

Definieren wir zunächst den Neid, den wir vermeiden müssen. Es ist ein Neid, der zu nichts nutz ist. Sinnlose Missgunst und Eifersucht. Etwa wenn ich an dem sündhaft teuren Sportwagen meines Nachbarn vorbeilaufe und das Bedürfnis verspüre, einen Kratzer in den Lack zu schrammen, wenn ich die Leistung eines Kollegen oder eines anderen Teams ungerechterweise diskreditiere oder wenn ich als Chef dafür sorge, dass die guten Ergebnisse meiner Mitarbeiter mir selbst und nicht ihnen gutgeschrieben werden. Das ist Schwäche!

Das Einzige, was ich damit beweise, ist meine mangelnde Reife. Nach dem Motto: Wenn ich selbst nicht die Anerkennung meines Umfeldes bekommen kann, dann auch kein anderer. Anderen ihren Erfolg nicht zuzugestehen ist kindisch und charakterlos und zeigt eines ganz genau: wie wenig wir in uns selbst ruhen, wie klein und unerfolgreich wir als Person sind, wie sehr wir uns durch falsche Werte fehlleiten lassen und wie sehr unser kleines Ego nach der Anerkennung durch das soziale Umfeld lechzt. Wer anderen nichts gönnt, der ist nichts anderes als ein schwaches, willfähriges Opfer seines inneren Schwarms!

Dieser falsche, unehrliche Neid hat fatale, destruktive Folgen: Weil wir nicht bereit sind, den Erfolg der anderen zu akzeptieren, versuchen wir sie zu bekämpfen und zu zerstören. Und schlagen mit enormer Kraft und Energie ins Leere. Als Mensch solchen Schlags nimmt man eine besondere Haltung ein: »Gewinnen geht nur, wenn jemand anderes verliert.« Dummerweise ist diese Haltung sehr verbreitet und führt dazu, dass viel produktive Energie verschwendet wird, nur um sich gegenseitig das Leben unnötig schwer zu machen. Dabei haben Nobelpreis-gekrönte Wirtschaftspsychologen anhand der Spieltheorie längst bewiesen: Wir erreichen für uns selbst am meisten, wenn wir kooperieren. Missgunst führt also nicht nur dazu, dass wir anderen schaden, sondern uns auch selbst eines viel größeren, persönlichen Erfolgs berauben.

Ich kann Ihnen nur den Tipp geben: Probieren Sie es aus, andere erfolgreich zu machen. Vor einigen Jahren noch habe ich im Kontakt mit Kunden immer versucht, das Maximum an Umsatz und Gewinn für mich und mein Unternehmen zu generieren. Mein Blick war auf die großen Beratungsunternehmen gerichtet, deren Wachstum war die Richtschnur meines Handelns. Entsprechend war meine Haltung: Ich muss möglichst viel gewinnen, dafür muss der andere Federn lassen. Heute frage ich mich nur noch: Wie kann ich mein Gegenüber zum Helden machen? Mit Altruismus hat das nichts zu tun. Ich habe nur etwas Entscheidendes für mich geklärt: meinen Lebenszweck. Und der besteht für mich darin, anderen Menschen und Unternehmen dabei zu helfen, ihre Ziele so gut es geht zu erreichen. Mein Umsatz, mein Einkommen, meine Rendite sind dabei zweitrangig. Sie sind nicht mehr der primäre Treiber meines Handelns. Das war eine Wende in meinem Leben. Eine, die die Theorie der Wirtschaftspsychologen bestätigt. Denn mein Leben wurde wesentlich entspannter und angenehmer. Meine Klienten schätzen mich mehr. Und ich verdiene mehr als je zuvor. Wer das wie ich erlebt hat, der nimmt anderen gegenüber eine sehr viel gesündere und positivere Haltung ein. Er gönnt anderen den Erfolg und erreicht dadurch selbst die größten Erfolge.

Ob in einem Unternehmen, in einer Fußballmannschaft oder in privaten Beziehungen: Unehrlicher, gehässiger Neid verhindert vor allem eines – außergewöhnliche Leistungen. Diese Art von Neid ist der Wegbereiter einer ganzen Kultur des Mittelmaßes. Denn jeder, der dort seinen Kopf zu weit hinauswagt, muss um denselben fürchten.

Dabei ziehe ich nicht nur die Opfer meiner Missgunst herunter, sondern auch und vor allem mich selbst. Denn die Energie, die ich in dieses Verhalten stecke, fehlt mir dann an bedeutenderer Stelle. Niederer Neid lenkt ab, raubt Aufmerksamkeit und gibt zugleich ein deutliches Signal an uns: Je mehr Neid ich empfinde, desto unzufriedener und unglücklicher bin ich mit mir und meinem Leben. Und desto weiter klafft der Graben zwischen dem, was ich sein will, und dem, was ich bin.

Wir reden hier übrigens nicht über den natürlichen Entwicklungsprozess eines jungen Menschen. In meinem Job treffe ich in den »reifen« Chefetagen börsennotierter Unternehmen viel zu oft auf eine ganze Heerschar eifersüchtiger, neidischer und missgünstiger Manager in den besten

Jahren. Männer, die einen Großteil ihrer Zeit damit verbringen, sich zu überlegen, an wessen Stuhl sie am besten in welcher Art und Weise sägen könnten, um das eigene Überleben oder Vorwärtskommen zu sichern. Wenn ich diese Dinge anspreche, dann erkenne ich bei den wenigsten dieser Topmanager den Willen oder die Fähigkeit, den Grund für das eigene Verhalten zu reflektieren, um sich selbst und andere erfolgreicher zu machen. Solche Menschen sind ausgewachsen, aber nicht erwachsen. Denn er oder sie ist den eigenen, negativen Emotionen ausgeliefert. Deshalb verdienen solche Personen vor allem eines: unser Mitgefühl. Und das meine ich nicht ironisch. Denn wir müssen Mitgefühl mit Menschen haben, die gegenüber ihrem inneren Schwarm auf verlorenem Posten stehen und damit zugleich Getriebene ihrer äußeren Schwärme sind. Ihr am eigenen Ego nagender Neid lässt sie überall nur bedrohliche Konkurrenten sehen.

Aber was heißt das jetzt? Seien Sie nicht neidisch, wenn Sie ein besserer, reiferer Mensch sein wollen? Nun, wer auf gar nichts neidisch ist, ist entweder erleuchtet oder ein wahrhaft arroganter Mensch, der glaubt, nichts mehr hinzulernen zu können. Und hier kommen wir zur anderen, positiven Seite des Neids.

Ehrlicher Neid

Als ich vor einigen Jahren auf einem Unternehmerkongress in den USA zum ersten Mal vor einem größeren Publikum einen Vortrag über Managementhaltungen hielt, folgte auf mich ein Redner, der mich über alle Maßen beeindruckte. Erstaunt stellte ich fest, was diese Person alles wusste. Und das auch noch in meinem Fachgebiet. Er stellte die richtigen Fragen und gab noch interessantere Antworten. Ich wollte mich nicht mit ihm vergleichen. Der Mann war am Ende seiner Karriere angekommen, hatte schon einiges gesehen und erlebt und präsentierte sich wunderbar. Und dennoch konnte ich nicht anders: Ich fühlte, wie der Neid begann, meine sehnsüchtige Seele zu piksen.

Sicherlich war ich neidisch auf den Ruhm und Respekt, den dieser Mann genoss. Aber da war noch etwas anderes, viel Wichtigeres in mir: Noch mehr als auf den Applaus, der seinem Auftritt folgte, war ich neidisch darauf, dass dieser Experte so beeindruckend viel zu wissen schien. Und das wollte ich auch. Dabei ging es mir nicht darum, per se der Bessere zu sein. Denn das ist ein kräftezehrendes und nie endendes Unterfangen. Schließlich gibt es immer jemanden, der besser ist als man selbst. Stattdessen zollte ich der Leistung des Mannes den gebührenden Respekt und Anerkennung. Meinen Neid, den ich dabei fühlte, verstand ich dagegen als eine gute Sache: als Anregung und Ansporn, mich mit dem eigenen Thema noch intensiver als zuvor zu beschäftigen.

Positiver Neid wird zum Antreiber, mehr aus sich selbst zu machen – getrieben von Neugier und Wissensdurst wollen wir als Menschen wachsen. Der Bessere ist dabei kein Konkurrent, sondern der Funke, der uns zum Brennen bringt. Und im besten Fall sogar ein Partner.

Mir passiert es im Leben immer wieder, dass ich kompetenteren Menschen begegne. Als junger Consultant etwa, der gerade eine eigene Firma aufbaute, sah ich den großen Roland Berger, der mit Deutschlands größtem Beratungsunternehmen eine Erfolgsgeschichte sondergleichen geschrieben hat. Als ich mich genauer mit seinem Erfolg beschäftigte, fühlte ich den Neid in mir aufsteigen. Ich wollte auch so gut sein. Die offensichtliche Frage lautete damals: Was hat mir dieser Mann voraus? Anstatt mich jeden Abend vor dem Schlafen mit diesem Gedanken zu quälen, tat ich etwas sehr viel Produktiveres. Ich schrieb ihm einen Brief. Ich fragte ihn ehrlich, wie er all diese großen Hindernisse auf seinem Weg überwunden hat. Und als Reaktion bekam ich eine Einladung – das beste Beispiel von Kooperation und damit auch schon ein Teil der Antwort. Ich lernte die Vorstände der Roland Berger AG kennen. Herr Schwenker erwies sich als sehr hilfreicher und offener Mensch. So geht es mir immer wieder. Menschen, auf deren Leistungen und Können ich ehrlich neidisch bin und denen ich das offen und positiv kommuniziere, erweisen sich als die besten und wertvollsten Helfer.

Ich erinnere mich zum Beispiel an meine Studentenzeit. Ich spielte regelmäßig Squash mit einem Kommilitonen. Er brachte mich mit seiner Spielkunst an den Rand der Verzweiflung. Dass er europäische Spitzenklasse repräsentierte, hat er mir frustrierenderweise verschwiegen. Immer verbissener ging ich in die Spiele, weil ich es einfach nicht akzeptieren wollte, dass der Typ besser war als ich. Erst beim dritten oder vierten Mal hat es bei mir Klick gemacht. Ich hatte auf einmal begriffen, dass ich nicht gegen ihn kämpfen musste, sondern sportlich unglaublich viel von ihm lernen konnte. Und mal unter uns: Damit konnte ich wiederum bei anderen Spielpartnern groß glänzen.

Auch heute treffe ich regelmäßig Menschen, die ich als meine Mentoren bezeichnen würde. Menschen also, die mir einiges voraushaben, von denen ich mir aber gerne helfen lasse, um in Kompetenz und Charakter zu wachsen. Neid ist dabei immer ein Auslöser. Er zeigt mir, dass ich es hier mit einem Menschen zu tun habe, von dem ich lernen kann.

Ehrlicher Neid ist Bewunderung und echte Wertschätzung: Ich gönne es dem anderen, lege ihm keine Steine in den Weg. Zugleich möchte ich mich aber selbst verbessern. Trauen Sie sich, entgegen Ihrer eigenen Eitelkeit dem anderen eine Anerkennung auszusprechen? Wie schon Wilhelm Busch sagte: »Der Neid ist die aufrichtigste Form der Anerkennung.«

Echten Erfolg schaffen wir nicht alleine, wir brauchen Hilfe – warum nicht die beste nehmen, die wir bekommen können? Von denen, die das geschafft haben, was wir noch vor uns haben. Sie werden erstaunt sein, wie viele Menschen Ihnen helfen werden, wenn Sie ihnen aufrichtig Hochachtung zollen. Oder anders ausgedrückt: Ihren Neid ehrenhaft zum Ausdruck bringen. Wenn Sie diese Hürde das erste Mal nehmen, wird es Ihr Handeln verändern, dadurch werden Sie als Mensch reifen und wachsen. Zeigen Sie echte Größe, das wird Sie stolz auf sich selbst machen!

Kapitel 10

Schuld gibt es nicht

Stellen Sie sich vor, Sie verlassen Ihren Arbeitsplatz pünktlich um 18 Uhr. Sie haben Ihre Aufgaben erledigt. Die Kollegen bleiben dagegen ein bisschen länger, weil das in der Firma zum guten Ton gehört. Dann spüren Sie die Blicke der anderen, wenn Sie Ihre Sachen packen. Mit einem unangenehmen Gefühl gehen Sie durch die Tür nach draußen. Es spielt in diesem Moment keine Rolle, dass dieser Unternehmensschwarm nur falsch tickt, einem ebenso selbstausbeuterischen wie sinnbefreiten Arbeitsethos nachhängt, der vor allem der Chefetage gefällt – Sie fühlen sich glatt eines Vergehens schuldig.

Das passiert uns in vielen Lebensbereichen. Die Versicherungsverkäuferin Martha fühlt sich ihrem Arbeitgeber gegenüber schuldig, zu wenig Versicherungen zu verkaufen, obwohl sie deren Konditionen für unmoralisch hält. Jemand wie der überlastete Abteilungsleiter Holger glaubt an allem schuld zu sein, was in seiner Umgebung falsch läuft. Ein Vorstandschef wie Breuner fühlt sich schuldig, wenn er die Einladung zu einem Gartenfest eines wichtigen Geschäftspartners zum dritten Mal hintereinander ablehnt. Wir alle fühlen uns fortwährend schuldig aus einem einzigen Grund: Wir können die echten oder nur eingebildeten Erwartungen der anderen nicht erfüllen. Ob wir für unser Tun bestraft werden oder nicht, das spielt keine Rolle. Es reicht das schlechte Gewissen, das dazu führt, dass wir uns bei der nächsten Gelegenheit wieder so verhalten, wie man es von uns erwartet. Denn wir verzeihen uns selbst am allerwenigsten. Wir selbst sind meist unsere größten Kritiker.

Manche Menschen und Schwärme erzeugen auffallend häufig Schuldgefühle in uns. Diese sind ihre schärfsten Waffen. Waffen, die dazu dienen, Schwarmmitglieder einzugliedern und sie in ein schwarmkonformes Raster zu pressen. Wir sollen uns dem Unternehmens- oder Beziehungsschwarm anpassen – unserem Arbeitgeber, unseren Freunden oder der Gesellschaft. Das dient dem Erhalt des jeweiligen Schwarms. Dem Unternehmen, das intern keinen Widerspruch duldet. Der Freundesclique, die von uns nur gute Laune mag, aber keine echten Meinungen.

Und damit habe ich ein großes Problem: Wir sind nicht auf der Welt, um anderen Menschen zu gefallen oder es ihnen recht zu machen.

Frei von Schuld

Wir sind auf der Welt, um unseren Lebenszweck zu erfüllen. Was wollen Sie erreichen? Was soll Ihr Beitrag in diesem Leben sein? Haben Sie darüber Klarheit? Kennen Sie Ihren Weg? Die Masse der Menschen wird von ihren Schwärmen vorwärtsgetrieben. In unseren Jobs und unseren Beziehungen werden wir in einer Weise geprägt, dass wir nach der Pfeife von anderen tanzen. Immer mit dem kurzfristigen Ziel, gemocht zu werden. Versagen wir, fühlen wir uns schuldig. Dann stehen wir da mit gesenktem Kopf, wie ein Schüler, den man in die Ecke gestellt hat. Aber Schuldgefühle sind inakzeptabel und gefährlich. Weil sie nur eines ganz sicher sind: Energieverschwendung!

Was Sie auch gesagt oder getan haben: Schuld bringt gar nichts – weder Ihnen selbst noch anderen! Die Schuldgefühle binden unsere Kraft und unsere Zeit, die wir für Besseres und Produktiveres brauchen, als etwas einmal Gesagtes oder Getanes im Kopf hin- und herzudrehen.

Und ja, es passiert jederzeit, dass wir Fehler begehen. Unerwartet falsch handeln. Naive Dinge tun, die einem anderen Menschen schaden. Immer wieder wird das passieren. Aber dann brauchen Sie sich nicht schuldig zu fühlen. Tun Sie das nicht! Stattdessen lernen Sie daraus und haken Sie das Thema ab. Falls Sie nicht gerade ein Psychopath sind, wollen Sie mit Ihrem Tun niemandem absichtlich Schaden zufügen. Das ist nicht Ihre Intention. Schuldig sind Sie dann, wenn es Ihre Absicht war, Schlechtes zu tun. Ein Fehler ist aber genau das Gegenteil davon.

Im Leben geht es ja gerade darum, Fehler zu begehen. Nur durch Fehler wachsen wir, entwickeln wir uns weiter, gehen den Dingen auf den Grund und verstehen uns selbst und andere besser. Ohne Erfahrungen aus Fehlern treten wir geistig und emotional auf der Stelle und kommen unseren Zielen keinen Zentimeter näher. Wir erkennen dann nicht, warum wir einer bestimmten Situation nicht gewachsen sind, und werden diese aus Angst immer vermeiden. Eine Beziehung, in der sich beide Partner nicht ab und an auch einmal auf die Füße treten, stagniert in ihrer scheinheiligen Harmonie. In einem Unternehmen, in dem niemand wagt, sich an anderen zu reiben oder auch mal gegen die Mehrheitsmeinung zu agieren, kann es keine Innovationen und keinen wirklich nachhaltigen Erfolg geben.

Und deshalb gilt: Ja, machen Sie ruhig Fehler. Oder noch besser: Machen Sie Fehler zum Programm! Wenn Sie nicht scheitern wollen, werden Sie nicht vorwärtskommen. Stoßen Sie Menschen aus Versehen vor den Kopf. Schießen Sie in Ihrer Leidenschaft über das Ziel hinaus. Treffen Sie eine falsche Entscheidung. Und tragen Sie dafür nicht die Schuld, sondern etwas ganz anderes: die Verantwortung.

Verantwortung

Auch wenn es manchmal nicht einfach ist: Stehen Sie zu Ihren Fehlern. Entschuldigen Sie sich dafür aufrichtig und korrigieren Sie diese, wenn das in Ihrer Kraft liegt.

Das ist selbst in einem Moment richtig, in dem Sie für Ihre Tat am liebsten in die Knie gehen möchten. Wenn Sie etwa aus Versehen über einen Zebrastreifen fahren und einen Menschen verletzen – auch dann sind Sie nicht schuldig, aber in vollem Maße verantwortlich. Und dann heißt es: Ja, das habe ich getan, es gibt keine Ausrede, ich werde alles dafür tun, um das Leid dieses Menschen und seiner Familie zu lindern. Dabei geht es nicht darum, eine Schuld zu begleichen, sondern zu seiner Tat und ihren Folgen zu stehen. Das ist ein großer Unterschied! Ein Unterschied zwischen »nicht nachdenken« und »emotionaler Reife«.

Wir werden nicht dadurch zu besseren Menschen, dass wir uns Schuld aufladen. Im Gegenteil: Schuld ist eine Last, die sich viele Menschen aufbürden, weil sie nicht bereit sind, Verantwortung so zu übernehmen, wie es angebracht ist. Schuld ist sehr viel einfacher. Denn sie ist wie ein Konto, das man per Gegenbuchung ausgleichen kann. Verantwortung dagegen übernimmt man mit allen Konsequenzen, ohne zeitlichen Rahmen oder die Möglichkeit auf Relativierung. Verantwortung zu übernehmen, das bedeutet, klar und deutlich Farbe zu bekennen. Sich und anderen einzugestehen, was man getan hat, und alles dafür zu tun, die Konsequenzen erträglich zu machen.

Und deshalb bedeutet der Verzicht auf Schuld auch nicht, dass man arrogant und kaltherzig ist. Wenn ich ein Projekt bei einem Kunden gegen die Wand gefahren habe, dann trete ich meinem Team nicht lächelnd gegenüber und sage: »Das kann ja mal passieren.« Ich gestehe meinen Fehler ein und versuche, die Sache für meinen Kunden, meine Kollegen und mich selbst wieder geradezubiegen. Wenn ich das kommuniziere, brauche ich nicht mit einem Büßergewand durch die Büroflure zu laufen.

Ankläger

Für manche Menschen ist Verantwortung eine unerträgliche Vorstellung. Es gibt Kollegen, Chefs, Freunde, Ehepartner, die wollen, dass Sie sich schuldig fühlen. Da kommt man zu spät zu einer Verabredung und entschuldigt sich aufrichtig, doch das genügt nicht. Sie fahren Ihrem Chef im Eifer einer Diskussion vor versammelter Mannschaft zu heftig über den Mund und bitten ehrlich und offen um Verzeihung. Aber diese ernst gemeinten, erwachsenen Gesten reichen nicht aus, wenn das Gegenüber nicht erwachsen genug ist. Dem fehlt die Zerknirschtheit in Ihrem Gesicht. Das Leid in Ihrer Stimme. Da müssen Sie schon auf die Knie und nicht ins Gespräch, um Ihren Fauxpas wiedergutzumachen.

Ich erinnere mich an einen Kunden, der sich darüber beklagte, dass ich zu wenig Persönliches preisgeben würde. Das irritierte ihn offensichtlich, weil er das fälschlicherweise mit einer guten Arbeitsbeziehung verband. Er glaubte, Privates von mir wissen zu müssen, um mir auf beruflicher

Ebene vertrauen zu können. Seine pädagogische Idee: Ob man nicht einmal abends essen gehen könnte? Das wäre schließlich gut fürs Arbeitsklima. Widerwillig ließ ich mich darauf ein, weil mir der Mann mit seiner Klage ein schlechtes Gewissen eingeflößt hatte. Die meiste Zeit des Abends redeten wir natürlich über Geschäftliches. Ein persönlicheres Klima entstand dadurch nicht. Am nächsten Tag gab er mir noch einmal zu verstehen, dass er sich das anders vorgestellt hatte. Schließlich hatte ich mich immer noch nicht so geöffnet, wie er sich das wünschte. Dass das mittlerweile mehr als offensichtlich gar nicht in meinem Sinne war, spielte für ihn keine Rolle. Und leider auch nicht für mich, denn ich konnte nicht umhin, mich umgehend wieder schuldig zu fühlen.

Für viele Menschen gehört es unbewusst zum Prinzip einer Beziehung, anderen beständig ein schlechtes Gewissen zu vermitteln. »Du bist mir etwas schuldig«, sagte ein ehemaliger Weggefährte zu mir, als er mich einmal einem neuen Klienten empfahl. Aus Schuld kann eine ungerechtfertigte Verpflichtung erwachsen. Für manche ist Schuld deshalb ein taktisches Mittel.

Mein Rat: Geben Sie sich weder privat noch im Job mit Menschen ab, die Ihnen Schuld aufladen, um Sie an sich zu binden oder Sie in eine bestimmte Ecke zu drängen.

Nährboden der Schuld

Schwärme und deren Mitglieder können uns nur dann mit Schuldgefühlen malträtieren, wenn wir mit uns selbst nicht im Reinen sind. Wenn der Glaube an die Worte anderer stärker ist als unser Selbstbewusstsein. Wenn wir fremde Sichtweisen annehmen, anstatt die Situation selbst differenziert zu betrachten. Wenn wir unseren Lebenszweck nicht kennen. Wenn wir nicht wissen, wofür wir stehen, und nicht erkennen, was richtig und falsch ist. Schuld kann nur im Verhältnis zu anderen entstehen. Aber es braucht den Nährboden in uns selbst, den inneren Schwarm aus fremden Vorstellungen, damit aus unserem Handeln heraus ein Gefühl der Schuld gegenüber anderen wachsen kann.

Wenn etwa Holger sich gegenüber seinen Arbeitskollegen und seinem Chef schuldig fühlt, weil er abends nicht immer mitzieht, wenn es in Kneipen geht, dann ist er im wahrsten Sinn selbst schuld. Würde sein Koordinatensystem funktionieren, dann würden ihm die Lästereien der Kollegen und ihre hochgezogenen Augenbrauen nicht das Gefühl geben, er müsse etwas gutmachen bei ihnen. Im Gegenteil. Er würde selbstbewusst darüberstehen, sein Ding durchziehen, ohne mit der Wimper zu zucken, und vielleicht sogar den einen oder anderen seiner Kollegen damit unbewusst beeindrucken. Weil ihn eben nicht die Furcht begleitet, gegen den Konsens der anderen zu verstoßen. Weil er nicht mehr alles dafür tut, von jedem gemocht zu werden.

Ein innerer Schwarm, der den Blick auf uns selbst, auf unsere Werte und Einstellungen verwässert, macht uns anfällig für die Zumutungen unserer äußeren Schwärme, empfänglich für so etwas wie Schuld. Der einzig wahrhafte Richter über uns sind wir selbst. Und diesem Richter müssen wir den Blick frei machen, indem wir eine klare Perspektive darauf haben, was wir als richtig und gut empfinden. Nur dann können wir uns der Schuld entledigen und zugleich ehrenhaft und offen für die eigenen Ziele kämpfen, ohne anderen schaden zu wollen. Denn ein schuldbefreites Auftreten in unseren Schwärmen bedeutet nicht, dass wir rücksichtslos sind. Nein, im besten Fall bewegen wir uns nicht gegen sie, sondern beflügeln sie mit unserer klaren Haltung.

In den ersten zehn Jahren als Berater, zu einem Zeitpunkt, als ich schon mit dem einen oder anderen bekannten Kopf der deutschen Wirtschaft zu tun hatte, glaubte ich immer noch, dass es wichtig sei, von meinen Klienten gemocht zu werden, und dass sie sich mit mir besonders wohlfühlen. Wenn es dann daran ging, Probleme zu lösen, also Tacheles zu reden, kam es auf der Suche nach der besten Antwort immer wieder zu Reibereien. Ab und zu wurde ein Kunde dann auch richtig sauer auf mich. Das belastete mich sofort. Ich fühlte mich schuldig und versuchte, es dem Kunden ein wenig mehr recht zu machen, als es der Sache dienlich war.

Irgendwann erkannte ich dann, dass es nicht darauf ankommt, dass mein Klient mich in jeder Situation sympathisch findet. Ich will ihm helfen, und das tue ich mit meinen oft sehr konsequenten, aber selten bequemen Antworten. Als mir das bewusst wurde und ich daraus die Schlüsse zog, wurde meine Arbeit noch besser. Weil ich mich nun allein meinem Prinzip verpflichtet fühle, für meine Klienten das Beste zu erreichen – auch wenn das zwischendurch zulasten des Wohlfühlklimas gehen kann. Wie gesagt: Es geht nicht darum, von allen gemocht zu werden, aber darum, Menschen langfristig durch das eigene Handeln zu nutzen.

Wenn Sie sich also schuldig fühlen, dann fragen Sie sich, was der Grund dafür ist. Sind es die ungerechtfertigten Erwartungen der anderen, die Sie verletzt haben? Wer seinen inneren Schwarm beherrscht, sich im Klaren darüber ist, was für ihn selbst wichtig ist, wird sich in seinem Leben nicht schuldig fühlen. Weil er mit sich im Einklang ist und

nach seinen Werten handelt, weil er für entsprechend ehrenhafte Ziele eintritt und am Ende nur dafür die Verantwortung übernimmt.

Kapitel 11

Das doppelte Gesicht der Scham

Die Geschichte war so unglaublich, dass sie selbst einem Drehbuchautor nicht so einfach aus der Feder geflossen wäre. Ein paar Dutzend Männer mittleren Alters vergnügten sich im Rahmen einer Einladung ihres recht großen Arbeitgebers mit genauso vielen Prostituierten. In einem eigens dafür hergerichteten, übrigens denkmalgeschützten Thermalbad. Überall standen einzelne Betten, das Treiben darauf durch Vorhänge verborgen. Eine Art römische Orgie für die verkaufsstärksten Vertriebler der Versicherung.

Wie müssen wir uns die Reaktion dieser Männer vorstellen, als sie verstanden, was da an diesem Abend für sie organisiert worden war? Als ihnen die Frauen vorgestellt wurden und man ihnen erklärte, dass die Bändchen an den Handgelenken der Damen darüber aufklärten, für wen diese zum Geschlechtsverkehr bestimmt waren. Bändchen in Gold nur für die Oberbosse, der Rest für alle anderen zur freien, kostenlosen Verfügung.

Wie also reagieren die geladenen Gäste? Männer mit leichtem oder starkem Bauchansatz, hier und da schütterem Haar, sicherlich auch mit Frau und Kindern. Einige waren bestimmt nervös. Ich stelle mir vor, dass es ihr erstes Mal war. So, mit gekaufter Liebe. Und dann gleich unter den Augen von sich proaktiv brüstenden und miteinander konkurrierenden Kollegen. Zum Glück gab es ordentlich Alkohol. So viel, dass dann wohl auch den Zögerlichsten im Laufe des Abends die Schamesröte aus dem Gesicht wich und sie zur Tat schritten. So beschrieb es zumindest später eine der Dienstleisterinnen in einem Interview.

Ein anderer Ort, eine andere Situation: ein Treffen der Bereichsleiter eines großen deutschen Konzerns. Es geht um einen Klienten von mir, einen, der in seinem Bereich weit entfernt ist von der Konformität und Leisetreterei im Rest des Unternehmens. Mit seiner Mannschaft erreicht er die mit Abstand höchsten Umsätze. Allerdings nicht, indem er mit dem Strom schwimmt, sondern gegen ihn. Indem er vieles einfach anders, mutiger, schneller und damit besser macht als seine argwöhnischen Chefkollegen. Und genau deswegen klagt man ihn nun an. Ob er denn wisse, welchen Druck er mit seinem Vorpreschen auf die anderen Abteilungen und Mitarbeiter ausübe? Warum er denn nicht an das ganze Unternehmen denke? Wilde Unterstellungen. Dabei ist der Bereichsleiter einfach nur seinen ganz persönlichen Maximen gefolgt. Ich schaue ihn an und stelle erstaunt fest: Der Mann schämt sich angesichts der Kritik des wesentlich leistungsschwächeren Umfeldes. Er nimmt die Perspektive der anderen ein, fühlt sich ertappt: ein Verräter an den geheiligten Anti-Leistungsprinzipien seiner Firma.

Scham, so scheint es, ist nicht immer ein guter Indikator für richtiges oder falsches Verhalten. Umso mehr offenbart Scham, wofür der jeweilige Schwarm steht: Wir schämen uns vor den anderen, sobald wir die Werte unserer Gruppe verletzen. Was aber, wenn wir diese Werte unseres Umfeldes gar nicht teilen?

Der äußere Konflikt

Im oben erzählten Beispiel der sexvergnügten Versiche-
rungsvertreter wäre Scham definitiv angebracht gewesen.
Aber bis zum öffentlich-medialen Aufschrei schien es nicht
gegen die interne Kultur der Führungszirkel zu verstoßen.
Wofür also schämen?

Anders mein Kunde, der Bereichsleiter. Natürlich hat er
nichts falsch gemacht, sondern nur nach seinem individuellen Ermessen gehandelt. Aber die Wertschätzung der anderen ist ihm wichtiger als seine eigene, ehrenhafte Haltung.
Er schämt sich und macht sich zukünftig kleiner, als er in
Wahrheit ist. Seinem inneren und äußeren Schwarm zuliebe. Dann hat er nämlich erst mal Ruhe, auch wenn in ihm
selbst die Unzufriedenheit zu rumoren beginnt.

Dabei hätte er das Gefühl der Scham als ernstes Warnzei-
chen nehmen können: Hier will mein Unternehmensschwarm, dass ich mich verbiege. Das ist nicht der richtige
Ort für mich. Nicht mit mir!

Der Blick nach innen: Das unverfälschte Ich

Es scheint, als sei Scham in erster Linie davon abhängig,
welche Werte und Ansichten in einem Schwarm vorherr-
schen. Aber Scham ist weit mehr als das. Es ist ein sehr
starkes persönliches Gefühl, das uns auch dann packt, wenn
wir alleine und ganz bei uns selbst sind.

Wenn ein Schwarmsucher sich im Großraumbüro seiner
Firma mit frauenfeindlichen, chauvinistischen Witzen dem
Humorniveau seiner Umgebung anpasst, dann fühlt er in
diesen Momenten nicht Scham, sondern den frisch gewon-
nenen Respekt der anderen. Von Scham ist er dann weit

entfernt, er triumphiert, weil er tief drinnen schwimmt, in seinem Büroschwarm. Zu sehr genießt er den Augenblick.

Was aber, wenn dieser Schwarmsucher am Abend alleine auf der Couch sitzt, den Fernseher ausschaltet und ihm die Situation plötzlich noch einmal übel aufstößt? Mit ein wenig Abstand sieht und hört er sich selbst in Aktion. Er kann es kaum glauben. War er das? Dieses Mal macht ihn die Erkenntnis nicht stolz. Stattdessen läuft ihm ein kurzer Schauer über den Rücken. Diese kalte Brise auf der Haut, wenn wir uns an etwas erinnern, das uns im Nachhinein unangenehm ist und das wir mit verkniffenem Gesicht bereuen. War ich das wirklich?, fragen wir uns dann peinlich berührt.

Vielleicht wird das auch dem einen oder anderen Versicherungsvertriebler im Nachhinein so gegangen sein. Ich hoffe sogar, möglichst vielen von ihnen, da ich meinen Glauben an die Menschheit und jeden Einzelnen noch nicht verloren habe. Wieder zurück in der vertrauten Umgebung wird es wohl passiert sein, beim Abendessen mit der eigenen Frau, neben sich die Tochter. Bei den Fragen seiner Frau zur Firmenfeier, ihrer warmherzigen Gratulation zu seinen Verkaufserfolgen. Er sieht dann seine Gattin an – wie arglos sie mit ihm redet. Er sieht sich selbst, wie er so am Tisch sitzt und tut, als sei alles normal. Und ein Bild aus seiner Erinnerung blitzt auf und schiebt sich über die Idylle. Der Mann presst kurz die Augen zusammen, um das Bild verschwinden zu lassen. Scham. Während er schweigsam weiterisst, verschiebt sich im Kopf ganz langsam sein Koordinatensystem, Stück für Stück. Die Werte seines Unternehmensschwarms, die sonst zu jeder Zeit das Maß aller Dinge waren, fangen an zu bröckeln. Sie verschwinden wie eine Nebelwand, auf die eine starke Sonne fällt. Der Mann sieht einen Moment lang so klar, dass es wehtut. Dabei wirft es ihn mit Wucht auf sein eigenes, ungeschütztes Ich zurück.

In solch einem Moment, weit weg vom Unternehmen, steigt die Scham wie ein Racheengel in ihm auf und zerpflückt die Rechtfertigungen, die seine Kollegen und er sich an diesem Abend nach dem fünften Cocktail und auf der Rückfahrt im Taxi noch lachend zurechtgelegt hatten. Die These, dass sie, die besondere Leistungen für das Unternehmen erbracht und so viele Unterschriften unter Versicherungspolicen gesammelt hatten, es sich reichlich verdient hätten, etwas Außergewöhnliches zu erleben. Das haben ihnen schließlich auch ihre Chefs bei der Dankesrede erklärt. Wie ein Kartenhaus fallen diese fadenscheinigen Begründungen jetzt in sich zusammen.

Und der Mann blickt dann hoffentlich tiefer, als er eigentlich will. Und möglicherweise erkennt er, in was für einer Firma er da seit Jahren erfolgreich unterwegs ist, und sieht, wie fragwürdig die Werte seines Schwarms sind, dem er sich bei seinen 60-Stunden-Wochen mit Haut und Haar verschrieben hat. Für den er einen Großteil seiner Lebensenergie in den Verkauf von Versicherungen gelegt hat, weil der Erfolg ihm viele Boni und vor allem den Respekt seiner Kollegen eingebracht hat. Weil er damit für sich und seine Frau das eindrucksvollste Haus der Straße bauen konnte. Eine Firma, die ihren Helden mit Gratissex dankt.

Wer weiß, vielleicht durchschneidet sein Schamgefühl ja lange genug den Nebelschleier, um den klaren Blick nicht nur auf die Beteiligung an der Sexorgie zu beschränken, sondern auch das sonstige Geschäftsgebaren mit einzubeziehen, sein Verhalten und das seiner Kollegen auch in anderen Situationen. Stellen wir uns vor, diese Unruhe, die in seinem Innern arbeitet, begleitet ihn nun auch in die Firma und blockiert ihn bei der Arbeit. Macht den sonst so leichten Umgang mit seinen Kollegen immer schwieriger, weil niemand in seinem Team versteht, was in ihm vorgeht, weil niemand seine neuen Bedenken verstehen, geschweige denn akzeptieren könnte. Schließlich tickt man in seiner Truppe anders. Wenn die Unruhe dann zu einer bewussten Erkenntnis wird, dann muss sich der Mann zu Konsequenzen durchringen. Er muss kündigen. Weil er in den Schwarm nicht mehr reinpasst beziehungsweise endlich erkannt hat, dass die Werte, mit denen er sich wohlfühlt, ganz andere sind. Und vielleicht erzählt er sogar einer Zeitung von seinen Erlebnissen.

Manchmal braucht es den besonderen Moment, um zu erkennen, wie wir uns den Blick auf unser wahres Ich verstellen, uns selbst an der Nase herumführen. Momente, in denen man die gewohnte Umgebung hinter sich lässt und das Alltagsgerüst des inneren Schwarms zusammenbricht. Einen Moment der inneren Konfusion.

In der Dokumentarreihe 180 Grad wurde die Geschichte des Werner S. erzählt. S. ist Priester. Das war er nicht immer. Vor zehn Jahren war er Skinhead und hat zusammen mit einem Kumpan betrunken einen Menschen totgeprügelt. Er hat das in der Konsequenz zwar nicht gewollt. Aber Scham darüber packte ihn erst viel später. Als er lange alleine im Gefängnis saß, an die Wand starrte und vor seiner Tat nicht mehr fliehen konnte. Seine Scham und Reue waren dann so stark, dass er es schaffte, die Verantwortung für das Geschehene und sich selbst zu übernehmen und sein Leben um 180 Grad zu drehen – vom orientierungslosen Hass hin zu sich selbst und in diesem Fall zu Gott.

Das ambivalente Warnzeichen

Scham, die einen im Moment völliger Einsamkeit überwältigt und zur Besinnung kommen lässt, ist eine wunderbare Waffe. Mit ihr kann man sich jeder falschen Hülle, die sich so hartnäckig über das eigene Bewusstsein legt, entledigen. Was aber mit der Scham, wenn sie uns in Gegenwart der anderen packt?

Nichts kann wahrhaftiger und zugleich trügerischer sein als diese Art der Scham. Ein ambivalentes Gefühl, das wir genau analysieren müssen, bevor wir ihm folgen. Es ist ein Warnsignal für verletzte Werte. Aber welche Werte – die unseren oder die der anderen?

Wenn wir uns dafür schämen, dass wir den Werten unseres Umfeldes nicht folgen konnten, dann müssen wir uns fragen: Decken sich die Werte der anderen wirklich mit unseren eigenen? Falls ja, dann schämen wir uns zu Recht. Dann gibt uns Scham die Gelegenheit zu erkennen, dass wir gegen unser eigenes Verständnis von Moral verstoßen haben. Dafür können wir dann die Verantwortung übernehmen und unser Handeln gegebenenfalls korrigieren.

Wenn wir uns aber schämen, obwohl wir die Ansichten des Schwarms nicht teilen, dann zeigt dies nur eines: unsere eigene Schwäche, unsere Fremdbestimmtheit. Die Vor- und Einstellungen unseres Arbeitgebers, unserer Kollegen, unserer Freunde stehen über unseren eigenen.

Lassen Sie das nicht zu: Erkennen Sie, wofür Sie sich zu Recht schämen, und handeln Sie entsprechend. Aber danach gilt: Schämen Sie sich nie mehr, solange Sie sich selbst treu bleiben!

Kapitel 12

Die Macht der Angst

Nachts um vier Uhr. Wir liegen wach, sind unruhig. Wir können das Grübeln nicht lassen. Wir denken über Dinge nach, die noch nicht passiert sind, aber passieren könnten. Und unsere Fantasie verbeißt sich in Bilder, die uns den Schlaf rauben.

Unsere Ängste übermannen uns vor allem dann mit aller Macht, wenn unser Verstand auf Sparflamme arbeitet und die Dunkelheit und Stille um uns herum unseren Emotionen Raum zur unendlichen Entfaltung lassen. Angst. Ein Gefühl, das sich so echt und so bedrohlich anfühlt, dass es körperlich lähmen kann. Ein diffuser, unkonkreter Zustand, bei dem es nie um das Hier und Jetzt geht, sondern um eine vermeintliche Zukunft. Sie ist verführerisch, weil wir den Eindruck haben, dass uns die Angst auf das vorbereitet, was passieren könnte. Auf Armut, Tod, Einsamkeit. Was für ein Blödsinn! Weil es bekanntlich erstens anders kommt und zweitens als man denkt. Mit Angst verschwenden wir nur wertvolle Energie, begrenzen uns, weil wir uns nicht auf die naheliegenden Aufgaben vor uns konzentrieren.

Solche Menschen begegnen mir in Unternehmen oft. Wenn es im Job nicht so gut läuft, dann sind sie die Ersten, die sich bange Gedanken machen, ob man sie demnächst nicht aus der Firma wirft. Angespannt beobachten sie dann jede Regung eines Vorgesetzten, jedes Getuschel der Kollegen. Überall erkennen sie Hinweise, dass sich dunkle Wolken über ihnen zusammenbrauen. Anstatt dass sie die eigene Energie auf das Naheliegende richten und die Arbeit auf dem Tisch anpacken, ergreift sie die Panik. Und je hektischer sie werden, je verkrampfter sie ihren Job bewältigen, desto verfahrener wird die Situation.

Stete Angst kann sich zuspitzen, zur Panik werden. Immer dann, wenn wir uns den potenziellen Bedrohungen nicht stellen, den Kampf nicht annehmen, wachsen unsere Ängste und verbünden sich miteinander. Vielleicht haben Sie es schon erlebt, wie die Anspannung im Job auf Ihre Ehe übergreift, auf das Verhalten in allen Lebensbereichen. Dann sehen wir die ganze Welt plötzlich nur noch grau. Fühlen uns betäubt. Glauben im schlimmsten Fall Dinge zu verlieren, an denen angeblich unsere Existenz hängt. Bis es wieder besser wird oder wir irgendwann nicht mehr können. Bis wir vor der vereinten Macht unserer Lebensängste ohnmächtig in die Knie gehen.

Brechen Sie die Macht Ihrer Ängste! Um den Herausforderungen des Lebens besser gegenüberzutreten, müssen Sie Ihren Geist disziplinieren, Ihren Verstand stählen! Dafür müssen wir in unsere dunklen Seelenkammern hinabsteigen und als Krieger unseren inneren Schwarm herausfordern. Nur wenn wir uns unsere Ängste konzentriert aus der Nähe besehen, können wir erkennen, was uns in Wahrheit umtreibt.

Wenn Sie nach einer Abkürzung suchen, um möglichst schnell reif, erwachsen und damit auch für sich selber und für andere attraktiver zu werden, dann trainieren Sie Ihren Geist darin, mit der eigenen Angst umgehen zu können. Nichts führt schneller zu mehr Selbstsicherheit und innerer Klarheit.

Ich bin nicht meine Angst

Der Umgang mit diesem starken Gefühl, das unsere Seele zittern lässt, ist nicht einfach. Zunächst einmal müssen Sie die richtige Haltung einnehmen. Sie müssen verstehen, dass das, was Sie da nervös macht, ein Gefühl ist, wenn Sie so wollen: »nur« ein Gefühl, ein entflohener, außer Kontrolle geratener Gedanke. Dieses Gefühl ist ein Fremdkörper, der sich an den losen Enden Ihrer Schwarmwelt festkrallen will. Mit ihrem allerinnersten und eigenen Selbst hat dieser Fremdkörper nichts zu tun.

Wenn Sie also ein mulmiges Gefühl beschleicht, dann machen Sie sich bewusst: Das, was da durch meinen Kopf spukt, ist ein diffuses, dramatisierendes Gefühl, das kommt und geht. Es hat weder mit der Gegenwart noch mit der Zukunft zu tun. Tun Sie dann vor allem eines: Begrüßen Sie Ihre Angst wie einen guten alten Bekannten: »Schön, dich wiederzusehen! Wir beide reden miteinander – wenn ich Zeit für dich habe!« Denn wann Sie sich mit Ihrer Angst beschäftigen, das bestimmen Sie selbst. Sie legen Ort und Zeit fest, aber ohne dabei die Auseinandersetzung auf die lange Bank zu schieben.

Das heißt, diesen Kampf führen Sie bitte nicht um vier Uhr morgens, wenn aus Ängsten große Gedankenmonster werden und Sie nicht Ihre Rüstung tragen, sondern einen Pyjama. Wenn Ihr Verstand im Stand-by-Modus vor sich hin dämmert und Sie zu einer ernsthaften Auseinandersetzung zwischen Traum und Wirklichkeit überhaupt nicht in der Lage sind. Um vier Uhr morgens sind Sie nur ein Krieger in der Meditation, der sagt: »Es ist nur Angst. Und um die kümmere ich mich später am Tag.« Und dann, am Morgen, sobald Sie können, schlagen Sie zu. Möglicherweise

reagieren Sie sich erst mit einem Waldlauf durch morgend-
liche Nebelschwaden ab. Aber dann streifen Sie sich Ihre
Rüstung über, Ihren messerscharfen Verstand, und schauen
sich Ihre Angst noch einmal genau an. Vielleicht nehmen
Sie einen Stift in die Hand und schreiben einfach drauflos,
was Ihnen auf- und einfällt. Dabei dringen Sie immer tiefer
in die Bilderwelten und Nährböden dieser Angst ein, stoßen Ihren Verstand wie einen Säbel hinein. Bis der Kern
dieses Gefühls nackt vor Ihnen steht und Sie erkennen, wovor Ihnen eigentlich bange ist.

Meistens gelangen wir dann an eine Stelle, die wir nicht
gerne in Augenschein nehmen. Wir sehen plötzlich, dass
unsere Ängste sich vor allem um Verluste drehen. Wir zittern um materielle und finanzielle Sicherheit, um unser Ansehen bei Kollegen und Nachbarn, um das Wohlwollen unserer Mitmenschen. Wir erkennen das Wirken unseres
inneren Schwarms und seines Hangs, uns von dem abzulen-
ken, was wir wirklich wollen. Mithilfe von Angst.

Schwarzmalen entspannt

Angst haben wir vor allem vor dem, was wir noch nicht ge-
spürt haben. Wenn Sie also ein Blatt Papier vor sich haben,
um Ihre Albträume niederzuschreiben, dann bleiben Sie
nicht analytisch. Sondern steigern Sie sich rein.

Es ist eine meiner Lieblingsstrategien: sich Katastrophen
auszumalen in ihren schlimmstmöglichen Erscheinungen,
um dann real für jede Katastrophe gewappnet zu sein, weil
nichts mehr unvorstellbar scheint. Denn ich bin überzeugt:
Optimismus ist keine Tugend! Optimismus ist dumm und
kann tödlich sein! Optimismus ist wie Hoffnung: Wir glauben, dass es irgendwie schon gut gehen wird. Aber das tut es

in mindestens der Hälfte der Fälle eben nicht, weil wir selbst nicht die Treiber der Veränderung sind. Und, ehrlich, fünfzig-fünfzig, das ist doch keine beeindruckende Bilanz. Da nehme ich den Ausgang der Dinge lieber selbst in die Hand.

Als ich in einer Krise einen Bestandskunden nach dem anderen verlor und meine Planungen immer wackeliger wurden, sah meine Perspektive beruflich wie finanziell mit einem Schlag ganz anders aus. Sofort hatte ich mein Bankkonto, wie es möglicherweise in sechs Monaten aussehen könnte, vor meinem geistigen Auge. Finanziell hatte ich in diesem Moment keine Probleme. Dennoch malte ich erst einmal schwarz. Mich überfiel die Zukunftsangst, erschreckende Bilder von dem, was passieren könnte. Ich sah mich mein Auto verkaufen, meine Uhr, sah meine Familie und mich in eine kleinere Wohnung ziehen. Und war ziemlich beunruhigt. Aber ich war fähig, mich in Ruhe hinzusetzen, um mich mit diesen Bildern und der daraus begründeten Angst zu beschäftigen.

Ich machte einen Test. Ich führte mir mein Zukunftsszenario vor Augen und bewertete es auf einer Skala von eins bis zehn. Eins entspricht einem Zustand, in dem ich nicht mehr weiß, wie ich nächste Woche meine Familie ernähren soll, zehn einem Zustand, in dem ich mir alles leisten und so leben kann, wie ich es mir wünsche und vorstelle. Dabei wurde deutlich: Selbst in meiner schlimmsten Vorstellung landete ich noch immer irgendwo in der Mitte der Skala.

Der Verlust von Auto und Uhr sowie weniger Quadratmeter wären kein Weltuntergang. Ein SUV und eine Rolex sind nicht das Nadelöhr zum Glück. Der mögliche Ausschluss aus der Riege der erfolgreichen Denker, Berater und Unternehmer machte mir bewusst, dass nicht dieser Schwarm mit all seinen verlockenden und frustrierenden

Facetten mich am Leben hielt, sondern nur ich selber. Und dass ein massiver Umbruch solcher Art deshalb auch nicht meinen Tod zur Folge hätte, sondern nur den Beginn von etwas Neuem. Obwohl es sich doch anfangs noch so real und sicher nach Untergang angefühlt hatte.

Aber es ist in unserer Gesellschaft eben sehr unwahrscheinlich, dass wir das Leben von seiner härtesten Seite kennenlernen. Die eigene Familie wird nicht verhungern oder erfrieren. Also hören wir auf, so zu tun, als stünden wir vor unlösbaren Problemen! Schlechter als bei drei werden die meisten von uns auf der Skala kaum landen. Wenn wir unsere eigene Situation relativieren, verliert sie an Dramatik. Das gibt Raum zum Durchatmen sowie Motivation und kämpferische Entschlossenheit, die konkreten Probleme richtig anzugehen. Schritt für Schritt.

Mit dieser Erkenntnis stellte ich mir realistisch vor, wie lange die Welt im schlimmsten Fall schlecht zu mir sein würde. Wie lange es wohl dauern könnte, bis ich aktiv neue Kunden akquiriert hätte, und welche Maßnahmen ich ergreifen könnte, um dieser Katastrophe ein wenig vorzubeugen. Und daraus zog ich meine Konsequenzen. Ich sprach unter anderem mit meiner Bank, um den Weg für einen möglichen Kredit zu bereiten, solange meine Kreditwürdigkeit noch nicht angezweifelt werden konnte. Das Ergebnis: Ich reduzierte mit wenigen bewussten Maßnahmen mein Stresspotenzial deutlich. Die Angst vor dem Ungewissen verschwand, weil ich das schlimmstmögliche Szenario durchdacht, mir spürbar vergegenwärtigt und ihm wirklich ins Auge gesehen und entsprechend die ersten Gegenschritte unternommen hatte. Meine Angst wurde mit jedem Schritt nach vorne entmachtet. Und die Entmachtung der Angst bedeutet vor allem eines: Entspannung.

Wie entspannt wir durchs Leben gehen, das hängt auch davon ab, welchen Wert wir materiellen Dingen beimessen. Die Vorstellung, im Notfall Haus, Schmuck, Auto etc. zu verkaufen, jagt mir keinen Schrecken mehr ein. Nicht, dass Sie mich jetzt falsch verstehen: Ich mag schöne Autos, gutes Essen, tolle Weine und Reisen sehr. Ja, Geld kann glücklicher machen. Aber es bewahrt uns nicht vor dem Unglücklichsein. Je mehr wir unser Glück und die Definition der eigenen Person von Statussymbolen abhängig machen, wir also im Ernstfall durch den Verlust unseres Wohlstandes den sozialen Tod fürchten, den Verlust von Freunden und Ansehen, desto mehr fühlen wir in schwierigen Situationen, wie sich ein Strick um unseren Hals mehr und mehr zuzieht. Und desto mehr vermeiden wir im Leben Risiko.

Dass wir etwas verlieren können, das erzeugt Angst. Konzentrieren Sie sich besser auf das Wesentliche und hören Sie also auf, sich an zu vielen unwichtigen Dingen festzukrallen, sich darüber zu definieren und um jeden Preis nach ihnen zu streben. Sie machen sich dadurch nur abhängiger von anderen.

Kämpfen Sie selbst

Auseinandersetzungen, die wir in Unternehmen und im Privaten erleben, die Rivalität unter Kollegen oder Freunden, das Duell um die Gunst des Vorgesetzten oder einer Frau haben übrigens auch nur diese eine Quelle: die Angst, nicht gut genug zu sein, die Angst, in der Hierarchie der Gruppe abzusteigen.

Viele von Ängsten geplagte Menschen werden so zu einer Belastung für ihr Umfeld. In ihrer Unsicherheit beginnen sie, anderen zu misstrauen, und verhalten sich abwehrend bis aggressiv. Sie verlagern also ihr inneres Durcheinander in die äußere Welt. Denn zu oft sind die Kämpfe in den Schwärmen nur die Fortsetzung oder die nicht ausgefochtenen Kämpfe von Menschen, die mit sich selbst nicht im Reinen sind, die von ihren Ängsten getrieben werden. Der Kampf um Macht und Anerkennung etwa, der im äußeren Schwarm gewonnen werden soll, nimmt letztlich seinen Ausgangspunkt im Menschen selbst. Dort verlieren wir immer wieder die entscheidende Schlacht, wenn wir uns nicht davon lösen, uns immer mit anderen zu vergleichen, wenn wir danach streben, von ihnen gemocht und bewundert zu werden, wenn wir die Angst vor dem sozialen Tod, vor dem Alleinsein und dem Desinteresse der anderen nicht bändigen können.

Der wahre Lebenskampf findet nicht mit den Menschen statt, die mit uns arbeiten, lachen und leben, sondern in uns selber.

Aber sobald wir Angst haben, suchen wir nur allzu schnell nach Sicherheit und Halt in unserer Umgebung. Fragen Partner, Bekannte und Freunde, was wir denn jetzt tun sollen, damit dieses ungute Gefühl verschwindet. Diese können uns zwar beruhigen, uns die Angst aber nicht nehmen. Trotzdem tragen wir unsere Angst gerne nach außen, um Hilfe einzufordern. Aber damit geben wir die Kontrolle über uns selbst ab. Wir fordern Menschen auf, uns zu helfen, die keine Ahnung davon haben können, was grundlegend in uns vorgeht. Ratschläge, die wir aus Angst einholen, können deshalb schnell sehr harte Schläge in die falsche Richtung werden.

Ich erinnere mich noch gut, wie ich in meinen Anfängen als Unternehmer Rat bei einer Bekannten suchte. So sehr ich sie auch schätze, aber von diesen Fragen hat sie weiß

Gott keine Ahnung. Genauso wie mein bester Freund, ein kluger Kopf, der vieles weiß, aber eben nicht in Unternehmensfragen. Würde ich auf einen von beiden hören, könnte es böse Folgen haben.

Seien wir ehrlich: Wenn wir uns Hilfe suchend an andere wenden, dann wollen wir doch oft mehr als nur einen Ausweg aus unserer Misere. Als Coach muss ich selbst gegenüber Topmanagern klarstellen: »Sie wollen nicht wissen, wie ein Problem zu lösen ist, sondern wie sich das bitte schön alles ganz einfach in Wohlgefallen auflösen lässt.« Aber »einfach« gibt es nicht! Schauen Sie Ihrer Angst ins Gesicht. Gestehen Sie sich ein, dass es nicht einfach wird. Und dann machen Sie den ersten Schritt. Einen ausgefeilten Plan brauchen Sie dafür nicht. Sobald Sie loslaufen, werden Sie spüren, was zu tun ist.

Und wenn wir uns über uns selbst im Klaren sind, dann lassen wir uns nicht so schnell in die Ecke drängen, weder im Unternehmen noch in einer Beziehung. Dann können wir Bedrohungen einordnen und relativieren. Und glauben Sie mir: Nichts ist für eine Angstkultur in einem Unternehmen schlimmer als ein selbstbewusster Mitarbeiter, der mit seinen Ängsten umzugehen weiß.

Ein Leben ohne Angst? Nein, das wird es dennoch nicht geben – selbst wenn Sie Ihr Leben sortiert haben. Wenn alles bestens läuft, wird es in Kürze auch wieder bergab gehen. Und dann wieder bergauf. Aber in solch einer Achterbahn lebt es sich besser mit einem gestählten Geist, der sich der Angst jedes Mal stellt wie ein Krieger. Und nicht wie ein hektisches Häschen, das erstarrt, sobald das Monster aus dem Dunkeln auftaucht.

Kapitel 13

Die Früchte der Furcht

Um die Angst zu besiegen, brauchen wir keinen Mut, sondern die richtige Haltung: »Das ist nur Angst.« Mit dieser Erkenntnis sind wir in der Lage, angemessen zu leben und zu arbeiten. Furcht dagegen braucht unseren Mut.

Die Furcht ergreift uns, wenn wir den ersten großen Vortrag halten und kurz davor sind, das Rednerpult zu entern. Oder wenn wir uns um eine neue Stelle bewerben und bei der Empfangsdame gerade unser Erscheinen ankündigen. Wenn wir auf dem Weg zu unserem ersten Rendezvous sind. Furcht ergreift uns immer in einem Moment, in dem wir einer vermeintlichen Gefahr unmittelbar gegenüberstehen.

Im menschlichen Schwarmalltag ist das niemals die Todesgefahr, aber die intensiv wahrgenommene Gefahr, im Umgang mit anderen zu scheitern: unser Ziel nicht zu erreichen, ab- oder zurückgewiesen zu werden, Spott oder Missachtung zu ernten, bestraft oder nicht belohnt zu werden.

Während Angst auch ein latentes, mulmiges Gefühl sein kann, das sich vor allem in unserer Fantasie abspielt, trifft Furcht unseren Körper mit der Wucht eines Faustschlags in einem sehr konkreten Moment. Furcht ist voller direkter Energie. Wir sind aufgeregt, fühlen unser Herz heftig pumpen, haben schweißnasse Hände. Adrenalin pur! Wir sind in diesen Momenten wacher, schneller, besser – unsere Sinne sind um ein Vielfaches leistungsfähiger als sonst. Furcht ist ein urzeitlicher Reflex in uns, mit dem wir situativ über uns hinauswachsen.

Und genau deshalb sollten wir die Furcht einflößenden Momente in unserem Leben genießen! Niemals spüren wir unsere Lebendigkeit besser, die ungeheure Kraft, die in uns ist. Unser ganzer Organismus ist in Alarmbereitschaft und bereit, Höchstleistungen zu bringen. Als würden wir einem Löwen gegenüberstehen und die wichtigste Entscheidung unseres Lebens treffen müssen: Rennen wir weg, stellen wir uns tot oder bleiben wir stehen und kämpfen?

Im Falle eines tatsächlichen Aufeinandertreffens mit einem Löwen ist es wohl am ratsamsten, sich auf den Boden zu legen und tot zu stellen. Leider ist das auch die Variante, die eine Mehrzahl von uns im Alltag vorzieht – und sich damit zum Opfer ihres Umfeldes macht. Denn dann haben wir bereits verloren. Unsere Passivität macht uns zu Opfern. Erheben wir nicht laut und verständlich unsere Stimme, dann werden unsere Mitmenschen uns überfahren, weil sie uns nicht sehen. Oder nicht sehen wollen.

Als mein Geschäftspartner für einen großen Konzern ein Projekt durchführte, ging es darum, gemeinsam mit den Führungskräften herauszufinden, wie die einzelnen Unternehmensbereiche voneinander profitieren könnten. Plötzlich stand das ganze Projekt im Rahmen einer entscheidenden Präsentation auf der Kippe. Wir wussten, dass wir keine großartigen Ergebnisse erzielt, den Prozess nicht erfolgreich geführt hatten. Dies lag auch daran, dass die Führungskräfte auf Kundenseite gegen das Projekt waren und das Gelingen sabotiert hatten, wo sie nur konnten. Das Ziel der Bereichsfürsten: Sie wollten uns loswerden, um die zwangsläufige

Zusammenarbeit der einzelnen Unternehmensbereiche zu verhindern. Mit der anstehenden Präsentation würden sie uns bloßstellen können, sodass uns ihr Vorstandsvorsitzender aus dem Haus jagen würde.

Niedergeschlagen bereitete mein Partner die Präsentation vor, in dem Wissen, dass er damit geradewegs auf eine Niederlage zusteuerte. Er hätte versuchen können, den Termin abzusagen, zu verschieben, aber das wollte er nicht. Sich vor der offensichtlich unangenehmen, weil schier unmöglichen Aufgabe zu drücken, das kam für ihn nicht infrage. Er würde es über sich ergehen lassen und irgendwie durchstehen. Denn so viel war sicher: Unser Auftrag in dem Unternehmen würde wohl kaum weiterlaufen.

Damit wollte ich mich allerdings nicht abfinden. Tot stellen und Schwanz einziehen? Für mich niemals eine Option. Ich wog die Möglichkeiten hin und her, wie wir uns in der Situation verhalten sollten. Und entschied mich schließlich, die Präsentation selber zu übernehmen. Aufgeregt, ja wirklich nervös, erfüllt von so etwas wie Furcht, betrat ich den Konferenzraum. Ich spürte, dass sich ein Teil der extrem unkooperativen Führungskräfte insgeheim darüber freute, dass wir mit unserem Projekt nicht vorwärtsgekommen waren. Aber anstatt mit beschlagener Stimme wie das Kaninchen vor der Schlange die schlechten Ergebnisse unserer Arbeit zu präsentieren und darauf zu warten, dass die Kundenseite zubiss, stellte ich mich vor mein Publikum und redete Klartext. Räumte ein, dass wir hier bisher keinen guten Job gemacht hatten, und wies mit klarer Haltung darauf hin, dass dies zum Teil auch an der internen Verweigerungshaltung lag. Der heutige Termin sei nun die letzte Chance, gemeinsam etwas zu erreichen. Ich gebe zu, meine Strategie war ein Risiko, aber das Ergebnis war erstaunlich: In den darauffolgenden zwei Stunden konnten die so direkt vor versammelter Mannschaft angesprochenen Manager nicht anders, als sich vorbildlich zu beteiligen. Dieses Meeting war der Durchbruch in dem Projekt.

Was war passiert? Ich war weder meinem Fluchtreflex gefolgt und hatte die Veranstaltung abgesagt noch hatte ich mich tot gestellt, also das Debakel passiv über mich ergehen lassen. Im Gegenteil. Ich hatte angegriffen. Ich hatte all die Kraft genommen, die in meiner Furcht lag, in dem Adrenalin, das mein Gesicht rot und meinen Atem schneller werden ließ, um die Kundenseite selbstbewusst, risikobereit und klar für mich zu gewinnen. Ich war nicht in diesen Termin gegangen, um mich von dem Unternehmensschwarm wegdrücken zu lassen, sondern ihn in meinem Sinne und dem unseres gemeinsamen Ziels umzulenken. Ich hatte meine eigene Furcht samt meinen Gegnern bei den Hörnern gepackt und in eine andere Richtung gedreht.

Um das Beste aus der eigenen Furcht zu machen, braucht es Mut. Den Mut, sich in eine schwierige Aufgabe hineinzuwerfen. Mut ist keine Selbstverständlichkeit. Im Leben gibt es kein stark oder schwach, verabschieden Sie sich von dieser Vorstellung. Es gibt nur trainiert und nicht trainiert – und das gilt insbesondere bei Gefühlen wie Angst und Furcht.

Wir entwickeln mehr Mut, je routinierter wir im Umgang mit einer bestimmten Situation sind. Verschaffen Sie sich deshalb Ihre Erfahrungen, erst im Kleinen, dann im Großen. Wenn Sie sich etwa nicht trauen, vor großen Gruppen frei zu sprechen, dann fangen Sie vor einigen wenigen Menschen an und steigern Sie sich langsam. Sorgen Sie in Ihrem Leben immer dafür, dass Sie lernen können, mit Furcht umzugehen. Jede schwierige Situation, in die Sie mit Hosenflattern hinein- und aufrecht und mit geradem Rückgrat wieder hinausgehen, trainiert Sie und entwickelt Sie weiter. Sie lernen etwas über sich selbst und werden bewusst über sich selbst, also selbstbewusster, selbstsicherer.

Und je mehr solcher Erfolge Sie erleben, desto mehr werden Sie förmlich nach Situationen suchen, in denen es gilt, die eigene Furcht zu überwinden, um das anschließende Glücksgefühl auszukosten.

Einen Fehler sollten Sie dabei aber nicht begehen: Zu viele Menschen glauben, man habe die eigene Furcht allein dadurch überwunden, dass man sich in eine unangenehme Situation hineinbegibt, anstatt davor Reißaus zu nehmen. Dann gehen wir etwa zu einem Gespräch mit unserem Chef und fürchten uns vor der Standpauke. Der Termin steht und wir wollen tapfer sein. Also betreten wir sein Büro und lassen uns mit verbalem Müll bewerfen. Danach sind wir stolz, dass wir weder geheult noch geschrien haben, sondern alles mit kühlem Blick an uns haben abperlen lassen. Das hat nichts mit Mut zu tun.

Mutig wäre gewesen, wenn wir den Termin abgesagt hätten mit der Begründung, dass unser Chef ja weiß, wo unser Schreibtisch steht. Oder vor dem verdutzten Chef die Defensive überraschenderweise zu verlassen, um in die Offensive zu springen, das Wort an sich zu reißen und ihm unmissverständlich sein Verhalten zu spiegeln.

Eines überrascht uns nach solchen Aktionen häufig am meisten: dass alles viel weniger schlimm war, als wir uns das im Vorfeld vorgestellt haben. Die wenigsten Menschen haben wirklich ein Interesse daran, uns fertigzumachen. Vor allem dann nicht, wenn sie sehen, dass wir trainiert sind, dass wir mit Angst und Furcht umzugehen wissen.

Kapitel 14

Selbsterkenntnis ist eine Waffe

Es ist ein Widerspruch – wir wissen oft sehr genau, was wir wollen, aber wir tun es nicht oder gestehen es uns nicht einmal ein. Wir verspüren in einem langweiligen Gespräch auf einmal den Impuls aufzustehen und zu gehen. Wir ertappen uns auf dem Weg zu einem Kundenprojekt dabei, wie wir am Flughafen sehnsüchtig einen Blick auf die Anzeigentafel mit den Fernzielen werfen. Wir werden im Bewerbungsgespräch unruhig, weil wir ahnen, dass es nicht das richtige Unternehmen ist. Wir verlassen mit dem neuen Kleid den Laden und den Einflussbereich der gewitzten Verkäuferin, und uns beschleicht ein ungutes Gefühl.

Wir wissen meist sehr genau, was wir tun sollten, schauen aber leider den Tatsachen nicht ins Auge und sind nicht ehrlich zu uns selbst – weil uns im selben Moment doch noch 1.000 bessere Gründe einfallen, lieber wegzuschauen. So führen wir das langweilige Gespräch fort und genehmigen uns dabei noch einen Drink, damit es besser läuft. Während wir auf die Anzeigentafel mit den Fernflügen schauen, ruft unser Chef an und wir können nicht anders, als ihm zuliebe auch noch das nächste Projekt in unseren übervollen Terminkalender zu packen. Beim Bewerbungsgespräch unterdrücken wir unser ungutes Gefühl, nicken begeistert zu allem, was man uns erzählt, und sind damit auf dem besten

Wege, den Job zu bekommen. Das neue Kleid passt zwar gar nicht zu uns, aber bei den Freundinnen kommt es bestens an, und wir vergessen, dass wir es der bescheuerten Verkäuferin zurückbringen wollten.

Wir lassen uns von starken Strömungen um uns herum durchs Leben treiben, von Kräften, die uns unnachgiebig in alle Richtungen zerren. So lange, bis es uns schlecht geht. Bis uns der Frust packt. Die Melancholie, die kommt, wenn die heilende Wirkung des Einkaufsrauschs verpufft, das übliche x-te Kleid, die neuen Schuhe, das größere Auto unser Wohlbefinden nicht mehr künstlich hochzuhalten vermag und eine noch höhere Dosis Konsum am Geldbeutel scheitert. Im neuen Job fangen wir schnell an, unseren Kollegen gegenüber von Kündigung zu reden. Gemeinsam mit ihnen beklagen wir unser Los und heben drohend den Finger zur Chefetage. Und bleiben doch – mit jedem Tag ein bisschen depressiver. Wir rasen von einem Kundenprojekt zum nächsten und schrauben unsere Wochenarbeitszeit angesichts der steigenden Anerkennung auf 70 Stunden hoch. Wir stehen bald kurz vor dem Burn-out, das wir für eine Modekrankheit halten. Aus den Langweilern im Büro ist längst unsere Clique geworden. Drinks helfen jetzt nicht mehr. Aber wir treffen uns weiterhin mit den Kollegen, weil uns der letzte Freitagabend, den wir zu Hause alleine vor dem Fernseher verbrachten, noch in grauenvoller Erinnerung ist.

Haben wir Angst vor der Wahrheit? Davor, uns einzugestehen, wie lächerlich und absolut sinnfrei unser Verhalten oft ist? Ist es zu schwer, sich einzugestehen, wie sehr wir uns an den Menschen in unserem Umfeld orientieren, ihnen geradezu sklavisch folgen?

Erkennen bedeutet Veränderung

Das Einzige, was uns dagegen hilft, ist ein ehrlicher Blick auf uns selbst.

Und ja, vieles von dem, was wir in uns sehen können, wird nicht schön sein. Aber auch nie hässlich. Es ist, wie es ist. Aus bestimmten Gründen. In vielem sind wir nicht besser und nicht schlechter als die große Mehrheit. Wir biedern uns gerne an, wenn wir uns davon Vorteile versprechen, machen uns gerne klein, um nicht zu sehr aufzufallen, schließen uns zu schnell der Mehrheitsmeinung an, ohne sie zu hinterfragen. Wir ziehen Harmonie vor, selbst wenn wir darunter leiden, und freuen uns über jedes Lob, selbst dann, wenn wir mit uns selbst überhaupt nicht zufrieden sind.

Wenn wir genau hinschauen, sehen wir viele Schattenseiten. Aber das ist kein Problem, wenn wir uns zusprechen, dass es eben ist, wie es ist. Wir sind weder schlechte Menschen noch handeln wir aus Bösartigkeit. Wir sind, wie wir sind, weil unser Umfeld, unser Leben, all unsere Erfahrungen uns zu dem gemacht haben. Wir müssen uns genau anschauen, wie es ist, aber dürfen dies nicht bewerten. Es macht ja auch überhaupt keinen Sinn, wenn wir uns mit Vorwürfen überschütten.

Das Bemerkenswerte und Großartige ist, dass allein das Erkennen unserer typischen Verhaltensmuster bereits eine große Veränderung bedeutet: Ich bin nicht mehr derselbe, weil ich mich selbst und mein Verhalten mehr reflektiere als zuvor. Wenn Sie sich das nächste Mal bei etwas ertappen, wenn Sie sich angeberisch, opportunistisch oder feige verhalten, dann haben Sie nun die Chance, anders zu agieren. Sie schmunzeln entweder wissend über sich selbst oder machen es anders.

Das ist wie ein kleiner Durchbruch. Plötzlich besitzen Sie Antennen für das eigene Verhalten, nehmen Dinge wahr, die Ihnen vorher an sich entgangen sind. Sie lauern förmlich auf die eigenen Emotionen und Gedanken. Wenn ich mich zum Beispiel dabei ertappe, wie ich bei einem Telefonat im Zug bedeutungsvoll rede, um meinen Sitznachbarn meinen Status vorzuführen, dann steht es mir frei, über mich selbst zu lachen oder mir eine solch kindische Angeberei auch mal zu gönnen. Der Unterschied zu vorher ist: Ich tue es bewusst. Ich bin mir im Klaren darüber, was ich so alles anstelle, um meinen Applaus einzusammeln. Jetzt kann ich selbst entscheiden, ob ich das so weitermachen will oder nicht.

Im Überblick: Der schwarze Kern des Schwarms

Wenn wir aber wirklich etwas in uns verändern wollen, dann dürfen wir keine Kosmetik betreiben und uns damit begnügen, das eine oder andere auffällige Verhalten etwas zu zügeln. Der entscheidende Schritt ist ein anderer: Sie müssen den Schleier wegziehen. Was steckt etwa hinter unserer Sehnsucht nach Anerkennung? Warum ist es uns so wichtig, dass andere uns für durchtrainiert halten? Für kompetent, für stark, für überdurchschnittlich?

Die Erkenntnis, dass wir in vielen Situationen des Alltags viel zu viel dafür tun, dass andere uns loben und bewundernd auf die Schultern klopfen, ist wertlos, wenn wir nicht wissen wollen, welche Faktoren in uns dieses Verhalten herbeiführen.

Welche tiefer liegenden Emotionen verstecken sich dahinter? Auf der Suche nach Antworten auf diese Fragen stoßen wir zu grundlegenden Emotionen vor. Da ist etwa die mächtige Emotion Angst, die als latentes Hintergrundrauschen unser Leben durchziehen oder als sichtbare Panikattacke auch mal hart und direkt durch die Oberfläche unseres ansonsten gut kontrollierten Verhaltens brechen kann.

Wenn Sie bemerken, wie sehr Sie im Alltag nach der Anerkennung der anderen streben, dann kann sich dahinter etwa die Angst vor Einsamkeit verbergen, die Angst davor, nicht geliebt zu werden, nicht dazuzugehören. Jede Art von Angst macht uns unfrei, weil sie unserem Verhalten eine Richtung gibt, in die wir bei näherer Betrachtung nicht gehen wollen. Angst treibt uns dazu, dem Chef zuzustimmen, obwohl wir anderer Meinung sind. An einer Ehe festzuhalten, die vorbei ist, die aber ein Stück Sicherheit gewährt und uns vor dem Alleinsein bewahrt. Angst steuert unser Handeln. Und meist füttern wir diese Angst auch noch, indem wir sie verdrängen und so nur noch stärker werden lassen.

Furcht macht uns unfähig im Augenblick des Handelns. Wenn wir nicht aufpassen, stiehlt uns Furcht eine Vielzahl unserer Handlungsoptionen, nämlich wenn wir dem Unangenehmen, Furcht einflößenden aus dem Weg gehen: der Auseinandersetzung mit Kollegen oder dem Chef, der Aussprache mit Freunden, dem Sammeln von neuen Erfahrungen in neuen Lebensbereichen.

Auch eine Emotion wie Schuld kostet viel zu viel Energie, die wir für unsere eigentlichen Ziele brauchen. Wenn uns im Alltag Schuldgefühle plagen, dann ist es schier unmöglich, aufrecht durchs Leben zu gehen. Dann neigen wir dazu, in Diskussionen mit anderen schneller einzuknicken. Schließlich sind wir vorbelastet. Oder wir machen genau das Gegenteil und versuchen unsere Schuldgefühle zu kompensieren, indem wir extra eine Spur härter agieren, als es notwendig ist. Dabei ist Schuld vor allem eines: unnötig. Sie sind anderen nichts schuldig. Das Einzige, was letztlich zählt, ist: dass Sie die Verantwortung für Ihr Verhalten übernehmen.

Scham kann uns lähmen. Weil wir sie mit uns herumtragen, in dem Bewusstsein, gegen Werte verstoßen zu haben. Aber sind es unsere eigenen Werte, die wir verletzt haben? Oder fühlen wir die Scham lediglich, weil wir uns beständig den Vorgaben unseres Umfelds anpassen und nicht reflektieren, wofür wir selbst stehen wollen?

Neid, der anderen nichts gönnt, zeigt uns, wie wenig wir bei uns selbst angekommen sind. Wir wollen besitzen: Wissen, Menschen, Positionen, Autos, Kleidung. Neid erzählt uns viel über die Prioritäten unseres inneren Schwarms. Was will er? Wonach strebt er und damit auch wir selbst?

Die blanke Wut ist ein Gipfelpunkt: Wenn diese Emotion immer wieder aus uns herausbricht, dann ist dies das deutliche Signal, dass wir nicht im Reinen mit uns sind. Dass wir in Widersprüchen leben, Erwartungen von uns selbst nicht erfüllen. Oder die Umwelt uns mit ihren Erwartungen überfordert. Hinter der Wut sammeln sich oft eine Vielzahl von weiteren Emotionen wie Angst und Scham an. Lange genug aufgestaut, kommt es dann zur Explosion. Wut zwingt uns das Handeln auf – aber macht uns zugleich unfähig, es zu kontrollieren.

Tiefer brauchen wir in unserer Analyse nicht gehen. Selbstverständlich könnten wir, wenn wir uns unsere Persönlichkeit als Zwiebel vorstellen, noch die eine oder andere Schale abstreifen. Wir könnten zurückgehen bis in die Kindheit, um zu erkennen, dass hinter unserer Angst, unserem Selbstzweifel, unserer Schuld, unserer Wut schwerwiegende Erfahrungen liegen. Es kann viele Gründe geben, warum wir so sind, wie wir sind. Aber das ist letztlich egal.

Wenn Sie erkannt haben, welche elementaren Emotionen Sie umtreiben, dann haben Sie die Mittel in der Hand, Ihr Leben grundlegend zu ändern. Das sind die Waffen, um Ihrem inneren Schwarm beizukommen.

Die Quelle der Kraft gegen den Schwarm

Das Schöne ist: In all unseren negativen Emotionen steckt eine positive Seite, die wir nutzen können, um uns zu erkennen, zu trainieren, zu kräftigen. Eine Emotion wie Scham hilft uns dabei, zu erkennen, wofür wir stehen. Schuld zeigt uns die falsche Wahrnehmung und unsere Abhängigkeit vom Schwarm. Richtiger Neid motiviert und gibt Ziele vor. An Angst können wir unseren Verstand trainieren. Furcht treibt uns vorwärts und Wut löst jede Blockade.

Es gibt kaum etwas Motivierenderes als Neid. Aber nur, wenn wir Neid ohne Missgunst empfinden. Dieser ehrliche Neid gibt uns deutliche Hinweise darauf, wo wir hinwollen. Er gibt uns ein Ziel, das es wert ist anzustreben. Neid kann zum positiven Ehrgeiz werden, sich wirklich zu verbessern. Und oft führt uns dieser Neid überhaupt erst vor Augen, was alles möglich ist.

Schuldgefühle wandeln sich nur dann zu etwas Positivem, wenn wir sie überwinden und nicht mehr akzeptieren, für irgendetwas auf der Welt die Schuld zu tragen. Indem wir verstehen, dass wir niemals schuldig sein können, sondern dass wir nur die Verantwortung für unser eigenes Tun übernehmen müssen.

Scham stößt uns auf unsere ureigensten Werte. Die Voraussetzung: Wir entziehen uns unserem Schwarm. Alleine mit uns selbst wird uns klar, wofür wir uns schämen und wofür nicht. Jeder Mensch hat in sich grundlegende Werte, die unsere Komfortzone bestimmen. Sie mögen im Alltag durch die Regeln unseres Umfelds überlagert sein. Verletzen wir aber diese Werte, dann wird uns unsere Scham eine Tür zu ihnen öffnen.

Wie bei allen anderen Emotionen müssen wir erkennen, dass auch Angst nur ein Gefühl ist. Wir sind nicht unsere Angst. Diesen Gefühlszustand können wir von außen beobachten. Vor allem können wir ihn besiegen. An ihm können wir die Waffen unseres Verstandes trainieren und schärfen. Wer seine Angst beherrscht, hat den Kampf gegen den inneren Schwarm gewonnen. Der Sieg über die Angst ist der schnellste Weg zu mehr Selbstbestimmtheit, zu einem aufrechten Gang, zu mehr Stolz auf sich selbst.

Furcht ist voller Adrenalin, Aufgeregtheit. Es sind die Zutaten, die wir brauchen, um uns immer weiterzuentwickeln. Momente der Furcht sollen wir nicht passiv durchleiden, sondern aktiv nutzen, indem wir den Auslöser unserer Furcht packen und in unsere Richtung drehen. Furcht ist der Augenblick, in dem wir uns beweisen, in dem wir von der Defensive in die Offensive übergehen.

Wut ist das Maximum an Energie. Ein gefährlicher Zündstoff. Die rote Lampe, die uns zeigt, dass wir dringend etwas ändern sollten. Zugleich ist es der beste Beweis, wie sehr wir für etwas brennen. Wenn wir es schaffen, diese Kraft zu kontrollieren und in die richtigen Kanäle zu lenken, dann können wir mehr erreichen, als wir uns das in ruhigen Momenten vorzustellen wagen.

Der gekonnte Umgang mit Ihren Emotionen bedeutet der Sieg über Ihren inneren Schwarm. Das merken Sie schnell daran, dass Sie sich selbst wesentlich sympathischer sind als zuvor. Andere bemerken die Veränderung vor allem dann, wenn sie die gewohnten Knöpfe bei Ihnen nicht mehr drücken können. Wenn zum Beispiel Ihr Chef Sie auf eine bestimmte Art anspricht, um Ihren Gehorsam abzufragen, aber Ihr scharfer Verstand sieht und hört, was in diesem Moment vorgeht. Der Appell an Ihre Teamfähigkeit, an Ihr Pflichtgefühl, an Ihre Schuld, das Schüren von Angst – all das fällt Ihnen sofort auf. Sie durchschauen es. Weil Sie kein Opfer Ihres inneren Schwarms mehr sind, können Sie jetzt selbstbestimmt entscheiden, wie Sie darauf reagieren wollen.

Die Selbsterkenntnis und die daraus entwickelte Kraft dienen nicht nur der Selbstbehauptung. Sie können jetzt aktiv nach vorne gehen. Waren Sie etwa im Umgang mit Ihrem Chef bisher meist auf sich selbst konzentriert, in der Angst, einen Fehler zu begehen, können Sie jetzt auch Ihr Gegenüber besser verstehen. Warum verhält sich Ihr Chef so? So, wie Sie die Trigger Ihres eigenen Verhaltens erkennen, können Sie das jetzt auch besser bei Ihrem Chef. Sie sehen die Angst, die Furcht, die auch sein Verhalten bestimmen. Empathie ist die Voraussetzung, um die Menschen in ihren Unternehmens- und Beziehungsschwärmen zu erreichen.

Die Auseinandersetzung mit Ihrem inneren Schwarm stählt Sie. Sie macht Ihren Willen stärker, Ihren Charakter reifer und Ihre Antennen scharf für das, was um Sie herum passiert. Nur so können Sie sich Ihren äußeren Schwärmen erfolgreich stellen und sich gegen fremde Einflüsse behaupten, um im entscheidenden Moment Ihre Schwärme selbst zu führen und zu lenken. Nehmen Sie die Herausforderung mutig an!

III

GEGEN DEN SCHWARM
ERFOLGREICH SEIN

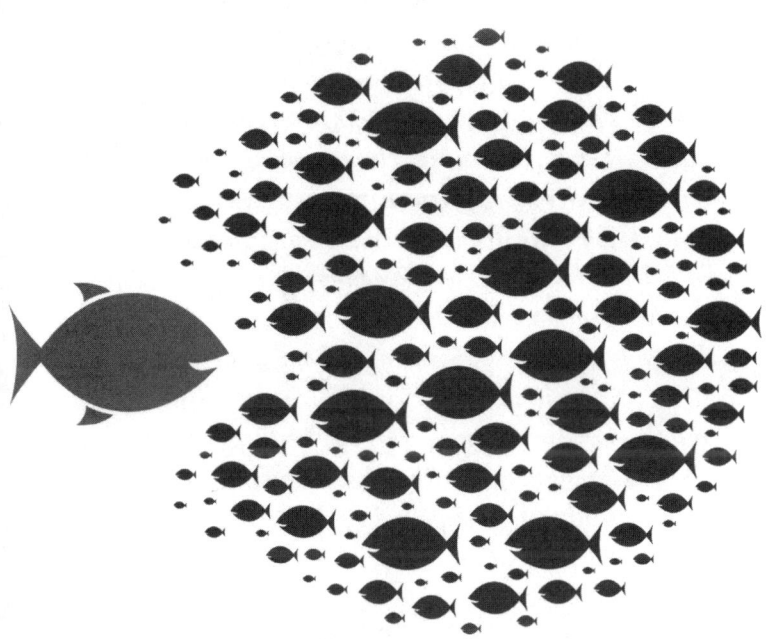

*A*n einem Frühlingssonntag im Jahr 1974 steht der Ingenieur Art Fry inmitten der Chormitglieder seiner Heimat-
kirche in Minneapolis, USA. Er hat ein Problem: Ein Luftzug
weht sein Lesezeichen immer wieder aus dem Gesangbuch. Er
ärgert sich. Da erinnert er sich daran, dass bei seinem Arbeitgeber, dem US-amerikanischen Unternehmen 3M, einige Jahre
zuvor ein neuer Klebstoff entwickelt wurde, mit dessen unzu-
verlässigen Eigenschaften niemand etwas anzufangen wusste –
eigentlich ein Reinfall. Dem Produktentwickler Fry kommt in
diesem Moment eine Idee. Er bestreicht sein Lesezeichen damit
und sorgt dafür, dass es nun fest an der gewünschten Seite haftet,
ohne zu verrutschen. Das Besondere an diesem verkannten
Klebstoff: Man kann zum Beispiel das Lesezeichen rückstandslos
und beschädigungsfrei wieder ablösen und dies auch noch öfter
wiederholen. Aufgeregt zeigt es Fry den anderen Chormitglie-
dern. Deren Beifall hält sich in Grenzen. Aber Fry ist Feuer und
Flamme.

Er lässt sich einen Termin bei seinem Chef geben. Doch das
haftende Lesezeichen in einem Gesangsbuch begeistert diesen
wenig. Wozu soll das gut sein? Dafür gebe es doch keinen Markt,
Fry solle sich lieber wieder auf seine eigentlichen Aufgaben konzentrieren. Doch Fry weiß, was er will. Er geht ein paar Stock-
werke höher zum Marketingchef. Dieses Mal ist er besser vorbe-

reitet, in seiner Mappe hat er nicht mehr nur das Lesezeichen, sondern auch – und das ist ja wohl der Durchbruch – haftende Zettel zum Beschriften. Die Idee dazu kam ihm, als ein Kollege das klebende Lesezeichen als Notizzettel zweckentfremdete. Ein Notizzettel, der sich überall hinkleben lässt! Aber auch der Marketingleiter springt auf die Idee nicht an. Und auch der Produktionschef wiegelt ab: Ein Block aus haftenden Zetteln, das ist doch technisch gar nicht möglich. Niemand bei 3M glaubt an die Idee – außer Fry selbst.

Seine Überzeugung wird fast zur Besessenheit. Heimlich baut er Prototypen – gegen die Anweisungen seiner Vorgesetzten. Und vor allem: Er experimentiert zu Hause. An den Wochenenden sitzt er in seiner Garage und tüftelt. Er braucht Haftzettel, die zu verkaufbaren Blöcken verbunden werden können. Wie kann man das herstellen? Er investiert seine Ersparnisse und baut im Keller seines Hauses eine voll funktionstüchtige Produktionsmaschine. Jahre später muss er die Kellerwand einreißen, damit die Maschine zu 3M gebracht werden kann. Es ist ein langer beschwerlicher Weg, denn nicht nur Frys Kollegen zweifeln unablässig an ihm und schmunzeln über seine scheinbaren Verrücktheiten, sondern auch seine Ehefrau ist mehr und mehr aufgebracht.

Als man in der Firma erfährt, was Fry treibt und wie viel nicht nur persönliche Energie, sondern auch immer wieder Arbeitszeit und -mittel er investiert, wird er wiederholt in die Chefetage zitiert. Als er nach seiner letzten Verwarnung aus dem Chefbüro ins Vorzimmer tritt, kommt ihm endlich die rettende Idee – die Sekretärinnen ... natürlich!

Einen seiner Blöcke, die er selbst in seinem Keller produziert, legt er der Vorstandssekretärin auf den Tisch. Auch in den Büros der übrigen Geschäftsführer und hohen Manager hinterlässt er seine Haftzettelblöcke als Geschenk an die Sekretärinnen. Schon nach wenigen Tagen finden sich die Haftzettel überall in der Firma – an Wänden, Telefonen, Unterschriftenmappen. Und immer mehr Bürodamen wollen unbedingt auch diese Blöcke. Der Marketingleiter wird aufmerksam. Denn schließlich leitet Fry alle Anfragen an dessen Abteilung weiter. Und dann endlich, angesichts der Euphorie der Sekretärinnen, ist die Chefetage bereit, Frys Produkt in einem Testmarkt auszuprobieren – mit durchschlagendem Erfolg. 1980, sechs Jahre nach Frys ursprünglicher Idee, vertreibt 3M die Haftzettel schließlich in den gesamten USA. Sie werden sogar zum »Outstanding New Product« erklärt. Heute sind die Post-its eines der meistverkauften Büroprodukte weltweit.

Kapitel 15

Die Andersmacher

Menschen wie Art Fry bewegen die Welt – ihre eigene und die ihrer Mitmenschen. Das Besondere an ihnen: Diese Andersmacher überwinden dabei jede Menge Widerstände ihrer Schwärme. Fry kämpft nicht nur mit der Ablehnung und dem Desinteresse seiner Kollegen und Vorgesetzten, sondern zum Beispiel auch der maßgeblichen Skepsis seiner Frau. Und dennoch glaubt er an seine Idee, hört nicht auf, daran zu glauben. Ein Überzeugungstäter, der alles unternimmt für ihre Umsetzung, der Regeln bricht, sich immer wieder Neues einfallen lässt, sich nicht verhält wie erwünscht und das jahrelang durchhält, bis endlich der Durchbruch gelingt. Bis zu dem Moment, in dem er seinen Schwarm durch sein Verhalten endlich in die richtige Richtung gelenkt hat.

Auch wenn uns tiefere Kenntnisse zur Person dieses Mannes fehlen, so ist doch anzunehmen, dass Fry von keinem inneren Schwarm blockiert wurde. Auch wenn er vielleicht in schwachen Momenten zu sich selbst sagte: »Das schaffst du nicht«, »Mach, was die anderen sagen«, »Du hast nicht das Recht, deinen Vorgesetzten zu übergehen, deine Frau so zu verunsichern«. Vielleicht gingen ihm solche Gedanken durch den Kopf. Und möglicherweise (oder sogar ganz sicher) plagte ihn ab und zu die Angst, zu scheitern und am Ende alles zu verlieren, die Furcht vor einer finalen Ablehnung der Klebezettel, die Schuld, das Geld seiner Familie für seine Leidenschaft verprasst zu haben und seinen Job zu riskieren, die Wut, wenn ihn niemand zu verstehen schien. Wenn das so war, dann hat ihn all das aber letztlich nicht von seinem Vorhaben abgehalten, nein, wahrscheinlich hat es ihn sogar stärker gemacht.

Keine Frage: Fry hatte seinen inneren Schwarm im Griff. Und genauso wenig hielten ihn die Menschen um ihn herum von seinem Vorhaben ab. Denn wenn Fry sich nach Anerkennung sehnte, dann vor allem nach Anerkennung für seine Idee. Das trieb ihn an.

Fry hätte gleich nach dem ersten negativen Feedback seines direkten Vorgesetzten und der vielen anderen Menschen aufgeben können. Er hätte versuchen können, danach mit einer normalen Aufgabe wieder das Wohlwollen aller zurückzugewinnen. Es hätte ihm definitiv ein Gefühl der Sicherheit gebracht. Wie viele gute Ideen scheitern wohl in deutschen Unternehmen täglich an dieser ersten Hürde – unseren Vorgesetzten oder Kollegen, aber auch unserem Wunsch nach einem sicheren, ruhigen Ort in unserem Schwarm? Wenn wir nach einem Anflug von Mut das Büro unseres Chefs betreten und es mit einem kurzen, drohenden Nein im Gepäck wieder verlassen? Wenn wir uns nach solch einer Niederlage wieder an unseren Platz zurücksetzen und brav weitermachen wie bisher? Fry reihte sich nach den ersten Enttäuschungen nicht brav wieder ein, gab seine Idee nicht auf, bloß um niemandem auf die Nerven zu gehen. Seine Kollegen müssen doch schließlich Witze auf seine Kosten gemacht haben, hinter vorgehaltener Hand getuschelt, ihn schließlich für einen Verrückten gehalten haben! Trotzdem standen Anpassung und das Unter- und Einordnen bei ihm nicht auf dem Programm.

Dabei war Fry kein Querulant, keiner, der sich nur aus Prinzip durchsetzen wollte, keiner, dem es lediglich darum ging, nur sein eigenes Ding auf Kosten seiner Firma durchzuziehen. Er war ein Überzeugungstäter. Einer, der daran glaubte, dass es für seine Idee einen Markt gibt. Sein Verhalten entsprach dem Anspruch seiner Firma 3M: mit neuen Produkten die Probleme der Menschen zu lösen. Auch wenn dies jahrelang verkannt wurde. Und am Ende leistete Frys neues Produkt genau das: Aus einem Klebstoff, mit dem zuvor niemand etwas anzufangen wusste, wurden die weltweit beliebten Post-its, die unseren Büroalltag bis heute prägen und mittlerweile Standard sind.

Andersmacher, Nonkonformisten und (inoffizielle) Schwarmlenker verwenden ihre ganze Kraft darauf, ihre eigenen Ziele zu verwirklichen – mit oder gegen den eigenen Schwarm. Vor welchen Herausforderungen nicht nur diese Andersmacher, sondern auch Sie selbst stehen, wenn Sie bereit sind, einem anders tickenden Umfeld offen entgegenzutreten, das erfahren Sie auf den folgenden Seiten.

Zuallererst geht es darum, wie man sich in einem Umfeld, etwa einem Unternehmen, dessen Erfahrungshorizont begrenzt ist, einen Freiraum schafft, in dem sich neue, größere Ziele überhaupt denken lassen. Wie denken Sie sich in einer solchen Umgebung etwas Neues aus und entwickeln dabei die Bereitschaft, der Macht eines faszinierenden Zukunftsbildes zu verfallen? Es geht dabei auch um die mutige Naivität, die Sie brauchen, um sich gegen anfängliche Bedenkenträgerei zu behaupten.

Wenn Sie ein Ziel haben, von dem Sie überzeugt sind, wie überzeugen Sie dann die anderen, sich Ihnen anzuschließen? Dabei geht es um Aufruhr und Unsicherheit, um die Kraft der Bilder, um Manipulation und die Dynamik im richtigen Moment. Und es geht darum, die Emotionen unserer Mitmenschen, ihre Angst, ihre Furcht und ihre Schuld zu durchschauen. Was treibt unseren Chef an, der zu den besten Ideen Nein sagt? Warum zögern unsere Kollegen? Wie befreien wir die anderen vom Anpassungsdruck des Schwarms?

Wenn Sie die ersten Mitstreiter an Ihrer Seite haben, dann geht es an die Umsetzung. Wie lassen Sie eine Idee Wirklichkeit werden? So gut eine Idee sein mag: Auf dem Weg zum Ziel scheitert die Mehrheit der besten Ansätze. Sie scheitern an Angsthasen und Status-quo-Verteidigern, an allen, die durch das Neue etwas zu verlieren haben. Hier geht es um Kampfeswillen und die Vermeidung von Kampf. Um die Macht der Disziplin und die Geschwindigkeit, mit der Hindernisse angegangen werden. Und es geht um die Schmerzen, die wir und andere bereit sind auszuhalten. Um Rückgrat und den Willen, nicht aufzugeben.

Letztlich geht es darum, selbstbestimmt unseren Weg zu gehen, einen Weg, zu dem das selbstbewusste Scheitern genauso gehört wie das Aufstehen. Denn wer gegen den Schwarm schwimmen und im besten Fall dessen Richtung auch noch ändern will, der geht immer ein Risiko ein. Eines, das sich, unabhängig von Ihrem Erfolg, in jedem Fall für Sie zu gehen lohnt.

Kapitel 16

Raus aus dem Erfahrungsgefängnis: Nimm dich ernst

Falls Sie schon länger denselben Sport betreiben oder im selben Unternehmen sind, Ihre Position schon eine kleine Ewigkeit bekleiden, dann kennen Sie bestimmt dieses wunderbare Gefühl: in jedem Moment genau zu wissen, was zu tun ist. Im Job wissen Sie, was Kunden oder Chefs in der Regel erwarten und wie sich die Kollegen verhalten werden. Es ist ein kostbares Wissen, das Sie sich über lange Zeit aufgebaut haben – mit jedem Erlebnis, mit jeder gemachten Erfahrung. Und dieser Erfahrungsschatz lässt Sie so sicher im Sattel sitzen wie Hannibal auf einem Elefanten. Nichts kann Sie noch wirklich überraschen. Bis ans Ende aller Tage. Oder zumindest so lange, bis Sie nicht auf eine Herausforderung stoßen, die Sie plötzlich ganz alt aussehen lässt.

Vielleicht wollen Sie aber auch nicht sitzen bleiben auf diesem Erfahrungsschatz, weil Sie anders leben oder erfolgreicher werden wollen, als Sie es bisher sind. Sie suchen deshalb nach neuen Einsichten, erhellenden Perspektiven jenseits der Mittelmäßigkeit und der Grenzen Ihrer Schwärme. Vielleicht ergeht es Ihnen dann wie Martha:

Marthas Karriere läuft bestens. Mit Mitte 40 ist sie bereits seit einigen Jahren Bereichsleiterin einer mittelständischen, in ganz

Deutschland aktiven Versicherungsagentur. Sie genießt ihr sehr gutes Einkommen. Und vor allem die Tatsache, dass keine Herausforderung sie mehr verunsichern kann. Kein wütender Kunde, kein Druck machender Geschäftsführer. Das lässt sie gut schlafen und das Leben entspannt genießen. Nach dieser Souveränität hat sie sich in jungen Jahren lange gesehnt. Dass in ihrer Branche nicht alles Gold ist, was glänzt, das weiß sie. Damit hat sie sich arrangiert, auch wenn viele ihrer Mitarbeiter für einen guten Bonus mehr tun, als ihr manchmal lieb ist. Als ein neuer Mitarbeiter in ihr Büro kommt, grinst Martha in sich hinein. Nochmals Anfänger sein? Nein, lieber nicht. Jetzt nimmt sie sich aber gerne die Zeit, um dem jungen Vertriebsmitarbeiter das Einmaleins seines Jobs zu vermitteln. Was er denn für Fragen habe. Ob man in der Firma nur erfolgreich ist, wenn die eigene Provision gut ausfällt? Martha stutzt. Was soll die Frage? Sie überlegt, während sie aufsteht und das Fenster einen Spalt öffnet. »Eigentlich ist es bei uns wie überall in der Branche«, hört sie sich sagen und wundert sich selbst über die Antwort. Die Frage, warum ihre Firma so ist wie alle anderen in der Branche, schwirrt ihr noch durch den Kopf, als sie abends auf der Couch sitzt. Als ihr Mann nebenbei vorschlägt, wieder nach Spanien in Urlaub zu fliegen wie in den vergangenen Jahren, stöhnt Martha wütend auf: »Mein Gott, können wir nicht mal etwas ganz anderes machen?«

Unsere Erfolge von gestern

Mal ehrlich, haben Sie schon einmal eine Stellenanzeige gesehen, in der eine Firma händeringend nach einem neugierigen, unerfahrenen Kandidaten sucht? Nach einem unbeschriebenen Blatt, einem Branchenfremden, einem Menschen, der seinen frischen Kopf benutzt, um interessante

Fragen zu stellen und Neues zu denken, aber in keiner Weise eine Ahnung von dem hat, was im Job auf ihn zukommt? So eine Anzeige wäre ungewöhnlich und Ihnen sicher schnell aufgefallen.

Ja, Erfahrung bestimmt unseren Marktwert. Und umso älter wir werden, desto mehr besitzen wir davon. Das Schöne an der Sache: Wir sparen dadurch jede Menge Energie. Als erfahrener Fußballer etwa wissen wir, wie sich der Gegenspieler in einer Situation verhält, wir kennen unsere Stärken und Schwächen, wissen, wie wir uns in kniffligen Situationen aus der Affäre ziehen. Und das gilt auch für den Job: Wir begehen keine anstrengenden Anfängerfehler mehr. Wir wissen, wie wir den Kopf oben halten. Für unseren Arbeitgeber verspricht das vor allem eines: Berechenbarkeit. Und dass wir nicht jedes Mal darüber nachdenken müssen, was wir zu tun haben. Wir funktionieren einfach.

In unseren privaten Beziehungen spiegelt sich unsere Routine ebenfalls. Spätestens nach dem Berufseinstieg sind auch unsere Freundeskreise gefestigt und wechseln nicht mehr so schnell. Ab Anfang 30, so ergaben Studien, verlassen wir uns zunehmend mehr auf das, was wir haben, und unsere Neugier nimmt ab. Wir wissen schließlich, was uns gefällt und was nicht. Was uns unangenehm überraschen könnte, das lassen wir dann lieber.

Und falls wir doch einmal etwas völlig anders machen wollen oder das von anderen erwarten, dann fällt uns das nicht gerade leicht. Weil wir und die anderen zu oft nur das wiederholen, was wir bereits kennen.

Vielleicht haben Sie die folgende Situation schon erlebt: Sie beauftragen einen Dienstleister mit dem Bau eines Hauses, dem Schneidern eines Kleidungsstücks oder der Entwicklung einer Werbekampagne für Ihr Produkt. Sie bekommen die Ergebnisse gezeigt und sind unzufrieden. Sie fordern Ihren Dienstleister auf, noch mal ganz neu nachzudenken, anders heranzugehen als bisher. »Aber sicher doch«, sagt Ihr Dienstleister und greift bereits im nächsten Moment doch wieder auf seine altbekannten Vorstellungen und Techniken zurück, um Ihnen auch das wieder als etwas noch nie Dagewesenes zu verkaufen.

Als ich vor Jahren neue Mitarbeiter für meine damalige Consultingfirma suchte, ging es mir ähnlich. Ich traf auf hoch qualifizierte Menschen mit viel Erfahrung, Mathematiker und Betriebswirte mit Doktortitel. Als ich sie aber aufforderte, die Methoden, die sie seit Jahren in ihrer Beratungstätigkeit benutzten, zu ignorieren und über das Problem eines Kunden offen nachzudenken, um ungewöhnliche Lösungen zu finden, stellte das die meisten von ihnen vor unüberwindbare Probleme. Sie krallten sich fest an den eingefahrenen Techniken, die sie wie alle anderen einmal an der Universität oder in den ersten Berufsjahren gelernt hatten und die bisher ihren beruflichen Erfolg ausmachten. Mit einem freien Blick auf den Kunden zu schauen, sich vom bequemen, zeit- und energiesparenden Schema X oder Y zu lösen und jedes Mal aufs Neue eine eigene, selbst erdachte Antwort zu geben – das war den meisten dieser Berater fremd geblieben.

Zu oft sind unsere liebsten Erfahrungen unsere Erfolge von gestern. Und auf diesen Erfolgen wollen wir auch die Zukunft aufbauen. Dabei ist den meisten von uns bewusst, dass die Welt viel größer ist als der kleine Ausschnitt, in dem wir uns täglich bewegen. Es gibt hochinteressante Menschen, die wir kennenlernen könnten. Es gibt Bücher, die unser Denken auf den Kopf stellen würden. Es gibt in anderen Branchen vieles, was uns im eigenen Job weiterbringen könnte – wenn wir uns dort draußen in der Welt mehr umsehen würden. Aber sind wir dazu bereit? Es würde bedeuten, dass wir das sichere, durch und durch bekannte und erschlossene Terrain unseres täglichen Lebensablaufs verlassen müssten.

Um das eigene Leben haben die meisten von uns irgendwann einen Schutzwall aus Routinen errichtet. Stein um Stein haben wir eine Menge gewichtiger Erfahrungen und Gewohnheiten um uns herum aufgebaut, bis wir uns sicher fühlen in dem, was wir jeden Tag tun. Innerhalb dieser Erfahrungsmauern bewegen wir uns sorglos. Hier kennen wir uns aus. Selbst unseren Verstand brauchen wir dafür nur selten einzuschalten: Vom morgendlichen Aufstehen und der Fahrt zur Arbeit über das Gespräch mit Kollegen und Kunden bis zur abendlichen Freizeitgestaltung und Beziehungspflege – wir können in der Regel komplett auf Autopilot umschalten. Denn dort, wo wir uns jeden Tag aufhalten, haben wir und unser Schwarm das Terrain geebnet, unsere Wege asphaltiert, um uns darauf ungehindert im Kreis drehen zu können.

Doch wenn Sie sich im Kreis drehen, dann kommen Sie nicht auf neue Ideen. Ihre Karriere und Ihre Beziehungen bleiben irgendwann stehen. Sie werden nicht erfolgreicher im Job und im Leben insgesamt.

Unterwegs auf der Prozessautobahn

Pioniere und Erfinder wie der Ingenieur Siemens oder ein kreativer Kopf wie Steve Jobs haben für ihre Unternehmen mit anderen Sichtweisen neue Märkte erschlossen oder die Regeln eines bereits existierenden Marktes auf den Kopf gestellt, in dem sich die Wettbewerber zu sicher fühlten.

Was sie auszeichnete, war ihr Blick über den sprichwörtlichen Tellerrand, die fehlende Angst vor neuen Erfahrungen, die Bereitschaft, Altes zu verwerfen.

Doch irgendwann prägen in renommierten Unternehmen die Erfolge der Vergangenheit die Gegenwart oft stärker, als es die zukünftigen Herausforderungen sollten. Das kann ein Geschäftsmodell sein, ein Produkt oder Prozesse, die irgendwann einmal innovativ waren. Vom Erfolg verwöhnt, geht die Bereitschaft für eine mühselige Suche nach Neuland zurück. Aus den schmalen Pfaden der mutigen Pioniere werden in großen Unternehmen oft mehrspurige Autobahnen mit festen Leitplanken. Auf diesen Prozessautobahnen rauschen die Mitarbeiter dieser Unternehmen effizient durch die Welt. Da wird ein Produkt, eine Strategie immer so und nie anders entwickelt. Außer, ein Wettbewerber kommt auf eine neue Idee – dann wird nachgezogen. Man will gleich gut oder besser sein, aber nie anders.

Dabei macht uns selbst und unsere Unternehmen genau das erfolgreicher: das Anderssein, das Denken und Handeln jenseits der ausgetretenen Pfade und asphaltierten Wege.

Es gibt Unternehmensschwärme, denen gelingt der Ausbruch aus solch einem Erfahrungsgefängnis. Nokia zum Beispiel: Ende der Achtzigerjahre war das Unternehmen ein fast insolventer finnischer Holzkonzern ohne Zukunft. Dann wurde daraus die Nummer eins der Handyhersteller, bevor das Unternehmen nun aufs Neue in einem Erfahrungsgefängnis feststeckt. Smartphones, die neue Generation von Handys, machen andere heute besser.

Doch es sind letztlich nicht Unternehmen, die in ihrem eigenen Erfahrungsgefängnis festsitzen, sondern wir selbst. Alle, die sich eine andere Welt nicht vorstellen können, die nicht fähig sind, von breit gesessenen Sitzen aufzustehen und dort hinzugehen, wo es unbequem wird: abseits der Komfortzone bewährter Routine.

Die Frage, die Sie sich stellen sollten: Wollen Sie warten, bis Ihr hart erarbeiteter, heiliger Erfahrungsschatz – der Grund für Ihren jetzigen Status, für Ihre sichere Position, Ihr Einkommen, das Sie glauben, sicher in Händen zu halten – durch eine Veränderung von außen entwertet wird? Vielleicht ist es ein neuer Chef, der anderes von Ihnen erwartet, oder ein neuer Wettbewerber, der die Regeln im Markt für Ihr Unternehmen auf den Kopf stellt. Und Sie hören sich vielleicht Sätze sagen wie »Bisher haben wir das aber immer so gemacht«. Und dann fühlt es sich plötzlich so an, als wüssten Sie auf einmal nicht mehr, wie der Laden läuft. Warum? Weil Sie selbst in all Ihren guten Jahren das Laufen verlernt haben! Sie haben aufgehört, neue Erfahrungen zu sammeln, weil Sie überzeugt davon waren, dass Sie irgendwann genug davon haben, um sich zur Ruhe zu setzen. Ein fataler Irrtum!

Die Macht der Vergangenheit brechen

Gerade in großen Unternehmen begegnen wir immer wieder einem grundfalschen, rückwärts gewandten Denken. Zum Beispiel, wenn der einmal eingeschlagene Weg stur weiterverfolgt wird, obwohl allen Beteiligten schon längst klar ist, dass das Projekt Unsummen an Geld sinnlos verbrennt. »Wir müssen jetzt das Beste daraus machen«, sagt dann der Vorstand. Die ganze Sache abzublasen, bevor es unbezahlbar wird, es noch einmal ganz anders zu versuchen, das kommt keinem in den Sinn. Also wird auf der Prozessautobahn fleißig weitermarschiert.

Bei Großprojekten kleben viele Verantwortliche an den einmal gemachten falschen Plänen. Und das auch dann

noch, wenn die Kosten längst explodieren. Was diese Groß-
projekte gegen die Wand fahren lässt, ist eine Haltung, wie
sie viele von uns aus dem Alltag kennen. Da wird im Tages-
geschäft einfach vor sich hin gearbeitet, unreflektiert, im
Glauben, dass es ewig so weitergehen könnte. Aber das wird
es nicht. Genauso wenig wie im Privaten, wenn wir etwa in
einer Beziehung zu Freunden oder Lebenspartnern glauben, wir könnten die Vergangenheit ewig verlängern.

Entweder Sie gestalten die Zukunft oder die Zukunft gestaltet Sie! Sie haben die Wahl.

Je älter wir werden, je länger eine Beziehung dauert, je
länger ein Projekt dauert, desto höher bewerten wir das, was
bereits hinter uns liegt. Es fällt uns schwer, uns von einer
erloschenen Liebe, von einer ehemals erfolgreichen Geschäftsidee, von einem gut bezahlten, aber verhassten Job zu
verabschieden. Wir haben zu viel darin investiert. Eine In-
vestition, die wir für verloren glauben, wenn wir uns vom
Alten trennen. Und wir fürchten nichts mehr als den Verlust. Aber es ist diese Verlustangst, die uns unbeweglich
macht und uns von Neuem, Aufregendem abhält.

Gegen diese Angst hilft es nur, eine klare Rechnung auf-
zumachen. Wir müssen zuerst realisieren, dass das ehemals
Bewährte ein brutaler Kostenverursacher ist. Dass eine Beziehung, in der die Liebe erloschen ist, uns daran hindert,
eine neue, schönere Liebe zu finden. Dass der Job, in dem
wir seit Jahren feststecken, uns davon abhält, einen anderen
Job zu finden, der uns glücklicher und erfolgreicher macht.
Oder dass ein Projekt, das all unsere Energie verschlingt,
uns aber nicht weiterbringt, uns den Weg verbaut, das beste
Projekt unseres Lebens zu realisieren.

Wenn wir weiterhin in unserem Erfahrungsgefängnis sitzen bleiben, werden wir die neue Idee, die neue Liebe, den

neuen Job nicht finden. Wir brauchen den Aufbruch. Und dafür müssen wir die Gewinne, die wir in der Zukunft machen können, im Verhältnis zum Bisherigen richtig bewerten lernen.

Oft verhindert ein Trugschluss unseren Ausbruch: Der Glaube, etwas Neues auszuprobieren, würde mehr Kraft kosten, als am Alten festzuhalten. Dabei verlieren wir insbesondere beim Verwalten unseres Stillstandes eine Unmenge an Energie: Die Langeweile und der Frust im immer Gleichen senken unser Energielevel. Und selbst wenn Routine es erlaubt, uns im Energiesparmodus zu bewegen und zum Beispiel einen Job ohne viel Aufwand zu erledigen: Wir verzichten damit auf die Kraft, die wir durch die Begeisterung für das Neue, durch den Aufbruch gewinnen würden.

Wie aber bekommen wir eine Vorstellung davon, wie viel Energie ein neues Ziel in uns aktivieren kann, wenn wir dieses Ziel noch gar nicht kennen? Vertrauen Sie einfach Ihrem Neid!

Was spüren Sie, wenn Sie einem Menschen begegnen, der in seinem Beruf eine Erfüllung findet? Was geht in Ihnen vor, wenn Sie ein glückliches Paar sehen? Was löst es aus, wenn Sie sehen, wie das Team in der Nachbarabteilung bestimmte Projekte meistert, an denen Sie und Ihre Kollegen verzweifeln? Wenn Sie lediglich der gehässige Neid packt, dann platzen Sie vor Ärger, dann gönnen Sie den anderen keinen Zentimeter ihres Erfolgs. Das aber bringt Ihnen rein gar nichts.

Packt Sie dagegen der positive Neid, dann werden Sie gierig nach dem Neuen. Dann spüren Sie die Sehnsucht nach der Alternative zum eigenen Status quo. Sie entwickeln ein echtes Interesse. Sie öffnen sich und stellen Fragen, die Ihre eigene Welt verändern. Vielleicht gehen Sie in die Nachbarabteilung und zeigen offen Ihre Bewunderung und bekommen dafür etwas zurück. Zum Beispiel ganz konkrete Hilfe. Es ist der Beginn des Ausbruchs. Folgen Sie Ihrem ehrlichen Neid!

Attackiere die Gewohnheiten

Der Bruch mit der Vergangenheit ist nicht einfach. Neigen wir doch dazu, neue Informationen, die unsere bisherigen Erfahrungen und Meinungen infrage stellen, systematisch herauszufiltern, bevor unser Erfahrungsgefängnis ausreichend Schaden erleiden könnte. Nehmen Sie deshalb Ihren Verstand in die Mangel! Attackieren Sie regelmäßig sich selbst und die Mitglieder Ihres Unternehmensschwarms mit kritischen Fragen und Argumenten, die eingefahrene Positionen zum Schwanken bringen. Um auf solche Fragen zu kommen, müssen Sie sich Neuem, Ungewohntem aussetzen: anderen Kulturen, anderen Menschen. Am besten Menschen, die Sie schätzen und die bereits Dinge getan haben, die Sie selbst erreichen möchten. Holen Sie sich von diesen Ihre Anregungen. Und vor allem: Tun Sie genau das, was Sie sich bisher nicht vorstellen konnten, selbst zu tun. Sie werden erstaunt sein über die Rückkoppelungseffekte. Meine eingefahrenen Sichtweisen wurden in den vergangenen Jahren gerade dann aufgebrochen, als ich zum Beispiel begann, Klavier zu spielen oder Krav Maga zu betreiben – die von der israelischen Armee entwickelte Kampfkunst.

Was heißt es etwa, einem Problem auszuweichen? Bei Krav Maga wird jedes Ausweichen vor einem Angriff mit noch mehr Schmerzen bestraft. Nur wenn ich mich mit meinen Armen oder Beinen gegen den Schlag des Gegners zur Wehr setze, bin ich erfolgreich und vermeide gleichzeitig Schmerzen. Im Job kann uns das genauso passieren, wenn wir über die Jahre gelernt haben, Konflikte zu vermeiden. Erleben wir aber in einer anderen, körperlichen Welt die schmerzhaften Konsequenzen dieses passiven Verhaltens, dann fällt es uns um ein vieles leichter, in der nächsten schwierigen Situation mit Klienten und Auftraggebern dagegenzuhalten.

Was uns zu oft zurückhält, ist die diffuse Angst vor dem Unbekannten. Wir machen uns bereits Sorgen, bevor wir etwas Neues ausprobieren. Aber wir müssen diese Erfahrungen machen, um wachsen zu können. Und dazu gehört es eben, auch ein paar Schrammen und Narben abzubekommen. Auch wenn das hart klingt: Einen größeren Lerneffekt gibt es nicht. Weil wir die meisten Fehler eben nur einmal machen. Oder so lange, bis wir richtig gut werden. Letztlich ist es eine Frage des Trainings: Wenn wir unseren Geist geschult haben, sich offen und hoch konzentriert auf das Fremde einzulassen, dann wird uns selbst weniger zustoßen, als wir das vermuten.

Generell gilt: Versuchen Sie die täglichen Herausforderungen anders anzugehen, als Sie es zuvor getan haben. Machen Sie im Alltag Dinge anders als sonst und stellen Sie dadurch Ihre Sinne scharf. Das kann ganz banal beginnen: Putzen Sie Ihre Zähne anders herum, nehmen Sie einen anderen Weg zur Arbeit. Oder stellen Sie sich Aufgaben, denen Sie bisher aus dem Weg gegangen sind. Werfen Sie eine Methode über Bord, die Sie bisher im Job erfolgreich gemacht hat.

Für mich selbst waren gerade die Brüche in der eigenen Vita die fruchtbarsten Veränderungen. Sie gaben mir Impulse, die mich jedes Mal auf ein neues Plateau des Erfolgs führten: vom Squashspieler zum Triathleten zum Krav-Maga-Kämpfer. Vom Angestellten zum Unternehmer. Vom Firmeninhaber, der meint, sich mit vielen Angestellten profilieren zu müssen, zu einem Consultant, der bei Bedarf auf ein Netzwerk aus Kollegen setzt. Jede Veränderung hämmerte ein neues Loch in die Mauer meines eigenen Erfahrungsgefängnisses.

Wenn Sie seit Langem erfolgreich mit Zahlen und Daten arbeiten, warum probieren Sie es nicht mal mit einer Position, in der Sie direkt mit Menschen zu tun haben? Sie arbeiten am PC und beschäftigen sich in der Regel nur mit abstrakten Themen? Dann versuchen Sie es mit einer handwerklichen Betätigung. Die Impulse, die Sie dabei erhalten, werden weit über die eigentliche Tätigkeit hinausreichen.

Manchmal, da kann selbst der Verzicht auf den üblichen Urlaub Großes bewirken. Ich habe erlebt, wie ein befreundeter Manager, der jahrelang seine Ferien auf Mallorca verbrachte, nach einem dreiwöchigen Einsatz in der Entwicklungshilfe sein Leben und auch seine fundiert gute Art und Weise zu arbeiten komplett umkrempelte. Mit einem gestärkten Selbstbewusstsein begegnete er seinen Mitarbeitern im Servicecenter eines großen Unternehmens mit größerer Wertschätzung. Das Leistungsniveau seiner Mannschaft erhöhte sich merklich, ohne dass es einer der Beteiligten als anstrengend empfunden hätte.

Stellen Sie infrage, was Sie für gewöhnlich tun. Und haben Sie keine Angst vor dem, was Sie sehen werden. Sie haben immer die Wahl: Wollen Sie etwas ändern, dann tun Sie es. Wenn nicht, dann lassen Sie es. Aber tun Sie eines auf keinen Fall: Machen Sie niemanden für Ihre Lage verantwortlich. Wenn Sie meinen, nicht aus Ihrem Erfahrungsgefängnis ausbrechen zu können, weil es eben gerade nicht geht oder weil andere es nicht zulassen, dann seien Sie gewiss: Das ist nur eine faule Ausrede! Es geht immer anders:

Martha lässt das Handy klingeln, während sie durch die Stadt fährt. Ihre Freunde wollen sich wieder in ihrem Lieblingsrestaurant treffen. Warum hat niemand mal eine andere Idee?, fragt sich Martha, als sie bei ihrer Fahrt aufs Geratewohl in einen ihr unbekannten Stadtteil kommt. Sie entdeckt das Schild eines Restaurants. Syrisch? Das hat sie noch nie probiert. Kurzerhand steigt Martha aus und geht hinein. Als sie merkt, dass sie der einzige Gast ist, verspürt sie den Drang, wieder zu gehen. Aber sie bleibt und studiert die Speisekarte. Sie weiß nicht, was sie davon halten soll. Sie will auf Nummer sicher gehen und bestellt das teuerste Gericht auf der Karte. Der Wirt schaut sie an. Martha glaubt, etwas falsch gemacht zu haben. Da zeigt der Mann auf ein Gericht am Ende der Karte. Es ist wesentlich günstiger. In gebrochenem Deutsch gibt ihr der Mann zu verstehen, dass dieses Gericht besonders gut sei. Martha bestellt es und wird nicht enttäuscht. Gut gelaunt verlässt sie das Restaurant. Auf dem Nachhauseweg fragt sie sich: Wann waren ich oder einer meiner Kollegen zu einem Kunden schon einmal so aufrichtig wie dieser Wirt?

Kapitel 17

Fantasiere bis ins Detail:
Überschreite deine Grenzen

Es mag sein, dass wir ohne ein eigenes, großes Ziel ganz angenehm vor uns hin leben. Indem wir uns treiben lassen, von einem Termin zum nächsten, vom Job in die Freizeit und wieder zurück. Bei der Arbeit bekommen wir sicher genug Aufgaben zugeteilt, um unseren Tag auszufüllen. Zu Hause warten Freunde und Hobbys. Und zwischendurch geschieht auch mal etwas, das den Anschein hat, den Alltagstrott im richtigen Moment zu unterbrechen: ein Lob vom Chef, ein Urlaub, auf den man sich lange gefreut hat, ein neues Büro mit schönerer Aussicht. Das kann doch alles schon ausreichen. Und vieles in unserem Leben passiert sowieso von ganz alleine: die automatische Beförderung, die Gehaltserhöhung nach Tarif, der Druck von oben, wenn der Quartalsabschluss nicht die Erwartungen erfüllt. Wir müssen nicht selbst ein Ziel ausrufen, um irgendwo anzukommen. Es passiert auch so. Nur sind wir eben nicht der Treiber unserer eigenen Entwicklung. Und wir bestimmen auch nicht die Richtung:

Die Weihnachtsfeier ist auf dem Höhepunkt. Marthas Geschäftsführer, bereits nicht mehr ganz nüchtern, hält eine Ansprache. Wie immer der Dank an alle für die großartigen Leistungen in den vergangenen Monaten. Es folgt ein euphorischer Ausblick ins nächste Jahr. Martha und ihre Kollegen klatschen wild. »*Da bekommt man doch wieder richtig Lust auf die Arbeit*«, *meint ein Verkäufer zu Martha, die lachend zustimmt. Wie immer, denkt sich Martha, wird es auch im nächsten Jahr vor allem darum gehen, den Umsatz und damit die Provisionen ein bisschen höherzuschrauben. Reicht so etwas als Ziel für die ganze Firma? Und für mich selbst?, fragt sich Martha. Vor einer Woche hatte sie ein Gespräch mit dem Geschäftsführer. Auch da ging es um Ziele. Und diese Ziele bestanden nur aus Zahlen. Martha merkt, wie sich in ihr ein kleines, schwarzes Loch auftut. Andere Themen tauchen daraus empor. Ihre Ehe läuft gut. Das Haus ist abbezahlt. Und im nächsten Jahr wird ihr Team bestimmt die diesjährige Erfolgsquote im Neukundengeschäft übertreffen. Ist es das, was mein Leben mit mir vorhat?, fragt sich Martha. Sie schüttelt die Gedanken ab und stößt mit dem nächstbesten Kollegen an.*

Es gibt Momente, in denen uns die eigene Ziellosigkeit jäh bewusst wird. Wenn wir viele gemeinhin anerkannte Dinge erreicht, Karriere gemacht, eine Familie gegründet, ein Haus gebaut haben. Und dann an diesem klassischen Punkt im Leben angekommen sind, an dem auf einmal die Kinder aus dem Haus sind und es auf der Karriereleiter stockt. Unsere für selbstverständlich gehaltenen Lebensaufgaben brechen uns weg. Und auf einmal spüren wir, dass das Leben endlich ist. Wir fragen uns plötzlich: Für wen habe ich das eigentlich alles getan? Etwa die gut bezahlte Stelle als Teamleiter übernommen, die mir nie wirklich Freude bereitet hat. Das Haus gebaut, dessen Raten mich noch Jahre belasten. Waren das meine eigenen Ziele, die ich jahrelang verfolgt habe? Oder habe ich das getan, weil ein Familienvater eben ein Haus baut? Weil man eine Karrierechance nicht vergibt und weil man so viele Dinge einfach von mir erwartet hat?

Oft braucht es eine Sinnkrise, um zu sehen, dass es uns an eigenen Zielen fehlt. Dass wir nicht sagen können, was wir auf dieser Erde, in unserem einen Leben wirklich wollen und brauchen. Dass wir nicht wissen, für welche Träume wir bereit sind, unsere ganze Kraft zu verwenden. Und wie sehr wir uns stattdessen nach dem Schwarm richten. Der, der uns umsorgt und Ziele vorgibt, wenn wir unsere eigenen nicht kennen. Im Privaten orientieren wir uns unser Leben lang an Freunden und Eltern. Im Unternehmen können es Zielvereinbarungen sein, die wir zu erfüllen haben. Das alles lullt uns ein wie eine Droge. Wir fühlen uns ganz gut, weil wir uns selbst kaum wahrnehmen. Was aber, wenn unsere Fantasie über all das hinausgeht? Wenn wir uns vorstellen möchten, wie es ist, mit unserem Team ein Projekt in eine ganz andere Dimension zu führen, die noch kein Kollege erahnt? Wenn wir uns zukünftig nicht mehr als einfacher Mitarbeiter sehen wollen, sondern sehr viel weiter oben in der Hierarchie – weiter, als es sich unser eigener Vorgesetzter vorstellen kann und will? Was, wenn wir für uns selbst und andere ein ebenso einzigartiges wie ehrgeiziges Zukunftsbild im Kopf haben, das nicht mit den zurückhaltenden Erwartungen unserer Partner, Freunde und Verwandten korrespondiert?

Große eigene Ziele sind eine Herausforderung für uns selbst, aber auch für unseren Schwarm. Zu sehr begrenzt er uns in unserer Fantasie, in unserem Wachstum. In vielen Unternehmen, so mein Eindruck, bewegen sich die Vorstellungen der meisten Beteiligten nur auf eine Weise nach vorne: immer einen Fuß vor den anderen. Akribisch geplant wird die nächste Woche, das nächste Quartal. Und Ausgangspunkt aller Vorstellungen von der Zukunft ist immer der Status quo. Als ließe sich die Zukunft nur als Spiegelbild von Gegenwart oder Vergangenheit vorstellen. Das, was war und ist, wird in die Zukunft fortgeschrieben. Dementsprechend werden Budgets verteilt, einzelne Arbeitsschritte festgelegt. Unsere Unternehmen, aber auch viele unserer anderen Schwärme, orientieren sich in ihrem Handeln nicht an einem klar umrissenen, erstrebenswerten Ziel. Dafür verharren zu viele von uns mit Scheuklappen vor den Augen in ihren Erfahrungsgefängnissen.

Die Fragen nach dem eigenen großen Ziel überfordert deshalb Mitarbeiter wie Topmanager. Was wollen Sie im Job erreichen? Wo wollen Sie hin? Sie selbst oder Ihr Unternehmen? Die Antworten sind oft austauschbar. »Ein höheres Gehalt, weniger Stress, mehr Herausforderung, ein nettes Team«, bringt der Mitarbeiter seine Ziele zögerlich auf den Punkt. »Eine Steigerung des Gewinns« wünscht sich der Manager wie aus der Pistole geschossen und fügt noch einige weitere erwartbare Vorhaben hinzu. Wie bitte? Mehr soll uns das Leben nicht bieten als mehr Geld und ein nettes Team? Ist es das, was wir erreichen wollen?

Nur wenige Menschen und Unternehmen verfolgen bewusst ihr ureigenes, selbst ausgewähltes Ziel, eines, das aus der eigenen Persönlichkeit und dem individuellen Wunsch nach Erfüllung heraus entstanden ist. Die wenigsten tragen Bilder von einer Zukunft in sich, die bereits im Hier und Jetzt das eigene Tun maßgeblich bestimmen und wie ein Generator mit Energie versorgen.

Aber wenn wir uns selbst, privat wie beruflich, auf eine höhere Ebene des Erfolgs katapultieren wollen – eine, die uns erfüllt, nicht nur materiell, sondern auch geistig bereichert, dann brauchen wir ein Ziel, das uns trägt und das uns immer wieder antreibt. Ansonsten bleiben wir einfach da, wo wir sind. Dort, wo der Schwarm uns haben will und wir aufhören, selbstständig zu denken und zu handeln.

Werden Sie einzigartig!

Wenn Sie nach Ihrem eigenen Ziel suchen, dann achten Sie vor allem auf eines: Machen Sie es sich nicht zu einfach – kopieren Sie bloß nicht Ihr Umfeld! Zu viele von uns schließen sich den Träumen der anderen an. Standardträume. Selbst wenn diese Träume mit leuchtenden Augen und großer Gestik vorgetragen werden, lässt sich eine eigene Persönlichkeit darin nur schwer erkennen.

Seien Sie ehrlich zu sich selbst: Sparen Sie auf ein eigenes Haus, weil es der Gipfel Ihres Lebensglücks ist oder weil das Ihre Freunde so vormachen und wortlos vereinbart haben, dass genau das Ihr ultimatives Zeichen für Erfolg ist? Genau derselbe Mechanismus: Machen Sie eine Diät, weil demnächst ein Klassentreffen stattfindet und Sie erfolgreicher, attraktiver und selbstbewusster aussehen möchten, als Sie sich offensichtlich fühlen? Oder weil Sie selbst besser und gesünder leben wollen? Streben Sie nach einer Führungsposition, weil die anderen im Büro ebenfalls darum kämpfen und Sie besser sein wollen als die Konkurrenten? Oder weil Sie selbst den Antrieb verspüren, ein Produkt, den Markt oder die Welt mit Ihrer eigenen Kraft gestalten und verbessern zu wollen?

Wie oft haben wir Vorstellungen von der Zukunft, die allesamt wie Abziehbilder der Vorstellungen unserer Nachbarn oder der üblichen Magazine erscheinen. Aber soll unser Leben wirklich nichts weiter als eine Kopie von dem sein, was uns andere vorleben? Das hat keiner von uns nötig.

Das haben Sie nicht nötig. Wer sind Sie denn? Sie sind stark genug, unabhängig im Geist! Erwachsen!

Es macht eben einen riesigen Unterschied, ob unsere eigenen Ziele von den Vorstellungen und Forderungen unseres Umfeldes motiviert und bestimmt werden oder ob sie sich aus uns selbst heraus entwickeln. Ich frage Sie: Was hätten Sie mit 18 gesagt, was Sie mit 50.000 Euro machen wollen? Und heute? Was war damals Ihr Traum? Und warum ist das nicht Ihr Ziel geblieben? Welche Verpflichtungen nehmen Sie als Grund dafür, Ihr eigenes Leben nicht mehr so zu gestalten, wie es für Sie als Individuum richtig wäre?

Nur wenn sich ein Ziel aus uns selbst heraus gestaltet, nur dann hat unser Handeln einen tieferen Sinn, können wir im Leben so etwas wie Erfüllung erfahren. Und um nichts Geringeres geht es für jeden von uns: die eigene Bestimmung entdecken, die uns als Mensch aus uns selbst heraus handeln lässt, unserer Intuition freie Bahn lässt – uns vorwärtstreibt, weil wir es einfach so wollen und müssen.

Sie führen ein ganz normales Leben, gehen täglich zur Arbeit, treffen Ihre Freunde, sind im Sportverein oder anderswo aktiv und eigentlich ganz zufrieden? Dennoch spüren Sie immer wieder eine unerklärliche Wut auf sich selbst und das Leben, gepaart mit der Angst, den Anforderungen Ihrer Umwelt nicht zu genügen? Dann können Sie sicher sein: Sie haben Ihr großes Ziel im Leben immer noch nicht gefunden.

Wie aber finden wir solch einen Auftrag für uns? Ein Ziel, für das wir uns bewusst entscheiden und konsequent umzusetzen versuchen. Ein Ziel, das uns berauscht und fordert, aber auch nicht überfordert. Das uns selbst als Menschen weiterbringt, anderen aber keinen absichtlichen Schaden zufügt. Mit dem wir wirklich etwas bewegen, nicht nur für uns selbst, sondern vielleicht sogar für unseren ganzen Schwarm.

Fordere dich heraus

Vielleicht kennen Sie das: Die besten, weil ungewöhnlichsten Ideen kommen Ihnen, wenn Sie zur Abwechslung mal an einen Ort fahren, an dem Sie noch nicht gewesen sind, der Ihnen als exotisch erscheint, weil er ganz anders als Ihre gewohnte Umgebung ist. Manchmal kann das schon die Nachbarabteilung innerhalb der eigenen Firma sein. Oder der intensive Austausch mit einem Experten aus einer anderen Branche, einem anderen Industriezweig. Oder eben auch die Kultur eines anderen Landes.

Indem wir unserem Gehirn eine möglichst große Menge an verschiedenartigen, fremden Informationen und Eindrücken zur Verfügung stellen, werden Geistesblitze geradezu provoziert. Und dann müssen wir manchmal nur im entscheidenden Moment bereit sein, uns dem Zufall zu überlassen. Etwa einem plötzlichen Gedanken, in dem zuvor Gedachtes und Wahrgenommenes spontan zu etwas Neuem kombiniert werden.

Mit dem Ausbruch aus dem eigenen Erfahrungsgefängnis rennen Sie auf neue Ideen zu. Wenn Sie sich durch eine bewusste Entscheidung alleine abseits des Schwarms bewegen und in unbekanntem Land unterwegs sind, dann werden Sie zurückgeworfen auf Ihre eigene Wahrnehmung. Sie müssen sich plötzlich wieder auf Ihr eigenes Denken verlassen. Und das ist gut so!

Aber auch schwierig: Ihr plötzlicher Zustand der Individualität versetzt Ihren inneren Schwarm in Aufruhr. Da poppen schnell Ängste auf: Wie passe ich mich am besten an mein neues Umfeld an? Wo ist es sicher für mich? Am liebsten hätte er Sie gerne wieder dort, wo Sie sich auskennen und wo Sie so schnell nichts herausfordert – in Ihrem bekannten Umfeld.

Wenn Sie beziehungsweise Ihr innerer Schwarm sich also etwas unwohl fühlen, weil Sie zum Beispiel mit lauter Experten zu einem Ihnen gänzlich fremden Thema gemeinsam an einem Tisch sitzen und Konversation betreiben müssen, dann seien Sie sicher: Hier bekommen Sie die Impulse, die Sie brauchen, um abseits Ihrer ausgetretenen Pfade zu denken.

Wenn Sie sich herausfordern wollen, dann stellen Sie sich selbst einmal in einer völlig neuen Situation vor: in einem Job, der mit dem Ihren wenig zu tun hat und andere Qualifikationen erfordert. In einer Freundesclique, die ganz anders ist als die jetzige und die Sie mit neuen Impulsen und Erwartungen konfrontiert. In einer Sportart, die Sie anders fordert als der Sport, den Sie bereits seit Jahren machen. Oder stellen Sie sich in einem fremden Land vor, umgeben von völlig anderen Lebensentwürfen. Solch ein Blick auf das Fremde lässt Sie auch Ihr eigenes Leben aus einer neuen Perspektive betrachten. Wir beginnen in solchen Momenten genau nach dem zu suchen, was uns wirklich bewegt, nach einem Ziel, das es uns wert ist, das Alte aufzugeben, unsere Energie zu fokussieren und zu neuen Erfolgen aufzubrechen.

Keine Frage: Solche Situationen schärfen unsere Sinne. Das ist das freie Denken ohne Sicherheitsnetz, vor dem uns unsere Ängste und Schuldgefühle immer warnen. Selbst wenn wir nur ein paar Tage freimachen und aus der Tretmühle des Alltags auch gedanklich raus sind, kommen uns faszinierende Ideen. Was wir nach unserer Rückkehr alles tun und machen und erreichen könnten. Was wir anpacken und verändern wollen.

Aber unsere »Urlaubsideen« sind wie Träume. Kaum zurück im Normalmodus unserer alten Umgebung, wachen wir wieder auf und laufen Gefahr, wieder »vernünftig« zu werden, wie man es von uns als angesehene Mitglieder unserer Familie, unseres Sportklubs, unserer Firma oder der Gesellschaft erwartet. Dann erscheinen uns die vor ein paar Tagen auf einer Reise gefassten Entschlüsse plötzlich albern und realitätsfern. Den bisherigen Job aufgeben? Den Partner verlassen? Neue Menschen kennenlernen? Reine Gedankenspielerei.

Wenn Sie diese Fantasien vor Ihren Kollegen oder Freunden aussprechen – bereuen Sie es manchmal im Nachhinein? Läuft Ihnen dann ein Schauer über den Rücken? Sie schämen sich? Wunderbar! Dann machen Sie damit weiter. Denn um uns in die für uns beste Zukunft denken und schließlich auch bewegen zu können, müssen wir genau das tun. Wir müssen bereit sein zu fantasieren – naiv, unzensiert und vor allem grenzenlos.

Und das nicht nur, wenn wir uns mal eine Auszeit gönnen, sondern auch und gerade dann, wenn wir mittendrin sind im Alltag. Mehr als Wunschdenken kommt doch da nicht raus, mögen Sie vielleicht jetzt einwenden. Nun, damit lägen Sie nicht ganz falsch. Und wiederum genau richtig. Fragen Sie sich, was Sie anderen wünschen. Ihrem Unternehmen. Ihren Kunden. Einer Branche. Einem Produkt. Und vor allem sich selbst.

Brauchen Sie irgendwo in Ihrem Leben mehr Freiheit? Muss etwas einfacher sein in Ihrem Job – eine Prozesskette, eine Dienstleistung? Was tut Ihnen gut – mehr Vertrauen und Respekt? Wenn Sie wissen, was Sie sich wünschen, dann beginnen auch die Ideen in Ihrem Kopf lebendig zu werden. Dann wird etwa aus dem Wunsch nach Freiheit das Zukunftsbild Ihrer Selbstständigkeit. Dann wird aus dem Wunsch nach Einfachheit eine unschlagbar gute Dienstleistung für neue Kunden. Und aus dem Wunsch nach Vertrauen und Respekt ein selbstbewusster Umgang mit den eigenen Kollegen und Freunden.

Wenn unsere Sinne scharf gestellt sind, dann finden wir neue Ideen auch im Alten: Was hat sich überlebt, was ist ärgerlich, was macht uns wütend, weil es nur noch mühsam oder destruktiv ist? Für was schämen wir uns, weil wir unverdrossen daran festhalten? Etwa ein Geschäftsmodell, das ein Unternehmen lange Zeit erfolgreich machte, jetzt aber den Blick in die Zukunft verstellt? Eine alte Freundesclique, die sich nur im Kreis dreht, in der man sich lediglich Geschichten von damals erzählt? Oder ein ehemaliger Verkaufsschlager, der das Budget für innovative Entwicklungen blockiert?

Wir müssen auf unsere Emotionen schauen und das, was dahintersteht. Und wenn wir unsere Augen aufmachen, dann schalten wir im gleichen Zug unseren Denkapparat an. Scharf gestellt ist unser Geist die entscheidende Waffe. Mit ihm erkennen wir, wo uns Veränderungen weiterbringen. Mit ihm zerschlagen wir das Alte, um Raum für Neues zu schaffen.

Spring!

Wenn wir wirklich etwas verändern wollen, dann müssen wir fähig sein, uns allein gedanklich vom Status quo zu lösen. Wir müssen aufhören, immer nur am unbefriedigenden Istzustand herumzulaborieren, hier und dort an Rädchen zu drehen, um das Dasein ein wenig erträglicher zu machen. Denn das ist die Eigenschaft unserer Schwärme: das langsame, ganz behutsame Vortasten im längst bekannten Terrain, während sich alle an der Schulter fassen, um einander ja nicht einmal für einen kleinen Moment zu verlieren. Dabei bringt das uns selbst und unsere Schwärme nur im Schneckentempo auf Abwege.

Machen Sie in Ihrem Kopf keine kleinen Schritte. Sie haben den Mut und die Kraft, wo andere sich gedanklich im Kreis drehen oder auf der Stelle treten. Springen Sie, so weit Sie können, wohin Sie wollen! Von A nach einem weit entfernten B oder sogar C. Springen Sie – wenn es sein muss, aus dem Stand. Es kann Ihnen nichts passieren, außer dass Sie wieder auf beiden Füßen landen.

Das Einzige, was Sie am Sprung hindern kann, das sind Ihre Zweifel daran, wohin. Haben Sie kein konkretes Ziel vor Augen? Nicht einmal eine Richtung, die Sie intuitiv einschlagen würden? Es ist ein Problem, das Sie mit sehr vielen Menschen teilen. Aber Sie müssen sich nicht gleich über den ganz großen Sinn und Zweck Ihres Lebens im Klaren sein. Wichtig ist nur, dass Sie springen – aus Ihrem Schwarm heraus. Stellen Sie sich einen Zustand vor, in dem Sie glücklicher, freier und erfüllter sind als jetzt. Was sehen Sie vor Ihrem inneren Auge? Malen Sie sich aus, wo Sie hinwollen, und dann versetzen Sie sich in Gedanken genau dorthin. Ein Sprung an einen Ort oder in einen Zustand, von dem Sie nur vermuten können, wie er wirklich ist.

Ihr zu erreichendes Ziel sollten Sie sich so detailliert wie möglich vorstellen. So, als wären Sie bereits dort. Erschaffen Sie sich emotionale, konkrete Bilder. Oder noch besser: Filme, die Sie in Ihrem Kopf im Großformat ablaufen lassen. Beamen Sie sich in das erstrebenswerte Neuland, als seien

Sie der Held in einer Episode von *Star Trek*. Zoomen Sie heran. Versuchen Sie, das unbekannte Land, das Sie betreten wollen, nicht nur zu sehen, sondern auch zu erfühlen, zu riechen und zu schmecken. Und falls Sie sich dabei lächerlich vorkommen sollten: Die Stimme, die Sie in Ihrem Kopf anklagt, der kleine Zensor, das sind nur Ihre diffusen Ängste, die wollen, dass Sie alsbald wieder zur Vernunft kommen und zu Ihrem warmen Platz im Schwarm zurückkehren.

Wenn Sie aber zum Beispiel von der Position eines Angestellten in die Selbstständigkeit wechseln wollen, dann dürfen Sie gedanklich nicht einfach weitermachen wie bisher und eine Portion Hoffnung auf Zeit und Schicksal obendrauf packen. Sie müssen vielmehr Ihre zukünftige Welt als Unternehmer in lebendigen Einzelteilen verinnerlichen. Etwa den Umgang mit den Kunden: Wie gehen Sie auf diese zu, welche Worte benutzen Sie, welche Gesten? Wie führen Sie Ihre Mitarbeiter, wie erkennen Sie deren Wünsche? Erst, wenn Sie die Verantwortung spüren, wenn Sie sich selbst an dem großen Schreibtisch und in einem besseren Anzug sehen und fühlen können, dann können Sie dort auch hingelangen. Sie beginnen, sich diese Welt im Hier und Jetzt anzueignen. Weil Sie sich bereits in der Gegenwart so verhalten, wie Sie es für die erfolgreichere Zukunft brauchen.

Wenn wir vorhaben, ein Start-up zu gründen, das Konsumenten leckere Snacks per Internetbestellung an den Arbeitsplatz liefert, dann brauchen wir ein genaues Bild davon, wie es sich anfühlt, die Box mit den Leckereien vor sich auf dem Schreibtisch liegen zu haben. Wir müssen die Verpackung und ihre Farben sehen, müssen die Snacks schmecken, die wir noch nicht einmal kreiert haben. Wir müssen uns glücklich fühlen und Appetit spüren, weil wir unser Produkt vor uns sehen.

Steve Jobs hatte schon Jahre bevor das iPhone auf dem Ladentisch lag eine genaue Vorstellung davon, wie es wohl sein muss, solch ein Gerät zum ersten Mal in der Hand zu halten, über einen Touchscreen zu steuern und dadurch im Handumdrehen eine Welt aus Daten, Bildern und Tönen zum Leben zu erwecken.

Solche emotionalen Bilder berühren uns mehr als jedes logisch hergeleitete Ziel. Es ist die Kraft, die uns und andere in Bewegung setzt.

Verfalle der Magie des Zukunftsbildes

Albert Einstein sagte einmal, dass er einen seiner Träume so schön fand, dass er sich in der Realität daranmachte zu beweisen, dass er stimmte. Unsere Zukunftsbilder können eine ungeheure Magie entfalten. Allein sich dieser Magie hinzugeben, ist eine Befriedigung. Automatisch werden Kräfte mobilisiert und unbewusst die nötigen Aktionen eingeleitet, um in die richtige Richtung zu führen. Lassen Sie sich fallen, haben Sie Vertrauen zu sich selber. Es muss nicht alles von Beginn an logisch durchdacht werden. Die meisten Dinge passieren bereits, indem wir sie uns vorstellen und daran glauben und den Rest einfach geschehen lassen.

Selbst wenn eine großartige Idee und wir selbst mit ihr scheitern, lohnt es sich, Leidenschaft in sie zu investieren. Ich rate Ihnen sogar: Versuchen Sie doch mal wegen eines außergewöhnlichen Ziels in die Kritik von Chef und Kollegen zu geraten. Wenn Sie nachts wegen dieser Idee aufwachen, weil Sie sich vor dem nächsten Tag fürchten, an dem Sie diese Ihren Kollegen präsentierten werden, dann können Sie sicher sein: Sie sind auf dem richtigen Weg, das Mittelmaß hinter sich zu lassen. Denn bei einer gewöhnlichen Idee, die niemanden herausfordert, bräuchte Ihnen nicht angst und bange werden. In den meisten Unternehmensschwärmen regiert das Mittelmaß: Ideen und Ziele, die niemandem wehtun. Wer aber frei und ungezügelt denkt und fantasiert, kommt auf Ideen, die sich jenseits der Vorstellungswelt des eigenen Umfelds bewegen. Dadurch ziehen wir das Misstrauen der anderen auf uns. Das kann ungemütlich werden. Aber so ist das Leben eben, wenn es besonders intensiv wird. Die Skepsis der anderen beweist uns nur, dass wir auf dem richtigen Weg sind, über uns selbst hinauszuwachsen. Nehmen Sie also die Energie, die in Ihrer Furcht steckt, und stellen Sie sich dieser Skepsis entgegen.

Die Frage ist doch, von wem oder was wir unsere Fantasien leiten oder sogar begrenzen lassen. Von unseren Kollegen, Bekannten, Wettbewerbern? Oder folgen wir unserem eigenen Lebenszweck, der als Zukunftsfilm vor unserem inneren Auge abläuft? Keine Frage: Das Letzte, was Sie anstreben sollten, ist es, eine Kopie von irgendetwas oder irgendwem zu sein. Wahrer Stolz und wahre Zufriedenheit stellen sich für Sie nur ein, wenn Sie ein Ziel erreichen, das Sie sich selbst frei und ungeniert aussuchen und mit aller Leidenschaft verfolgen.

Finden Sie Ihre eigene Bestimmung. Und wenn Sie mehr als ein Ziel vor Augen haben, dann fokussieren Sie sich das prächtigste, verführerischste und waghalsigste, das Ihr Kopfkino immer wieder aufs Neue als den einen großartigen Film spielen lässt. Jeder von uns braucht eine solche Idee, die ihn oder sie antreibt:

Es ist Samstag und Martha hat einen Tag voller Beratungsgespräche hinter sich. Sie war bei ihrem Bankberater, es ging um ihre Anlagestrategie. Sie war bei ihrem Optiker, um sich ein paar neue Brillengestelle zeigen zu lassen, und danach noch in ihrer Lieblingsboutique, wo sie mehrere Sachen anprobierte und sich Neues von der Inhaberin empfehlen ließ. Jetzt sitzt Martha wieder in ihrem neu entdeckten syrischen Restaurant. Der Wirt, der sich an Marthas letzten Besuch gut erinnert, empfiehlt ihr wieder ein besonderes Gericht. Während Martha gemeinsam mit ihrem Mann das Essen genießt, entsteht in ihrem Kopf ein Bild: Wäre für ihre Versicherungsagentur nicht ein Geschäftsmodell denkbar, das ehrliche Beratung belohnt? Bei dem nur noch Verträge abgeschlossen werden, die in erster Linie dem Versicherten dienen und nicht der Provision des Verkäufers? Martha hat die Gesichter ihrer Versicherten vor sich. Und sie sieht sich selbst und ihre Kollegen. Wären wir nicht alle viel zufriedener – und am Ende nicht sogar noch erfolgreicher?

Kapitel 18

Ignoriere die Komplexität: Vertraue deiner Naivität

Wer die Vorstellungen seines Schwarms darüber, was man tun oder besser sein lassen sollte, über den Haufen wirft, wer also versucht, aus dem Korsett seiner Umgebung auszubrechen, der muss mit handfester Ablehnung und Skepsis rechnen. Wie reagiert der Durchschnittsbürger, wenn Sie ihm erzählen, dass Sie als mittlerer Angestellter Ihren sicheren Job aufgeben? Ohne die üblichen Anlässe wie Krankheit oder Umzug, dafür aber mit einem ebenso abstrakten wie elementaren Grund: Sie wollen mehr aus sich und Ihren Möglichkeiten machen. Und dann schicken Sie Ihren Kollegen wenig später eine Rundmail, in der Sie ankündigen, Künstler, Weltreisender oder Biobauer zu werden. Welche Reaktionen erwarten Sie? Vielleicht wird man Ihren Gesundheitszustand anzweifeln oder Ihnen eine Midlife-Crisis unterstellen. Selbst wenn viele Ihrer Mitmenschen so einen Ausbruch nachvollziehen können: Sie haben Angst vor Ihrem Mut und kontern mit Kritik. Aufgezählt werden die durchaus realistischen Probleme und Hindernisse, die Gründe, warum das alles nicht so hinhauen wird, wie Sie sich das vorstellen. Sie finden sich in einer zermürbenden Position wieder. Denn unsere Schwärme machen nichts lieber, als uns in ihrer Mitte festzuhalten und die Möglichkeiten außerhalb ihres Erfahrungsgefängnisses als puren Unfug abzuwerten.

Niemand will naiv sein. Aber es ist oft unsere einzige Möglichkeit, die Dinge ins Rollen zu bringen. Selbst dann, wenn wir dafür anfangs über alle Maßen kritisiert werden:

In der Diskussion mit einigen Kollegen fällt Martha die junge Frau auf. Sie hört zu, schweigt, während die erfahrenen Experten wie gewohnt ihre felsenfesten Standpunkte zum Besten geben. Dann bricht ein Gedanke geradewegs aus ihr heraus. Eine Idee sprudelt hervor, nicht durchdacht, aber durchaus berechtigt. Und allemal frischer als das bisher Vorgebrachte. Doch noch während der Gedanke in den Köpfen der Anwesenden arbeitet, legt sich auf die Gesichter der älteren Kollegen ein mildes Lächeln. »Ganz nett, aber so einfach ist das nicht«, wird der Fragestellerin entgegnet. Es ist das bekannte Spiel, denkt sich Martha: alte Weisheit gegen junges Feuer. Als die junge Frau darauf beharrt, erntet sie Weisheiten der besonderen Art. Von »Komm mal wieder auf den Boden« bis zu »Das ist doch gar nicht zu Ende gedacht«. Die junge Mitarbeiterin steht auf verlorenem Posten. Schließlich knickt sie ein. Martha fühlt die Scham der Kollegin, als wäre es ihre eigene. Weil ihr gerade bewusst wird, dass sie sich für ihre eigene, noch unter Verschluss gehaltene Idee einer aufrichtig am Kundenwohl orientierten Versicherungsagentur das Gleiche vorwerfen lassen müsste: grenzenlose Naivität angesichts eines komplexen Problems.

Wer das Neue wagt, wird vom Routinier schnell wieder zum Anfänger. Denn das Neue ist am Anfang nie so perfekt durchdacht wie das Alte, das Gewohnte, das tausendfach Bewährte, das nun herausgefordert wird. Ein holpriger Pfad liegt vor Ihnen und eben keine Prozessautobahn mehr.

Sie könnten sich nach der ersten Kritik – wenn Chefs, Kollegen oder Freunde skeptisch den Kopf schütteln – stillschweigend und unsicher zurückziehen und an Ihrer Idee so lange schrauben und feilen, bis sie Ihnen wasserdicht erscheint. Einen akribischen Plan entwickeln, der alle Optionen des Scheiterns und die dazugehörigen Notfallpläne durchspielt, bis Sie jedes Gegenargument entkräften können und zum absoluten Experten werden. Aber merken Sie, was dann passiert? Sie verschwenden Energie und Zeit! Und werden Sie dadurch sicherer in dem, was Sie tun? Nein, denn dann fallen Ihnen bestimmt genau die tausend Gründe der anderen ein, warum etwas auf keinen Fall funktionieren wird, all die Totschlagargumente, mit denen sich Ihre frische Idee, dieses zarte Pflänzchen des Aufbruchs, sofort einstampfen lässt.

Nein, wir sollten uns nicht unserer Naivität berauben lassen – weder vom Zensor unseres inneren Schwarms noch von den Bedenken der anderen. Wir sollten nicht das Gefühl haben, es allen recht machen zu müssen. Zuerst auf Nummer sicher zu gehen und alles perfekt zu Ende denken zu müssen, bevor wir zur Tat schreiten, um ein herausragendes Ziel anzugehen, eine außergewöhnliche Idee umzusetzen. Denn dann werden wir es vielleicht niemals tun.

Hauptsache, wir legen los

Wer eine Geschäftsidee hat und ein Unternehmen gründen will, der wird viele Probleme bedenken und Lösungen finden müssen – aber nicht alle gleich am Anfang. Ein Bill Gates hat sich damals in seiner Garage nicht überlegt, was noch alles auf ihn zukommen würde. Er hat einfach das gemacht, was ihn begeisterte, und sich von der Realität seiner

Umgebung nicht einschüchtern lassen. Und so ist es in vielen Dingen.

Wer sich etwa all die Schmerzen, psychische wie physische, eines Marathons vor Augen führt, bevor er überhaupt mit dem Training beginnt, der lässt das wahrscheinlich gleich sein. Und wer über die möglichen Risiken und Enttäuschungen einer Beziehung nachdenkt und diesen Gedanken ständig durchspielt – nur um sicherzugehen –, der dürfte niemals eine Partnerschaft eingehen, geschweige denn heiraten. Zu negativ die Prognose, zu wahrscheinlich das statistische Risiko des Scheiterns.

Es braucht immer die Naivität des ersten Mals, um überhaupt zu beginnen.

Die Waffe ergreifen

Naivität, das heißt nicht, dass wir mit einem gutgläubigen Lächeln im Gesicht unseren Gegnern gegenübertreten und uns zugleich furchtsam und unsicher von den ersten Gegenattacken überraschen lassen. Nein, unsere Naivität atmet Stolz und Siegesgewissheit. Den Stolz darauf, dass wir nicht mit tausendfach geprüftem Wissen und einem unendlichen Schatz an Erfahrung hausieren gehen, uns auf einfachsten Wegen die übliche Zustimmung des Schwarms abholen. Wir haben den Mut, unsere ureigene, aber noch lange nicht perfekt ausgereifte Idee in den Ring zu werfen. Das macht uns angreifbar, aber auch wild entschlossen. Ein Held, der nicht anders kann. Ein Martin Luther, der seine Thesen an das Tor der verstaubten Macht schlägt. Mit vollem Risiko. Mit absoluter Überzeugung. Ohne Interesse für Konsequenzen.

Wir sind die Herausforderer. Und wir kämpfen ohne feste Rüstung. Wir tragen nicht die unzähligen »Ja, aber« und

»Daraus wird eh nichts« mit uns herum wie einen schweren Brustpanzer, der uns die Luft abschnürt. Wir führen stattdessen eine Waffe mit Leichtigkeit und Wucht: unser eigenes, überaus attraktives Zukunftsbild, gegen das der Status quo plötzlich nur eine alte, ausgeblichene Schwarz-Weiß-Aufnahme ist. Ja, wir fürchten den Kampf. Und fühlen uns gleichzeitig befreit von allen inneren und äußeren Zwängen des Schwarms. Und das fürchten unsere Gegner. Das ist unsere Stärke.

Wir müssen sehen: Nicht uns fesselt die Angst. In Wahrheit sind die Bedenkenträger und Status-quo-Verteidiger unserer Schwärme nicht selbstsicher. Das Neue macht ihnen Angst, als wäre es eine Attacke auf sie selbst. Das lässt sich im Alltag immer wieder beobachten. Wenn etwa ein Auswanderer die Zurückgebliebenen dazu bringt, ihre Eingefahrenheit, ihre Passivität und ihren fehlenden Mut zu erkennen, wenn es um die eigenen Träume geht. Oder ein junger Mensch aus dem Milieu seiner Freunde und Verwandten ausbricht, um als Erster unter ihnen Abitur zu machen und zu studieren. Statt Stolz löst das beim alten Umfeld oft Befremden aus. Denn unbewusst stellt der Ausbrecher das Lebensmodell der anderen infrage. Wäre auch für mich nicht mehr drin?, fragen sie sich insgeheim und fühlen sich plötzlich unwohl in ihrer Haut. Aus einer Abwehrhaltung heraus reagieren sie mit Ablehnung und Spott. Die Zögerlichen, die Verteidiger des Alten haben etwas zu verlieren. Ihren Status. Ihre Kontrolle. Ihre Rechtfertigung für ihr fremdbestimmtes Leben. Ihre Gewissheit, was richtig ist und was falsch.

Die Angst vor der falschen Entscheidung und vor dem Aufbruch ist der Feind der Naivität. Wenn Sie selbst Ihren inneren Schwarm aus Emotionen gebändigt haben, dann treten Sie dieser Angst vor der Ungewissheit, die alles Neue in sich birgt, gelassener entgegen. Zugleich erkennen Sie die emotionale Belastung und Verfangenheit der anderen.

Die Kraft der Tat

Die Bedenkenträger behaupten ihre Stellung mit ihrem Erfahrungsschatz: dem Wissen darum, was schiefgehen kann. Und ja, sie haben recht. Es kann verdammt viel schiefgehen, wenn man sich auf Neues einlässt, Großes für sich und andere erreichen will.

Gerade in Unternehmen gibt es vielerlei Experten, die ihren Bereich sehr gut kennen. Dabei erweisen sich oft genug gerade diese allwissenden Experten als die größten Gegner neuer Ideen. Zu tief sitzen sie in ihrer alten Kompetenz fest, besitzen sie eben nicht die notwendige Naivität für den freien Umgang mit neuen Informationen. Es braucht eine Portion Unwissen, um das Störende nicht zu sehen oder im Zweifelsfall auszublenden. Experten fällt immer mindestens ein faktischer Grund ein, warum etwas nicht möglich oder nicht sinnvoll ist. Wer sich mit Risiken beschäftigt, der wird niemals aufbrechen.

In Deutschland handelt leider kaum jemand einfach so. Da wird zuerst alles Neue auf Herz und Nieren überprüft, bevor es einem selbst und der Welt zugemutet wird. Alles muss durch den TÜV, die Kontrollgremien im Unternehmen oder den Chefkritiker im Freundeskreis. Was keine Gefahr in sich birgt, darf weitergehen. Vor solcherlei Hürden gestellt, geben zu viele Menschen um uns herum viel zu schnell auf. Als würde jede Idee die Bewilligung unserer Schwärme brauchen.

Wer dagegen naiv handelt, Komplexität ausblendet, sich nicht den Kopf zerbricht über alle möglichen Probleme, die noch gar nicht auftreten, der sieht im Neuen nicht nur die Risiken, sondern vor allem die Chancen. Die Chance, dass Menschen mit einem Handy nicht nur telefonieren, sondern unendlich viel mehr tun können. Die Chance, dass aus Europa mehr werden kann als nur ein Wirtschaftsraum mit einer gemeinsamen Währung. Die Chance, dass in einem selbst mehr steckt, als andere wahrhaben wollen.

Wenn Ihnen also jemand sagt, Sie seien naiv, dann kann das bedeuten: Sie haben nicht alle Gründe in Erwägung gezogen, warum Ihr Projekt scheitern kann. Vielleicht haben Sie aber auch nächtelang wach gelegen und das Für und Wieder abgewogen. Haben die Zukunft schwarzgemalt, nur um zu der Einsicht zu gelangen, dass es so schlimm eben sehr wahrscheinlich nicht kommen muss. Dass Ihre Idee und die damit verbundenen Chancen einfach zu gut sind, um sie links liegen zu lassen. Und dann haben Sie sich kurzerhand bewusst entschieden, umgehend zur Tat zu schreiten. Das adelt Sie!

Wenn Sie gegen Schwärme bestehen wollen, dann dürfen Sie sich nicht einreihen in diesen Spaß raubenden, Vernunft vortäuschenden Überprüfungswahn, in dieses zögerliche, endlose Abwägen. Pflegen Sie Ihren Stolz im Angesicht der Ängste der anderen. Und erkennen Sie den Neid der anderen: darauf, dass Sie etwas wagen, was diese selbst schon immer tun wollten, sich aber nie trauten. So wird Naivität zu etwas Wunderbarem. Weil wir uns durch sie die Freiheit gönnen, das zu tun, was wir selbst wollen. Das, was wir in unserem tiefsten Inneren oder auch nur in einem Anflug erster intuitiver Begeisterung für richtig halten.

Und manchmal müssen Sie auch der Naivität der anderen erst freie Bahn verschaffen, damit das Neue endlich eine Chance bekommt:

Martha beobachtet, wie die junge Frau sich der Kritik der älteren Kollegen ergibt. Da überwindet sich Martha, steht auf, nimmt den dicksten Edding, den sie auf die Schnelle finden kann, und schreibt die Idee der jungen Kollegin in sehr großen Buchstaben auf ein Flipchart. So groß, dass plötzlich kein Platz mehr ist für das Klein-Klein der Einwände. Die älteren Teamleiter scheinen für einen Moment perplex. »Über die vielen Details dazu können wir uns gerne ein andermal unterhalten«, sagt Martha und beendet das Treffen. Und während sie das Team verabschiedet und der jungen Kollegin einen kurzen Blick zuwirft, geht ihr ein Gedanke durch den Kopf: Der Weg zu einem großen Ziel beginnt nicht mit den Problemen, sondern mit dem Aufbruch.

Kapitel 19

Verunsichere die anderen:
Ertrage den Aufruhr

Angenommen, Sie haben für sich ein Ziel entdeckt, das Sie fasziniert, das Sie fesselt und Sie nicht mehr ruhig schlafen lässt. Eine Vision, bei der Sie sich plötzlich fühlen wie eine Sprungfeder am Anschlag, die unbedingt losschießen muss. Sie sind berauscht und können es kaum erwarten, alles umzuwälzen. Und dabei freuen Sie sich nicht nur für sich selbst, sondern gleich für alle anderen mit. Denn Ihr Ziel, das würde nicht nur Sie alleine ganz weit nach vorne bringen, sondern auch Ihre Mitmenschen, die Kollegen in der Firma, die Freunde, Lebenspartner, vielleicht sogar einen ganzen Ort, eine Stadt, eine Gesellschaft, eine Kultur. Sie wollen losgehen und es möglichst vielen anderen erzählen, im zweifelsfreien Glauben daran, dass man Ihnen begeistert folgen muss. Denn gute Ideen lassen sich schließlich selten alleine verwirklichen. Wenn Sie etwas gravierend verändern wollen, dann brauchen Sie fast immer die Zustimmung und vor allem die Unterstützung anderer. Was passiert wohl, wenn Sie den anderen frank und frei ganz selbstverständlich erklären, wie Sie sich Ihre und deren Zukunft genau vorstellen? Wenn Sie etwa als Politiker in die Öffentlichkeit treten und sagen: Lasst uns die nationalen Grenzen abschaffen und Europa zu einer Nation machen. Wenn Sie in Ihrem

Kegelklub verkünden: Das nächste Mal geht es nicht wie immer nach All-inclusive-Mallorca, sondern in den Aktivurlaub nach Finnland. Wenn Sie Ihrem Ehepartner frei heraus gestehen, dass Sie sich entschlossen haben, das gemeinsame Haus zu verkaufen, um dann zusammen woanders neu anzufangen? Oder wenn Sie in einem Unternehmen plötzlich aufstehen und Ihren Kollegen klarmachen, dass Sie das alte Geschäftsmodell entsorgen wollen?

Martha sortiert ihr Redemanuskript, während die letzten ihrer 50 Mitarbeiter im Konferenzraum Platz nehmen. Gleich will sie als Bereichsleiterin ein großes Vorhaben anstoßen. Sie möchte das Unmögliche zur Realität machen: Nicht mehr die Rendite soll im Vordergrund stehen, sondern die Kundenzufriedenheit. Keine Verträge mehr zulasten der Kunden. Martha ist überzeugt: Das wird ihren Bereich langfristig erfolgreicher machen und jeden Einzelnen von ihnen zufriedener. Es ist ein ehrgeiziges Ziel, das fast alles auf den Kopf stellen würde. Und sie freut sich darauf. Auch wenn sie gestern Nacht kein Auge zugemacht hat. Jetzt blickt Martha angestrengt in den vollen Raum. Wie wird die Mannschaft darauf reagieren?, fragt sie sich. Noch ahnen ihre Leute nichts. Mit feuchten Händen und einem kurzen Räuspern starrt sie noch mal aufs Blatt, bevor sie den Kopf hebt und beginnt.

In der letzten Reihe hat sich das Rudel der erfahrensten Makler niedergelassen. Routiniert und ein bisschen gelangweilt schauen sie zu, wie sich Martha langsam, Punkt für Punkt, in ihre Rede reinarbeitet. Nach ein paar reflexartigen Stirnrunzlern haben sie kapiert, was ihre Chefin von ihnen will. Einer gähnt. Die anderen flüstern. Mit verschränktem Armen fangen die Ersten an, pikiert zu grinsen. Die jungen Mitarbeiter in der Mitte des Raums lauschen aufmerksam. Versuchen zu verstehen, was ihre Chefin da vorne von ihnen erwartet.

Als Martha die teils missmutigen, teils fragenden Blicke sieht, hält sie kurz inne. Unsicher, was in ihren Leuten vorgeht. Sie verhaspelt sich ein wenig. Dann fasst sie sich wieder. Und beruhigt sich selbst und alle anderen mit der Aussage, dass sich niemand ernsthafte Sorgen machen müsse – denn im Innern merkt sie, dass sie auf diese Gesichter nicht vorbereitet ist und kaum damit umgehen kann. So viel werde sich nicht ändern, schiebt sie schnell hinterher, damit sich niemand hier schlecht fühlt oder verärgert über sie sein könnte. Daraufhin nickt man ihr über alle Stuhlreihen hinweg zu. Sie nickt zurück. So empathisch kennen sie Martha. Beide Seiten sind erleichtert, wenn auch aus unterschiedlichen Gründen. Für die Mitarbeiter ist es das Signal, dass die Geschichte halb so wild wird, dass die Dinge im Großen und Ganzen so bleiben, wie sie sind. Martha ist erleichtert, dass sie den ersten Schritt hinter sich gebracht hat. Und das Nicken der anderen, so hofft sie, lässt sich doch als Aufbruchssignal deuten, oder?

Es ist ein merkwürdiges Schauspiel, wie es in deutschen Unternehmen fast jeden Tag zu beobachten ist, geradezu ein Missverständnis. Da stellt sich ein Chef – ein Vorstand, ein Teamleiter oder ein motivierter Mitarbeiter – vor die versammelte Mannschaft und verkündet frohgemut und zuversichtlich Großes. Aber in sein ehrgeiziges Projekt kommt nie wirklich Schwung rein. Die Grundidee bleibt auf der Strecke, wird abgeschossen oder gerät in Vergessenheit, bevor ihre Umsetzung überhaupt in Gang kommen kann.

So ergeht es vielen, die aus der Routine ausbrechen und gemeinsam mit anderen etwas Neues wagen wollen: Ihre Mitmenschen warten erst einmal ab, was passiert. Wenn sie nicht von vorne vom Stuhl gerissen werden, dann gilt: Ich bewege mich nicht vom Fleck, solange es die anderen nicht tun. Ihre Position ist eindeutig: So, wie es jetzt ist, ist es doch ganz gut. Klar, es könnte besser sein. Aber wer weiß, ob diese riskante Idee nicht mehr schadet als nutzt.

Sie selbst haben eine große Idee, mit der Sie etwas verändern wollen? Dann stellen Sie sich bitte auf Skepsis ein, auf Desinteresse und im schlimmsten Fall auf offene Verweigerung. Selbst die leidenschaftlichste Ansprache verpufft häufig wie die letzte Rakete eines Feuerwerks. Und zurück bleibt nichts als Rauch. Viel Rauch um nichts, denken sich die meisten und gehen unberührt oder gar verärgert über die Störung zurück an ihren Arbeitsplatz, um so weiterzumachen wie bisher.

Wie sollen Sie damit umgehen?

Überraschungsangriff

Wer glaubt oder hofft, die Mitglieder des eigenen Schwarms werden einfach so folgen, wenn man ihnen ein ehrgeiziges, den Status quo aufbrechendes Vorhaben aufrichtig, ausführlich und gewissenhaft erklärt, der irrt sich in der Regel gewaltig. Und noch mehr als das: Derjenige handelt naiv. Wie wir im vorherigen Kapitel gesehen haben, braucht es Naivität, um sich nicht von den schwierigen Aufgaben, die noch vor uns liegen, abschrecken zu lassen. Aber im Hinblick auf die Menschen, die man überzeugen will, ist Naivität im Sinne von Gutgläubigkeit absolut kontraproduktiv.

Wenn wir veraltetes Denken, verfestigte Strukturen, Routinen, Konventionen aufbrechen wollen, dann können wir uns einer Sache sicher sein: Das gelingt uns nicht mit ein paar netten oder klugen Worten und auch nicht mit unserer eigenen, aber einsamen Begeisterung für das Neue. Unsere

Mitmenschen stecken in stabilen Erfahrungsgefängnissen, in Komfortzonen, aus denen sie sich so schnell nicht herauslocken lassen. Den meisten geht es viel zu gut, als dass sie einen Erlöser bräuchten. Und so bringt sie eine spannende Idee vielleicht zum Nachdenken, aber nicht zum Handeln.

Wenn wir unseren Schwarm in eine neue Richtung lenken wollen, dann müssen wir die Mitmenschen darin und drum herum erst einmal aufwecken. Unruhe stiften. Sie wachrütteln. Das Haus aus Haltungen und Einstellungen, in dem sie es sich lange Zeit so schön eingerichtet haben, erschüttern. Und manchmal, da müssen wir den einen oder anderen auch direkt vor den Kopf stoßen, mit überraschenden Aktionen, die sie nicht erwarten und die mehr Fragen aufwerfen als Antworten. Wir müssen es den anderen regelrecht unbehaglich machen und sie zwingen aufzustehen, sich umzusehen und darüber nachzudenken, warum das gerade alles mit ihnen passiert. Die Komfortzone unserer Mitmenschen ist die Passivität – bis wir sie zum Kampfplatz machen.

Wir müssen uns deshalb zuallererst nicht auf unsere Idee fokussieren, sondern auf unsere Mitmenschen und ihre verwundbaren Punkte. Stellen Sie sich vor, wie Sie aufmerksamer als sonst von Büro zu Büro gehen, immer wieder das Gespräch suchen. Vielleicht bemerken Sie einige, die murren, die unzufrieden sind, die sich einen Wandel ihres Arbeitsplatzes wünschen. Das gibt Ihnen die Hoffnung, auf offene Ohren zu stoßen. Aber Sie werden auch das Gegenteil hören. Viele werden Ihnen sagen, dass sie sich wohlfühlen oder sich mit dem Status quo arrangiert haben. Diese senden bewusst oder unbewusst nur eine Botschaft an Sie aus: »Lass mich in Ruhe mein Ding machen, das ist alles, was ich von dir brauche!« Sie werden sich fragen müssen: Wie bringe ich diese Kollegen zum Nachdenken?

Die Antwort liegt in uns selbst: Was würde uns selbst beunruhigen, obwohl an jedem Monatsende genügend Geld auf unserem Konto eintrifft? Welcher Wirkungstreffer würde uns selbst aus dem Konzept bringen?

Eine Chefin wie Martha kann es in kleinen Schritten angehen: zum Beispiel ein Dossier mit den spektakulärsten Anklagen und Gerichtsverfahren gegen unlautere Versicherungsvertragsabschlüsse an ihre Mitarbeiter verteilen. Würde der Großteil der Empfänger das Papier mit einem Schulterzucken zur Kenntnis nehmen und in den Papierkorb weiterleiten? Oder würde es vielleicht eine Diskussion entfachen? Könnte das Ganze zu einem Diskussionspunkt bei einem der regelmäßigen Arbeitstreffen werden? Einige könnten sich zwischen Kaffeeküche und Kantine sogar outen und sich beflügelt von der Zustimmung ihrer Vorgesetzten gegen die übliche Praxis in der Maklerbranche stellen. Martha würde sich bedeckt halten. Vielleicht gäbe es einen leidenschaftlichen Disput innerhalb des Teams, den die Beteiligten noch über die Mittagspause hinaus verlängern, bevor sie wieder zur Tagesordnung übergehen. Plötzlich wüsste jeder, wo der andere steht. Nicht unbedingt ein Konflikt, aber die Positionen wären klar.

Abgesehen von der theoretischen Beschäftigung mit dem Thema lohnt es sich für Martha aber auch, ein unübersehbares Zeichen in Richtung eines kulturellen Wandels zu setzen. Indem sie zum Beispiel einen neuen Vertriebsmitarbeiter einstellt, der so gar nicht dem üblichen Profil des Versicherungsmaklers entspricht. Einen Menschen, der möglicherweise aus einer ganz anderen Branche kommt. Der vorher womöglich, ganz zugespitzt, als Berater für eine Hilfsorganisation gearbeitet hat. Ein Quereinsteiger mit einem ganz anderen Menschenbild. Die alten Kollegen würden diesen »Gutmenschen« zwar sicherlich belächeln, aber die Entscheidung der Chefin würde sie zugleich zutiefst irritieren und sicherlich verunsichern. Was hat die Bereichsleiterin denn jetzt geritten?

Und was, wenn Martha einen größeren, gefährlicheren und umso effektiveren Schlag wagt, ein Exempel statuiert, das ihr Team unmissverständlich aus der Komfortzone katapultiert? Indem sie zum Beispiel ihren bisher besten Mitarbeiter zielgerichtet attackiert: einen, der ganz im Sinne des bisherigen Geschäftsmodells skrupellos jeden Vertrag abgeschlossen hat, der ihm eine hohe Provision versprach. Martha könnte ihn wegloben in einen anderen Bereich des Unternehmens. Die Gerüchteküche würde brodeln. Oder sie attackiert diesen Mitarbeiter gleich offen vor ihrem Team, stellt ihn etwa dann zur Rede, wenn er wieder mal einen Kunden über den Tisch gezogen hat. Und wenn sie es wirklich auf die Spitze treibt, dann geht sie sogar mit zum Kunden und bietet diesem eine Vertragsänderung zu seinen Gunsten an. Danach, so viel ist klar, würde ihr Team ein brodelnder Unruheherd sein. Keiner ihrer Mitarbeiter wäre sich mehr sicher, was von ihm erwartet würde. Zu deutlich würden die bis dato geltenden Erfolgsfaktoren infrage gestellt.

Ohne Worte

Wie muss man sich die Situation in einem aufgerüttelten, verunsicherten, seines Komforts beraubten Team vorstellen? Der Redebedarf der Mitarbeiter, denen kurzerhand die sicheren Leitplanken für das eigene Verhalten entzogen werden, ist sicherlich immens. Darauf können Sie sich als Verantwortlicher einstellen. Und Ihre Bosse werden sich bei Ihnen melden und fragen, was denn da los sei. Man habe einiges gehört. In dieser heißen, sensiblen Phase bewegen Sie sich in einem Spannungszustand. Dieser ist notwendig, um Platz und dankbares Gehör zu schaffen für Ihren eigentlichen Angriff. Er ist aber auch, und das ist wichtig, nicht ewig aufrechtzuerhalten. Im Gegenteil: Die Aufruhrphase zeichnet eine typische Kurve, auf der man möglichst sicher spüren sollte, wann sie ihren Höhepunkt erreicht hat. Sie müssen Ihrem Team irgendwann eine Begründung geben: eine Erklärung beziehungsweise Lösung für die Unsicherheit und Frustration, die entstanden ist. Bis dahin aber soll es in allen Beteiligten arbeiten, sie sollen sich fragen, warum das alles genau so passiert und was das zu bedeuten hat. Und einige werden von alleine auf die richtigen Antworten kommen – was wesentlich wertvoller ist, als wenn Sie selbst ihnen Ihren Ansatz buchstabieren. Was uns Menschen an Überraschendem, an Schmerzhaftem widerfährt, das hat die größte Wirkung auf uns.

Wer unglücklich in einer Beziehung ist, der kann lange Gespräche darüber führen. Eine Frau, die es nicht länger erträgt, dass ihr Mann abends ausschließlich vor dem Fernseher versinkt, kann ihm per Wort erklären, dass sie darauf keine Lust mehr hat – wird er sich dadurch nachhaltig ändern oder sich wenigstens ernsthafte Gedanken machen? Stattdessen könnte die Frau auch einfach handeln, zum Beispiel den Fernseher entweder auf Ebay versteigern oder am besten gleich aus dem Fenster schmeißen. Eine Erklärung muss sie sicherlich nicht mehr geben. Ihre Taten würden Bände sprechen – und ihr Mann sich fragen, ob sie noch bei Sinnen ist. Aber ganz sicher wird er die Botschaft klar und deutlich verstehen, um nicht zu sagen schmerzhaft fühlen. Die Wahrscheinlichkeit, dass sich nach diesem Schreck etwas ändert, ist groß – nur die Art und Weise der

Veränderung bleibt offen. Wachen beide Partner auf und kämpfen mit völlig neuen Mitteln für ihre Beziehung – wöchentliche Dates, abendliche Gespräche, Liebeserklärungen? Oder trennen sie sich womöglich, aus dem einfachen Grund, dass es nur so richtig ist für alle Beteiligten? Beides wäre ein sehr positiver Ausgang, denn zwei Menschen wären dann entscheidend weitergekommen in ihrem Leben.

Wenn wir bei unseren Mitmenschen eine fest verankerte Haltung infrage stellen und aufbrechen wollen, braucht es keine weitschweifigen Reden unsererseits, sondern vor allem eines: überraschende Taten. Die Herausforderung dabei: Wie versetzt man andere in Unruhe, attackiert sie mitunter heftig, stellt das Bewährte infrage, ohne dabei Schuldgefühle zu entwickeln, emotional zu werden? Uns wird während unserer Attacken sicher bewusst sein, dass unser Vorgehen den eigenen Kollegen jede Menge Unbequemlichkeiten bereitet. Wir zwingen sie dazu, das Alte, den sicheren Kokon loszulassen und sich neu zu positionieren. Und wir sind nicht nur der Überbringer dieser unkomfortablen Botschaften, sondern vor allem auch der Verursacher. Das schlechte Gewissen kann unser ständiger Begleiter werden und uns selber wiederum Stück für Stück aufweichen in unserem konsequenten Handeln.

Wer sich schuldig fühlt, kann nicht selbstbewusst auftreten. Im Zweifelsfall knicken wir schneller ein, als wir es ahnen, schaffen es nicht, die Spannung im Team und für uns selbst aufrechtzuerhalten, die notwendig ist, um unsere Kollegen für mehr als einen kurzen Moment aus der Reserve zu locken und ihren Blick zu öffnen für die Alternativen jenseits des eigenen Erfahrungsgefängnisses. Unter der Last des eigenen Schuldgefühls kann schon der anklagende Blick eines einzelnen Mitarbeiters, mit dem wir uns eigentlich sehr gut verstehen, ausreichen. Und dann passiert Ihnen das, was vielen passiert, wenn sie den Widerwillen der anderen spüren und es ungemütlich zu werden beginnt: Sie schauen, wie Sie der unangenehmen Situation möglichst schnell wieder die Schärfe nehmen, rudern zurück, machen sich selbst wieder kleiner. Die Botschaft: »Seht her, liebe Status-quo-Freunde, alles ungefährlich! Für euch. Für mich. Bitte kein Streit! Wir schreiben unser Vorhaben einfach in den Wind.«

Dabei sollen wir nicht Schuld, sondern die Verantwortung übernehmen. Wie viel leichter würde es uns fallen, wenn wir uns von vornherein ehrlich eingeständen: »Ja, ich werde anderen das Leben für eine überschaubare Zeit schwer machen – damit es schließlich besser wird.« Nur dafür können wir die Verantwortung tragen und für sonst nichts. Schließlich will keiner von uns anderen schaden, sondern ihnen Gutes tun.

So oder so muss uns klar sein: Wenn wir die anderen vor den Kopf stoßen, ihnen eine schwere Zeit bereiten, dann wird das Ganze nicht emotionslos ablaufen. Im Gegenteil. Wir machen Dampf in einem Kessel, den wir nur noch schwer und sehr konzentriert kontrollieren können. Selbst einem Vorstandsvorsitzenden geht das so, sobald dieser den 13. Stock seiner Firmenzentrale verlässt, um 2.000 wütenden Mitarbeitern mit Existenzangst gegenüberzutreten.

Eiskalter Krieger

Wenn wir unsere Mitmenschen verunsichern, dann sollten wir dabei genau das Gegenteil dessen ausstrahlen, was wir bei den anderen auslösen. Wo unser Mitarbeiter den Mund vor Erstaunen über unser Verhalten nicht wieder zubekommt, wo der seiner Glotze beraubte Ehemann vor Wut die Fäuste in die Luft reißt, da müssen wir selbst die Ruhe bewahren. Wir müssen mit uns selbst im Reinen sein, wenn wir die anderen unvorbereitet attackieren, um ruhig und besonnen eventuell heftigen Reaktionen zu begegnen. Unsere eigentlichen Emotionen über den längeren Zeitraum des Schwarmlenkens hinweg gehen nur uns selbst etwas an – genauso wie unser eigentliches Ziel.

Ihr Umfeld darf Sie nicht durchschauen. Setzen Sie ein Pokerface auf! Und dann machen Sie den ersten Schritt. Sie sind der Angreifer und nicht der Verteidiger!

Bei Ihrem Vorhaben sollten Sie sich nicht fragen, ob Sie sich vor den anderen fürchten sollten. Es wird genau umgekehrt kommen, denn schließlich sind Sie es, der oder die etwas verändern wird, nicht Ihr Schwarm. Sie werden das gemeinsame Haus zum Wackeln bringen, während die anderen erst einmal krampfhaft nach Halt suchen.

Werden Sie zum Krieger! Ein Krieger, der seine Emotionen kontrolliert und sie in bewusste Bewegungen verwandelt. Das Schwert der Emotionen – richten Sie es in der Öffentlichkeit nicht in Heldenpose auf sich selbst, sondern drehen Sie es um: die Dynamik auslösende Spitze nach vorne, dorthin, wo Sie die Ängste all derjenigen wahrnehmen, die Sie auf Ihrem Weg zum Ziel mitnehmen wollen.

Und bleiben Sie sich dabei bewusst: Anerkennung gibt es für Ihr Tun von außen noch lange nicht. Sie haben einen langen, einsamen Weg vor sich. Allerdings einen, der sich lohnt! Seien Sie ruhig ehrlich zu sich selbst. Natürlich möchten Sie in besonders schweren Momenten Ihr Pokerface fallen lassen, sich Ihrer Umgebung mitteilen, sogar Beifall für Ihr Durchhaltevermögen und Ihre klugen strategischen Erfolge ernten. Dabei sollten Sie sich aber fragen: Brauche ich solch einen Applaus wirklich jetzt schon?

Gleich am Anfang, in der ersten Szene meines Bühnen-
stücks? Oder möchte ich ihn lieber erst ganz am Ende?
Dann, wenn die eigene Idee erfolgreich umgesetzt wurde
und der Applaus ganz von alleine kommt, dafür umso ehrlicher und bewegender?

Wenn wir solche Gedanken genau so im Kopf behalten,
dann bringt uns die abwehrende Haltung der anderen,
die Enttäuschung in den vertrauten Gesichtern nicht so
schnell aus der Ruhe. Und sobald sich dann nach dem ersten Aufruhr der Staub wieder legt, werden wir genauer
wissen, woran wir bei jedem einzelnen Mitglied unseres
Schwarms sind:

*Wenn die Woche gut war, Verträge in großer Anzahl abgeschlos-
sen wurden, dann rollt üblicherweise Freitagnachmittag eine
Welle von Erfolgsmeldungen über den Mailserver von Marthas
Vertriebsmannschaft. Jeder informiert jeden über seine aktuellen
Rekorde, treibt die Zahlen in die Höhe. Es ist ein Spiel der
Übertreibungen mit ernstem Hintergrund. Eines, das an diesem
Freitag allerdings ausfällt. Martha ist überrascht, als sie wie üblich ihre Mails checkt. Vielleicht wurde sie aus der Empfängerlis-
te gelöscht? Doch andere Mails lassen Martha erfreut aufhor-
chen. Einige Kollegen bedanken sich tatsächlich bei ihr. Dafür,
dass ihre Ansprache die Großmäuligkeit der Zahlenhelden
scheinbar, zumindest fürs Erste, in die hintersten und leisesten
Winkel des digitalen Teamuniversums verdrängt hat.*

Kapitel 20

Nutze das Momentum:
Versetze den Schwarm in Bewegung

Das Spektakel nimmt einen unauffälligen Anfang. Ein Mann steht auf und beginnt zu tanzen. Auf einer Wiese an einem Hügel, auf der es sich mehrere Hundert Menschen auf Picknicktüchern und im Gras bequem gemacht haben. Der Mann tanzt für sich – etwas ungelenk, aber entschlossen – zu dem Sound eines Gettoblasters. Ein weiterer gesellt sich zu ihm. Es dauert ein bis zwei Minuten, bis sich ein halbes Dutzend Menschen den beiden anschließt. Jetzt sind sie eine Gruppe, eine kleine Gruppe unter 100 anderen miteinander plaudernden Fremden. Aber sie fallen auf. Und in den nächsten Sekunden ändert sich alles. Immer mehr Menschen stehen auf, rennen spontan über die Wiese und schließen sich der wild tanzenden Gruppe an. Es ist ein Feuer, das um sich greift und alle in seinen Bann zieht. Tatsächlich nur vier Minuten nachdem ein Einzelner begonnen hat, allein zu tanzen – spontan und völlig überzeugt von der Richtigkeit seines Tuns – hat sich eine riesige Menschenmenge um ihn gebildet, die Gleiches tut. Eine Bewegung, die auf dem Picknickhügel innerhalb eines kurzen Moments fast alle erfasst hat.

Wie können wir selbst im Alltag, im Job, zusammen mit unseren Freunden eine solche Bewegung auslösen? Eine

Bewegung, die eine ganze Gruppe mitreißt? Raus aus dem Status quo und im besten Fall in Richtung unseres eigenen Ziels? Wie bringen wir die Verhältnisse zum Tanzen?

Martha verlässt ihr Büro. Auf dem Weg zu einem eilig einberufenen Treffen der Geschäftsführung geht sie durch den Flur und an den Tischen ihrer Mitarbeiter vorbei. Sie grüßt, lächelt nach links und rechts. In den Gesichtern ihrer Mitarbeiter sieht sie, dass ihre Maßnahmen an einigen von ihnen nicht spurlos vorbeigegangen sind. Viele ratlose Blicke, einige versinken hinter ihren Bildschirmen.

Im Konferenzraum herrscht ebenfalls nicht die beste Stimmung. Man munkelt etwas von Krise. Der Geschäftsführer kommt schnell zur Sache. Die Umsätze sind in den vergangenen Monaten gesunken. Das Umfeld sei schwieriger geworden, man müsse jetzt gegensteuern. Die Geschäftsführung erwarte aus den einzelnen Bereichen Vorschläge. Die Bereichsleiter schauen sich fragend an. Martha nickt. Sie erkennt ihre Chance.

Gleich im Anschluss an das Meeting ruft Martha ihre 50 Mitarbeiter zusammen. War ihre Mannschaft schon zuvor irritiert, sind jetzt schlagartig alle beunruhigt. Welche Konsequenzen wird das haben? Stehen Stellen auf dem Spiel? Martha beantwortet nicht die Fragen, sondern gibt die an sie gestellte Aufgabe, Antworten zu finden, erwartungsvoll an ihre Leute weiter. Zuerst kommt nicht mehr als ein frustriertes Schweigen. Das kann ja heiter werden, denkt sich Martha. Dann werden launig die ersten Ideen in den Raum geworfen. Und mit jeder Minute wird es besser. Man kommt ins Gespräch. Das Team schaukelt sich hoch, kommt raus aus seiner Lethargie. Es entsteht eine echte Gruppendynamik – jeder darf etwas in den Raum werfen. Der Großteil verliert seine Hemmungen und spielt sich Bälle und Ideen zu, nüchterne und ganz verrückte. Das Team findet

Gefallen daran, endlich mal in völlig neuen Bahnen zu denken. Martha spürt, dass ihre Mannschaft drauf und dran ist, wenn auch vorerst nur als Gedankenspiel, zu neuen Ufern aufzubrechen. Wäre jetzt nicht eine gute Gelegenheit, über eine konkrete Alternative zu sprechen?, denkt sich Martha. Sie selbst hat diese Alternative. Aber sie zögert. Ist ihr Ansatz wirklich ausgereift? Wie werden ihre Kollegen reagieren? Ist es nicht anmaßend, jetzt zu sagen, wo es langgeht? Ist es nicht noch zu früh? Martha schweigt. Das muntere Ideenpingpong geht seinem Ende zu. Niemandem mehr fällt etwas ein. Mit einem Lob verabschiedet Martha ihre Truppe, deren Enthusiasmus sich zurück an den Schreibtischen gen Feierabend wieder legt.

Momentum, das ist der Augenblick, wenn aus Stillstand Bewegung wird. Wenn 1000 Mitarbeiter in einer Halle stehen und der Antrittsrede eines neuen Vorstandes zuhören. Wenn sie dann im besten Fall eine Vision packt, die Ankündigung eines technologischen Durchbruchs oder auch nur der obligatorische Aufruf, einen Weg gemeinsam zu gehen. Wenn nach einem Arbeitstreffen alle wissen, dass in den nächsten Tagen jeder Gas geben wird. Momentum, das kann die Bewegung sein, die innerhalb einer Fußballmannschaft entsteht, wenn ein neuer Trainer zum ersten Mal das Trainingsgelände betritt und plötzlich alle schneller rennen, konzentrierter kicken. Das ist der Beginn einer Liebesbeziehung, bei der wir sicher sind, dass sich dadurch unser Leben ab sofort ändern wird. Oder die erste Unterrichtsstunde, nachdem ein Lehrer seinen Schülern erklärt hat, dass er ab jetzt nicht mehr nach Lehrplan, sondern ausschließlich nach den Interessen der Kinder unterrichten wird. Ein Momentum entsteht dann, wenn sich Menschen auf ein Ziel hin ausrichten und gemeinsam Fahrt aufnehmen.

Den Augenblick, in dem aus einer Schockstarre ein Aufbruch werden kann, dürfen wir nicht ungenutzt verstreichen lassen. Wenn etwa unser Team deprimiert, aber zugleich oder gerade deshalb sehr offen für Neues ist. Wenn jeder Einzelne sich in der aktuellen Misere nach einem Hoffnungsschimmer sehnt. Diese Gelegenheit ist ideal, wird aber nicht ewig anhalten. Das Zeitfenster für starke Gruppendynamik schließt sich schneller, als wir es vielleicht vermuten. Wenn das Neue, die Alternative zum Status quo, in den Köpfen der Menschen nicht rechtzeitig Gestalt annimmt, um Leidenschaft zum Handeln zu wecken, folgt über kurz oder lang der Rückzug, die Resignation der Schwarmmehrheit. Die Mitarbeiter eines Unternehmens in der Krise sehen dann den Ausweg nicht, weil ihnen den niemand zeigt. Wenn dem Trainer der abstiegsbedrohten Fußballmannschaft doch kein anderes Spielsystem mehr einfällt als das alte, aber eben nicht bewährte, wenn ein Start-up vergeblich auf den erlösenden Anruf eines Investors wartet – dann schließt sich das Zeitfenster für eine alles mit sich reißende Veränderung wieder.

Wenn der Moment zum Handeln kommt, dann müssen Sie ihn rechtzeitig erkennen und bereit sein. Den Mut haben, mit Ihrem Zukunftsbild, Ihrer faszinierenden Idee andere jetzt und sofort, ohne Kompromisse, aus dem Stillstand heraus- und mitzureißen. Wie aber entwickeln wir die Kraft, die wir brauchen, um im richtigen Moment Farbe zu bekennen und mit aller emotionalen Wucht zuzuschlagen?

Erkenne die anderen

Um eine Gelegenheit zu ergreifen, müssen wir diese rechtzeitig als die eine, vielleicht nicht wiederkehrende, die rich-

tige Chance erkennen können, wenn sie sich uns bietet.
Aber oft sind wir zu sehr mit uns selbst beschäftigt. Nicht,
weil wir egozentrisch wären, nein, gerade weil wir das Richtige tun wollen, schauen wir vor allem ängstlich auf uns
selbst und zu wenig auf die anderen.

Es ist ein alltägliches Problem. Wir sitzen in Meetings
und denken darüber nach, was mit uns selbst oder unserer
Idee nicht stimmen könnte und wie diese und damit auch
wir auf andere wirken. Wir kreisen um uns selbst, zweifeln
uns an und übersehen, dass alle um uns herum ratlos sind.
Noch viel ratloser als wir selbst. Die Schwäche der anderen
kann uns selbst stärker machen – wenn wir sie wahrnehmen.

Stellen wir uns vor, unsere Antennen wären scharf gestellt.
Aufmerksam beobachten wir den Schwebezustand unseres
Teams. Eines Teams, das nicht richtig weiß, woran es ist,
aber auf einmal die Möglichkeit bekommt, sich auszuprobieren. Eine aufmerksame Martha etwa wartet ab, was die
neuen Nachrichten, die sie aus dem Treffen der Geschäftsführung mitbringt, bei ihren Kollegen bewirken.

Wenn wir unseren Blick von uns selbst auf unser Umfeld
lenken, dann werden wir deutlich sehen, was sich um uns
herum tut. Wie sich der Ausdruck der Gesichter ändert.
Wie Augen neugierig umherschweifen. Wie immer mehr
Menschen gemeinsam aus ihren Erfahrungsgefängnissen
ausbrechen, um nach neuen Lösungen ihres Problems zu
suchen. Wir werden uns von Suchenden umgeben sehen,
während wir selbst mit unserem Zukunftsbild schon die
Antwort haben. Wenn wir unserer eigenen Wahrnehmung
trauen, dann werden wir spüren, wann es so weit ist, mit
unserer Idee an die anderen und an ihr Bedürfnis nach Ori-
entierung anzudocken, um sie in die richtige Richtung anschieben zu können.

Wenn Sie ein Zukunftsbild in sich tragen, das Sie verwirklichen wollen, und Menschen brauchen, die Sie dabei begleiten, dann müssen Sie auf das reagieren können, was um Sie herum geschieht. Dann gehen Sie nicht zum Kaffeeautomaten oder in die Kantine oder zu einem Meeting, stillschweigend, während Sie grübelnd und im Geheimen weiter an Ihrer Idee schleifen. Sie legen Ihre Idee ab und schauen sich stattdessen um. Wer von den anderen ist bereit für das Unperfekte, das vielleicht noch nicht zu Ende Gedachte? Sie loten aus, führen zielgerichtete Gespräche, nehmen Witterung auf, sondieren das Gelände.

Bis Sie erkennen, dass ein kritischer Punkt erreicht wird. Dass die Stimmung kippen könnte. Dass, selbst wenn es so scheint, als gehe alles weiterhin seinen bekannten Gang, genug Ihrer Kollegen gerade dabei sind, sich vom Alten zu lösen. Dass auf dem nächsten Teammeeting Ihre Idee nicht nur auf offene Ohren treffen kann, sondern vor allen Dingen auf eine Bereitschaft zum Handeln.

Den Schub auslösen

Wenn wir unserem Schwarm im entscheidenden Moment gegenübersitzen, dann werden wir vielleicht insgeheim zu uns selbst sagen: »Sprich es aus! Jetzt!« Aber möglicherweise werden wir wie Martha zögern und uns in einen vorgeblichen Perfektionismus flüchten, nach dem die eigene Idee noch lange nicht ausgefeilt ist und noch Zeit braucht. Wenn wir in solchen Momenten ehrlich zu uns selbst sind, wissen wir, dass diese Scheinargumente nur eine Ausrede sind.

Wie oft passiert es uns oder anderen, dass wir uns in Meetings oder im Freundeskreis nicht einfach so laut äußern, trotz bester Ideen? Es könnte ja noch ein besserer Moment

kommen oder ein anderer einen besseren Einfall haben oder
wir selbst auf eine noch bessere Idee kommen – obwohl gerade alle am Tisch schweigen.

Wahrscheinlicher als der noch bessere Einfall ist: Wir
fürchten uns vor der Ablehnung, der wir mit unserem Ein-
wurf gegenüber stehen und mit der wir selbst als Mensch im
nächsten Moment konfrontiert sein könnten. Deshalb wollen wir warten. Bis alles noch ein bisschen sicherer ist. Am
besten, bis die anderen nur noch wie selbstverständlich nicken und wir gerade noch die längst sperrangelweit offenen
Türen durchschreiten brauchen. Aber so einfach geht Veränderung nie. Nein, wenn Sie spüren, dass sich der Wind dreht,
dann hat er sich bereits gedreht. Und dann müssen Sie Ihre
Idee in den Ring werfen – mit all der Energie, die in Ihnen
steckt und die nötig ist, um Ihr Zukunftsbild in den Köpfen
der anderen zu echtem Leben zu erwecken.

Wir könnten den anderen unsere Idee möglicherweise
auch logisch herleiten: mit viel Theorie und Beweiskraft.
Möglicherweise würden viele einsichtig mit dem Kopf nicken. Ob unsere potenziellen Mitstreiter aber begeistert
aufspringen würden, um energiegeladen zur Tat zu schreiten? Und ob wir dann selbst die zum großen Teil auch gegenseitige Energie spüren würden, die wir auf unserem Weg
brauchen – das ist zweifelhaft. Denn Logik allein bewegt
nichts in niemandem – außer der Gehirnströme. Aber vor
allem keinen Schwarm, der es sich bis vor Kurzem noch in
der Komfortzone seiner Routine bequem gemacht hat. Das
Erreichen eines Zukunftsbildes erfordert einiges an Kraft.
Die muss erst einmal freigesetzt werden, zumindest ein Teil
davon, damit die Sache überhaupt ins Rollen kommt.

Wenn wir bewusst das Adrenalin nutzen, das in unserer
Furcht steckt, dann können wir damit unsere Idee befeuern.

Dann werden wir nicht zaghaft und zurückhaltend ein paar sachliche, richtige Sätze äußern, wie man dies oder jenes anschieben könnte, sondern für unsere Idee brennen, Fahrt aufnehmen, Funken sprühen, und jeder in unserer Umgebung wird das spüren.

Anders lassen sich Menschen nicht von Ihrem Glauben an die Zukunft überzeugen. Ohne Brennen nimmt Ihnen niemand ab, dass Sie es ernst meinen. Ihr Vorschlag bleibt nur einer unter vielen, so richtig er auch sein mag. Dieser eine Moment des Aussprechens, in dem der Funke auf andere übergreifen soll, der darf kein Moment der sachlichen Routine sein. Oder haben Sie schon mal davon gehört, dass es bei einer Liebeserklärung damit getan ist, die eigenen Gefühle logisch herzuleiten? Und warten Sie nicht zu lange. Je weniger abgestanden Ihre Emotionen sind, je frischer die Idee in Ihnen ist, desto glaubwürdiger wirken Sie!

Wir sind immer dann am besten, wenn wir leidenschaftlich für etwas eintreten und dabei selbstvergessen über uns hinauswachsen. Es sind Momente wie jener im Mai 1982: Die Belegschaft von Krupp hat sich auf einer Versammlung ihrem bitteren Schicksal eigentlich schon ergeben. Aber noch herrscht eine murrende, wütende Stimmung im Saal. Da geht, ohne es geplant zu haben, der junge, noch unbekannte Helmut Laakmann zur Bühne. Ohne Manuskript, aus dem Bauch heraus, findet er die richtigen Worte. Was folgt, ist der längste Arbeitskampf der Bundesrepublik, mit Laakmann an der Spitze.

Machen Sie sich klar: Hinter Ihrem Zögern steckt kein Perfektionismus, auf den Sie stolz sein können, sondern die Angst zu versagen, abgelehnt zu werden. Es ist die Feigheit vor dem Moment der Wahrheit. Aber zugleich steckt darin all die Energie, die Sie im entscheidenden Moment für Ihre

Sache kämpfen lässt. Und die Sie zum Beispiel auf Widerspruch und Ablehnung richtig und schnell reagieren lässt. Denn die Furcht schärft zugleich Ihre Sinne: Wer will was in der Gruppe? Was passiert gerade mit den anderen?

Und wenn Sie zuschlagen, dann schämen Sie sich nicht dafür. Gerade die Intelligentesten unter uns neigen oft zu einer übertriebenen Zurückhaltung. Es sind Menschen, die keine Welle auslösen wollen. Es ist ihnen peinlich, sich so in den Mittelpunkt zu stellen. Stattdessen wird die Verantwortung abgegeben. An einen ehrgeizigeren, extrovertierteren Kollegen, an einen selbstbewussten Chef, der es liebt, im Mittelpunkt zu stehen, aber nicht das Risiko auf sich nehmen will, das Veränderungen mit sich bringen.

Die Angst, im Mittelpunkt zu stehen, von anderen in die Verantwortung genommen zu werden, bremst komplett aus. Sätze wie »Stammt das von dir?« hören Sie dann öfter. Sie rücken in den Fokus. Aber darum geht es nicht, das sind nur Begleiterscheinungen. Das Entscheidende ist: Sie sind ein Veränderer! Wie oft im Leben bekommen Sie dazu die Gelegenheit? Seien Sie gewiss: nicht allzu oft. Also seien Sie stolz auf sich und nutzen Sie Ihre Chancen!

Die eigene Scham davor, zu extrovertiert zu sein, uns anzumaßen, etwas besser als die Mehrheit zu wissen, besser zu sein als viele andere, die Lösung zu haben, die Zukunft zu kennen, all das ist völlig fehl am Platz. Wenn Sie sich dafür schämen, als Mensch zu glänzen, was sagt das über Ihren Schwarm? Wenn es sich in Ihrem Umfeld nicht gehört, selbstbewusst nach vorne zu treten, dann haben nicht Sie ein Problem, sondern Ihre Mitmenschen.

Ihnen muss klar sein: Sie müssen Ihre Idee emotional verkaufen und nicht schamhaft und verlegen. Seien Sie nicht falsch bescheiden, nehmen Sie sich etwas heraus!

Schließlich tun Sie damit letztlich auch den anderen einen
Gefallen.

Die Hürde senken

Ob wir am Ende erfolgreich sein werden, das hängt maßgeblich davon ab, wie virtuos wir mit den Gefühlen der anderen umgehen. Suchen wir persönliche Gespräche, um herauszufinden, was jeden Einzelnen bewegt? Besitzen wir die
nötige Empathie, um eine Gruppe in eine bestimmte Richtung zu leiten? Nur dann sind wir in der Lage, in unserem
Zukunftsbild die (geheimen) Wünsche oder auch negativen
wie positiven Emotionen unserer Kollegen zu spiegeln.
Dann werden wir auch verstehen, wie wir unser Zukunftsbild im entscheidenden Moment herunterbrechen sollen.
Wie wir ein vielleicht zu großes oder zu gewagtes Bild so
formulieren, dass andere sofort folgen können. Indem wir
unsere individuellen emotionalen Bilder in kleine Häpp-
chen teilen, machen wir sie verständlicher, verdaubar. Martha etwa könnte sagen: »Ihr, liebe Makler, braucht euch eigentlich nicht zu ändern, sondern nur die Policen, die Ihr
verkauft.« – »Ja, die Zufriedenheit eurer Kunden messen wir
so objektiv wie eure Umsätze – noch Fragen?« Das suggeriert Klarheit. Und andere können sich einfacher darauf einlassen. Nicht jeder muss sofort alles verstehen. Es reicht,
wenn die jeweilige Person den für sie relevanten Teil eines
Bildes verinnerlicht und dadurch in Bewegung kommt.
Zeigen Sie auf, was für jeden drin ist. Wecken Sie den
Ehrgeiz, den positiven Neid in den anderen. Was passiert
etwa, wenn Martha den integersten, aber nicht erfolgreichs-
ten Verkäufer zum Mitarbeiter des Monats ernennt? Wer
wird in Zukunft dann Vorbild sein?

Stimulieren Sie zwischendurch ruhig noch mal Angst und Furcht, um den Rückfall in alte Muster zu verhindern. Spielen Sie mit Scham und Schuld, indem Sie die Verantwortung drehen: Nicht wer sich nach vorne wagt, verantwortet das Desaster, sondern die Zauderer.

Wenn es darauf ankommt, dann lassen Sie es die Idee der anderen sein! Ihr Ego soll Ihnen nicht im Wege stehen. Wenn andere das Gefühl brauchen, dass eine Idee von ihnen selbst kommt oder sie zumindest dazu beigetragen haben, dann soll es so sein. Es geht nicht um Urheberschaft, sondern darum, dass es passiert, die Idee verwirklicht wird.

Das Momentum: Wenn die Gruppe spürt, dass etwas in Bewegung kommt, dann springt die große Mehrheit auf den Zug auf. Dann nehmen alle Fahrt auf. Das spüren Sie, wenn Sie es darauf ankommen lassen:

Martha hat ihre Kollegen um sich versammelt, in einem Hotel an der See. Sie hat an jeden Einzelnen nach einem persönlichen Gespräch eine Einladung ausgesprochen. In den Gesprächen hat sie herausgehört, was jeden von ihnen umtreibt, was sie anders haben wollen, was bleiben soll. Martha weiß, dass sie ihre Leute hinter sich haben muss, um durchzustarten. Also spitzt sie die Situation zu, was ihre Mitarbeiter zuerst verwirrt. Für das abendliche Treffen sind zwei Säle gebucht, mit jeweils separater Eingangstür. An der einen steht: für unseren Profit. An der anderen: für unsere Kunden. Martha wartet im zweiten Saal. Als die Ersten mit einem neugierigen Lächeln ihre Tür öffnen, werden sie von Martha per Handschlag beglückwünscht. So lange, bis alle drin sind.

Kapitel 21

Lüge, was die Wahrheit hergibt: Glaube an dein Zukunftsbild

Am Anfang ist die Begeisterung für ein neues Vorhaben oft groß. Das Zukunftsbild strahlt, entfaltet seine Magie. Es wurde angestrahlt von einem Feuerwerk, von dem alle sprechen und mehr haben wollen. Selbst die größten Skeptiker konnten sich ihm nicht entziehen. Ja, da wollen wir hin. So können wir sein, dachten sich die meisten. Aber wenn die erste Welle der Begeisterung abebbt, dann gewinnen gerne die kritischen Fragen wieder die Oberhand. Dann stehen die Skeptiker wieder lautstark auf der Matte. Und was sich gestern in jedermanns Ohren noch sensationell anhörte, wird plötzlich nüchtern hinterfragt. Der Adrenalinspiegel bekommt keinen Nachschub und der Zauber, der bekanntlich jedem Anfang innewohnt, schwindet, bevor wir unser Projekt auf die Straße gebracht haben. Statt Zustimmung hören wir nun die Frage, ob sich diese oder jene Strategie überhaupt umsetzen lässt. Ob ein Produkt so preiswert herzustellen sei, wie wir es vor Kurzem noch behaupteten. Ob irgendein Kunde jemals bereit sein würde, sich auf unser Vorhaben einzulassen? Oder ob wir überhaupt über das notwendige Know-how für solch ein Projekt verfügen würden?

Martha sieht in die Gesichter der Geschäftsleitung und weiß: Ihre Idee und sie selbst stehen jetzt auf dem Prüfstand. Nachdem Martha in den vergangenen Tagen bereits die Unsicherheit ihrer Mitarbeiter zu spüren bekam, die sie immer wieder mit ganz pragmatischen, aber vor allem zweifelnden Fragen überhäuften, ist es nun so weit: Martha stellt ihre Idee, nichts weniger als die Revolution einer ganzen Branche, ihren Chefs vor. Anhand einer akribisch vorbereiteten PowerPoint-Präsentation – ihrer großen Chance, etwas Maßgebliches anzuschieben – spricht Martha weniger mit den anwesenden Entscheidern als vielmehr mit dem Bildschirm ihres Notebooks. Sie klebt an ihren Charts, hält sich an ihnen fest, als gäben ihr die eigenen Worte nicht genügend Halt. Nicht erst beim Anklicken des letzten Charts beschleicht Martha ein ungutes Gefühl. Ihre Augen schweifen fragend von einem zum anderen, als die Manager beginnen, das vorgeschlagene Geschäftsmodell nicht uninteressiert abzuwägen. Policen verkaufen, die weniger Profit, aber erst einmal mehr Kundenzufriedenheit und damit langfristige Bindung versprechen – das könne man ja in Marthas Bereich ausprobieren. Das Für und Wider wird über den Konferenztisch gereicht. Martha hört von ihrem Notebook aus zu, schaut von außen auf die Runde und nimmt dabei wesentlich mehr Wider als Für wahr. Sie wird unruhig. Einige der Bereichsleiter nehmen ihren Ansatz im Detail auseinander. Martha wartet weiter ab, erkennt, dass sie hier nicht, wie in ihrem Team, diesen Funken der Begeisterung entfacht hat, der sich so wunderbar anfühlte. Als die Diskussion verebbt, ruhen die Blicke der Männer und Frauen, von denen die meisten älter sind als Martha, wieder auf ihr. Martha setzt ein selbstbewusstes Lächeln auf oder das, was sie dafür hält, während sie plötzlich selbst nicht mehr ganz sicher ist, wie weit sie es denn mit ihrer Idee treiben will. Martha ergreift nochmals das Wort und beginnt wieder um ihr Thema zu kreisen. Sie will jetzt überzeugen. Dabei bemerkt sie, wie der eine oder andere ihrer Zuhörer die Stirn in kritische Falten legt. Dann unterbricht sie der Geschäftsführer: »Die Idee scheint mir noch nicht zu Ende gedacht. Lassen Sie uns gegebenenfalls bei der nächsten Sitzung noch mal darüber reden.« Für Martha fühlt es sich an, als hätte jemand in einem anfahrenden Zug mit voller Wucht die Notbremse gezogen.

Alles, was neu und anders ist, kann begeistern – oder eben verunsichern. Zu wenig Erfahrungswerte, zu wenig Routine, keine Blaupausen. Für einen waghalsigen Plan gibt es meist kein erfolgreiches Vorbild. In den Archiven lassen sich keine Statistiken oder Risikorechnungen über ähnliche Versuche finden. Bedenken kommen auf, Ängste werden wach, wo eben noch Zuversicht war. Nicht nur bei den anderen, sondern vor allem auch bei uns selbst.

Eine Präsentation, wie sie Martha hält, ist eher Ausdruck eigener Unsicherheit. Entsprechend fallen die Reaktionen der anderen aus. Unser Umfeld sieht nicht mehr das Ziel, sondern nur noch die Probleme auf dem Weg dorthin. Wir bringen keine Energie mehr rüber, die andere mitreißt und in ihren Köpfen ebenfalls ein ebenso faszinierendes wie realistisches Zukunftsbild entstehen lässt. Realistisch, weil es durch unsere Überzeugung vor dem inneren Auge jedes Einzelnen lebendig wird.

Aber wenn wir selber nicht zweifellos an unser ganz konkretes Bild der Zukunft glauben, warum sollte das dann irgendjemand anderes? Wenn wir selbst nicht Zuversicht und Sicherheit hinsichtlich dessen ausstrahlen, was wir erschaffen wollen, warum sollte uns dann jemand anderes folgen? Wenn wir mit uns selbst kämpfen, wen können wir dann inspirieren?

Doch genau das müssen wir leisten: Wir müssen uns selbst und unserem Umfeld den Glauben vermitteln, dass unser Ziel nicht nur attraktiv, sondern auch machbar ist. Und dass wir selbst dazu in der Lage sind, dieses Ziel zu erreichen.

Keine Bank gibt Ihnen einen Kredit, wenn Sie selbst an Ihrem Erfolg zweifeln.

Manipulieren Sie sich selbst

Um einen Glauben nach außen überzeugend zu vermitteln, müssen wir zuerst dort Überzeugungsarbeit leisten, wo unser eigener Glauben entspringt: in uns selbst. Wenn wir andere dazu bringen wollen, an unser Projekt zu glauben, dann müssen wir zuerst uns selbst auf diese Ebene bringen. All die theoretischen Zweifel, Ängste, die Szenen des Scheiterns – das sind Geister aus einem inneren Schwarm, den wir eigentlich schon längst überwunden haben sollten.

Sich selbst zu manipulieren, das bedeutet auch einen genauen Blick auf die eigenen Emotionen zu werfen. Wo plagen Sie etwa Schuldgefühle gegenüber anderen? Haben Sie das Gefühl, ein Lügner zu sein, der jederzeit entlarvt werden kann? Weil Sie dauernd behaupten, besser zu sein, als Sie es scheinbar sind? Aber werden Sie dadurch nicht tatsächlich immer besser und geben der Realität aus eigener Kraft eine neue Wahrheit? Hört sich kompliziert an, ist es aber nicht! Es ist vielmehr die natürliche Konsequenz Ihres zielorientierten Denkens und Handelns.

Wir beharren, insistieren, kämpfen für das eigene Zukunftsbild, weil wir uns ebendiese Zukunft schon ganz konkret vorstellen können, weil sie in unserem Kopf, in unseren Gedanken und Gefühlen schon längst existiert. Realität ist das, was wir wahrnehmen. Für unser Zukunftsbild dehnen wir die Realität bis an die Grenzen unserer Wahrnehmung aus. Das ist die einzige Wahrheit, die wir gelten lassen.

Letztlich ist das eine Frage des Umgangs mit uns selbst. Wie reden wir zu uns selbst und zu anderen? Wie denken wir? Sagen wir, was wir denken? Denken und tun wir, was wir sagen?

Wir müssen unsere ganze Persönlichkeit in die Richtung drücken, in die wir gehen wollen! Wenn Sie sich etwa zukünftig in einer Chefposition sehen, dann müssen Sie bereits heute so auftreten, so denken und so fühlen. Sie sollten nicht nur Ihre Arbeitswelt so gestalten, sondern Ihr ganzes Leben. Das heißt, wenn Sie in einem Freundeskreis verkehren, in dem Sie auf ewig der Student von damals geblieben sind, dann hält Sie das davon ab, souverän Geschäfte zu betreiben und so zu agieren, als gehörten Sie nirgendwo anders hin als in die Welt der Entscheider und Macher. Ändern Sie Ihr Denken und Ihr Verhalten, schmeißen Sie die alten Klamotten auf den Dachboden oder besser gleich in die Altkleidersammlung und positionieren Sie sich zukünftig. Ändern Sie das, was Sie gerade jetzt in Ihrem Kopf sind, und machen Sie es zu dem, was Sie in Ihrem inneren Zukunftsbild schon längst sind. Jetzt. Hier. Heute.

Werden Sie selbst zum kreativen Zerstörer und damit Veränderer Ihres Lebens! Reflektieren Sie den Istzustand und ordnen Sie ihn neu, sodass Sie sich selbst und Ihren Zielen gegenüber glaubwürdig werden oder bleiben. Und das kann tatsächlich auch mal der Austausch Ihres Freundeskreises bedeuten – wenn Sie es mit Ihren Zielen ernst meinen. Wenn Sie dann Schuldgefühle gegenüber Ihren alten Freunden haben, dann stimmt womöglich mit Ihrem Zukunftsbild etwas nicht. Fehlt es ihm an Intensität, an Größe? Und dadurch an Unfehlbarkeit?

Ein Zukunftsbild, dessen Kraftentfaltung Sie in vollem Umfang zulassen, lässt keinen Raum für Zweifel: Wären Sie gern in fünf Jahren ein erfolgreicher Bereichsleiter? Oder sind Sie in fünf Jahren erfolgreicher Bereichsleiter? Ein feiner, aber entscheidender Unterschied. Ein starkes Zukunftsbild ist der große Manipulator, der Ihren inneren Kritiker zur Seite drängt, damit Sie selbstbewusst und überzeugend nach außen auftreten können.

Als ich selber noch Schüler war, fragte mich mal ein Architekt, ob ich für ihn eine Software entwickeln könnte. Ich hatte in unserem Gespräch den Eindruck erweckt, davon Ahnung zu haben. Aber ehrlich gesagt war das absolut unbekanntes Neuland für mich. Ich blätterte also einige Fachliteratur durch, um zu überblicken, was da auf mich zukommen könnte. Und während ich mich mit der Materie eingehender beschäftigte, entstand ziemlich schnell ein Bild in meinem Kopf: Ich sah mich tatsächlich ganz klar und deutlich diese Software entwickeln. Und der Film in meinem Kopf fühlte sich richtig an. Ich wog nicht viel ab und nahm den Auftrag an. Alles klappte wunderbar, der Kunde war zufrieden. Ich hatte mich erst kompetenter gelogen, um mich dann tatsächlich genau so kompetent zu machen.

Die Hochzeit der New Economy prägte eine ähnliche Haltung. Jedes Start-up hatte ein berauschendes Bild der digitalen Zukunft vor Augen. So sehr, dass auch die Investoren und Kleinaktionäre daran glaubten. Und die meisten Zukunftsbilder von damals waren tatsächlich keine Hirngespinste. Was 2000 noch utopisch klang, ist heute Normalität oder schon wieder überholt. Nur fehlte es vor einem Jahrzehnt bei den meisten Ideen noch an der richtigen Technik, um diese umzusetzen. Aber alle waren sich sicher, dass es irgendwann möglich sein wird.

Oft manipulieren wir uns übrigens sogar unbewusst. Wenn wir uns etwa verlieben, dann lässt die Chemie in unserem Körper gar nichts anderes zu als das Bild eines glücklichen Paares in unserem Kopf – und natürlich in unserem Herzen. Selbst wenn wir bisher nicht einmal an die Telefonnummer unserer potenziellen zweiten Hälfte gekommen sind. Aber es ist dieses detailreiche, hochemotionale Bild einer glücklichen Beziehung, das uns vorwärtstreibt und auch dem anderen das sichere Gefühl vermittelt, dass wir ihn oder sie wirklich wollen. Und die unerschütterliche Zuversicht, dass es gut werden wird. Wir müssen verliebt sein in unser Zukunftsbild und wollen, dass es so schnell wie möglich Wirklichkeit wird. Weil wir in Gedanken längst dort sind und jeder Stillstand in der Realität für uns unerträglich ist.

Ein Verkäufer etwa, der seinem Kunden ein innovatives Produkt anbietet, eines, das es so zum allerersten Mal auf dem Markt gibt, der kann nicht so tun, als sei es tausendfach erprobt. Ein guter Verkäufer lässt sich nicht nur sachlich auf das Produkt ein, sondern verschreibt sich ihm mit Haut und Haar. Er sieht es bereits in der Lebenswelt des Kunden und kann sich ihn ohne dieses Produkt nicht mehr vorstellen. Wie konnte die Welt nur ohne Post-its auskommen? Was für eine Lebensqualität war das ohne Hoover-Staubsauger? Und wie viel einfacher wird der Alltag mit einer Küchenreibe für alles? Für den Verkäufer gehört sein Gerät, seine Versicherung, seine Innovation längst zur Lebenswelt des anderen. Er betreibt eine Art Selbstmanipulation, um die größtmögliche Verkaufskraft entwickeln zu können. Und nur mit solch selbstverständlicher Überzeugung kann er auch den unvoreingenommenen Kunden von dem Mehrwert des Neuerwerbs überzeugen.

Die Frage an Sie selbst ist deshalb immer auch: Welches Maß an Energie, Vorfreude und Lust spüren Sie bei einem Zukunftsbild? Wenn es bei Ihnen nicht funkt, wenn Sie dafür nicht zum Überzeugungstäter werden, Ihre Idee nicht verteidigen wie eine Löwenmutter ihr Junges, dann haben Sie noch nicht das richtige Ziel gefunden. Denn wenn Sie überzeugt sind, dann halten Sie das, was Sie nur im Geiste sehen, für bereits wahrhaftig. Sie zweifeln weder an Ihrem Bild noch an Ihren eigenen Fähigkeiten, dieses zu verwirklichen. Und Sie werden auch keine Hemmungen haben, anderen genau das zu kommunizieren. Der mögliche Zweifel anderer wird dann nicht zur Bremse, sondern zur dynamischen Provokation:

Beim nächsten Treffen der Bereichsleiter stellt der Geschäftsführer die Frage, auf die Martha gewartet hat: »Können Sie sich überhaupt vorstellen, solch ein großes, maßgebliches Projekt durchzuführen? Sie haben ja kaum Qualifikationen dahin gehend ...« Martha schaut sich um, sieht die anderen, wie sie schmunzelnd ihre Antwort abwarten. »Sie werden im ganzen Vertrieb niemand Besseren finden als mich.« Als sie sich das sagen hört, erschrickt Martha für einen Augenblick. Und die Anwesenden ebenfalls. Dann spürt sie einen schweren Brocken von ihren Schultern fallen. Die Antwort fühlt sich absolut richtig an.

Kapitel 22

Vermeide den unnötigen Kampf: Erlaube dir auszuweichen

Selbst wenn Ihr Vorhaben für eine gewisse Zeit optimal laufen sollte, seien Sie sich im Klaren: Das wird vermutlich nicht immer so weitergehen. Nichts läuft auf Dauer reibungslos – selbst dann nicht, wenn alle Beteiligten eingewilligt haben. Je weiter Sie mit Ihrer Gefolgschaft unterwegs sind, auf desto mehr unerwartete Hindernisse werden Sie treffen: Herausforderungen, an denen sich plötzlich neue oder bereits überwunden geglaubte Diskussionen entzünden können. Denn eines ist sicher: Ein Vorhaben, das Sie nicht nur für sich selbst, sondern auch für andere unternehmen, berührt zu viele unterschiedliche persönliche Interessen, als dass eine dauerhafte Geschlossenheit zustande kommt. Für jede Persönlichkeit in Ihrem Schwarm bedeutet die angestrebte Veränderung etwas anderes. Manche profitieren davon mehr, andere weniger oder gar nicht.

So oder so: Wir treffen auf Widerstände. Die Frage ist nur, wie wir damit umgehen werden.

Der Anruf des Geschäftsführers kommt nicht überraschend. Dass die Rentabilität in Marthas Bereich auch im dritten Quartal in Folge runtergeht, das beunruhigt ihn. Martha weniger, sie hat damit gerechnet. Martha betritt das Büro des Geschäftsführers, als dieser sich in diverse ausgedruckte Excel-Tabellen vertieft. Mit Augen und Zeigefinger eine Spalte mit Zahlen herunterfahrend, begrüßt er Martha, ohne aufzublicken. »Mit dem Gewinn haut das ja immer noch nicht hin. Da müssen Sie schnell etwas tun. Konzentrieren Sie sich bitte ab jetzt darauf!« Frustriert denkt Martha in diesem Moment daran, wie sie ihrem Chef immer wieder die Entwicklung der nächsten Monate erklärt hat. Obwohl sie eigentlich zu den eher besonnenen Charakteren gehört, erfasst sie eine Welle der Wut. »Was wollen Sie? Dass ich jetzt das ganze Konzept sofort über den Haufen werfe, weil Sie nicht die notwendige Geduld aufbringen?« Martha staunt über die Schärfe in ihrer Stimme. Ihr Chef auch. Aber nicht lange. »Ich verbitte mir diesen Ton!«, kommt die prompte Antwort. Mit einer knappen Entschuldigung verlässt Martha das Büro.

Nicht nur die Chefetage schießt quer, sondern auch der eine oder andere Vertriebsmitarbeiter. Als sie einem der Herren zufällig in der Kaffeeküche begegnet, protzt dieser vor seinen Kollegen mit seinen Umsatzzahlen der vergangenen Woche. Wie er die erreicht hat? Indem er auf die gemeinsame Strategie pfeift. Mit Marthas Erscheinen stoppt sein Monolog. Ein peinliches Schweigen folgt. Erwartungsvoll schauen die Kollegen auf Martha. Aber diese reagiert nicht. Ihrem rebellischen Kollegen schaut sie nicht in die Augen. Der Konflikt mit dem Geschäftsführer reicht ihr für heute. Martha fühlt sich überfordert. Als hätte sie nichts gehört, verlässt Martha fast kleinlaut die Küche – in der Hoffnung, dass sich der Vertriebler schon noch fügen wird. Die anderen sind schließlich auf ihrer Seite.

Kämpfen oder ausweichen? Wir stehen immer wieder vor der Frage, wie wir mit sich anbahnenden Konflikten, verdeckten Anfeindungen und offenen Angriffen umgehen. Wie wir das machen, das hängt in erster Linie von unseren eigenen Emotionen ab. Sie können uns direkt ins Verderben reiten oder vor dem Schlimmsten bewahren, uns mental stärken oder schwächen.

Angst ist eine Emotion, die uns erfolgreich machen kann, weil sie uns das Schlimmste befürchten lässt, wenn es darum geht, ob wir einen Konflikt offen austragen sollen. Angst lässt uns im Zweifelsfall zurückweichen, zurückhaltend auf ein Gegenüber reagieren, das uns kritisiert, vor den Kopf stößt oder sogar ungerecht behandelt.

Zugleich spüren wir vielleicht Wut in uns aufsteigen, spüren, wie sie sich bündelt und ausbrechen will. Aber wir reißen uns zusammen, weil uns unsere Angst signalisiert, dass wir selbst Schaden nehmen könnten. Vielleicht fürchten wir aber auch um unser Vorhaben und fragen uns: Verschwenden wir in einer Auseinandersetzung sinnlos unsere Energie oder retten wir unser Projekt gerade durch unsere Kampfbereitschaft? Siegt die spontane Wut, so geraten wir im schlimmsten Fall in einen Kampf, der uns durch seine Intensität vom Weg abbringt. Ein Nebenkriegsschauplatz, auf dem wir uns nur aufreiben, den Fokus verlieren und uns nicht mehr aufs Wesentliche konzentrieren, unser Ziel. Das gilt es zu vermeiden.

Und dennoch passiert es immer wieder, dass aus einem Menschen, mit dem wir lange ohne Probleme zusammengearbeitet haben, plötzlich ein Gegner wird. Weil wir unsere Emotionen nicht kanalisieren, sondern frei laufen lassen.

Es ist eine alltägliche Situation. In einem Meeting stehen sich zwei Menschen mit unterschiedlichen Meinungen gegenüber. Ein Wort gibt das andere. Weil die beiden Parteien keine gemeinsame Basis finden, auf der sie sich austauschen können, wird aus einer fachlichen Auseinandersetzung schließlich etwas Persönliches, bei dem keiner von beiden zurückstecken will. Die Spirale aus genauso wenig reflektierten wie kontrollierten Emotionen dreht sich unaufhaltsam in die Tiefe. Gegnerschaften entstehen, bei denen es irgendwann nicht mehr um das eigentliche Thema geht, sondern allein um die Positionierung in einem Machtkampf, Gewinnen oder Verlieren. Es ist die pure Irrationalität, die vor allem in großen Unternehmen gerne in Blockaden und Intrigen mündet.

Und nicht nur dort. Auch in unseren privaten Beziehungen kommt es immer wieder zu irrationalen Situationen, die wir nicht auflösen können und die uns kein Stück weiterbringen. Da passt uns etwa das Verhalten von Freunden oder dem Lebenspartner nicht. Also versuchen wir, sie nach unseren Vorstellungen zu ändern: Sei pünktlicher! Sei ordentlicher! Denke mehr an mich! Aber die wenigsten Menschen lassen sich mit ein paar gut gemeinten Worten oder Ermahnungen so einfach ändern. Und deshalb kommt es dann meist, wie es kommen muss: eine oft lange Abfolge von Streiten, die sich immer wieder an denselben Themen entzünden.

Wir handeln viel zu oft taktisch sehr unklug, am Ziel vorbei und manchmal sogar dagegen. Weil wir das Opfer unserer eigenen Emotionen sind, die uns mehr als einmal im Leben die Sicht auf die Verhältnisse vernebeln, wenn wir sie nicht gezielt einsetzen. Wann ist es sinnvoll, einem Kampf auszuweichen? Und wann befinde ich mich in einer Situation, in der ich die Auseinandersetzung mit aller Konsequenz austragen sollte? Keine Frage: Sie müssen ganz genau hinschauen – auf die Emotionen und Beweggründe der anderen und auf Ihre eigenen.

Erkenne die anderen

Wenn wir in unserem beruflichen Umfeld etwas ändern wollen, dann hegen wir insgeheim meist eine bestimmte Erwartung: dass unsere Chefs und Kollegen uns verstehen und vor allem wahrnehmen, was wir leisten. Wir erwarten von unseren Vorgesetzten, dass sie besser auf uns eingehen, unsere Wünsche und Interessen im Blick behalten. Aber ist diese Erwartungshaltung gerechtfertigt? Können wir so einfach unsere Verantwortung für das, was mit uns und um uns herum passiert, an andere abgeben?

Wenn wir ein eigenes Ziel haben, wenn wir wirklich etwas verändern wollen, dann dürfen wir nicht darauf warten, dass unser Gegenüber unseren Worten folgt und sich auf uns einstellt. Wir müssen in die aktive Rolle schlüpfen und uns in eine Position begeben, in der wir die Möglichkeit haben, autonom zu entscheiden, wie wir handeln wollen.

Dafür braucht es vor allem unsere Empathie. Wir müssen fühlen und erkennen, was den anderen umtreibt. Welche Bilder, welche Emotionen, welche Werte beherrschen das Denken und Handeln unseres jeweiligen Mitmenschen? Warum reagiert der oder die so und nicht anders auf uns und unsere Botschaften? Wenn wir die tiefer liegenden Gründe erkennen, dann halten wir einen wichtigen Schlüssel für unseren eigenen Erfolg in der Hand. Denn dann können wir die Geschehnisse tatsächlich steuern und die Beteiligten in die notwendige Richtung leiten, ohne dass sich diese angegriffen, überrumpelt, unverstanden fühlen.

Nehmen wir zum Beispiel an, ein Vorgesetzter stellt sich unserem Vorhaben in den Weg. Dann ist es wichtig herauszufinden, ob dieser womöglich selbst unter Druck steht, die Geschäftsleitung etwa kurzfristig höhere Gewinne erwartet. Obwohl unser Chef unsere Ideen auf einer rationalen Ebene versteht und für gut befinden kann: Dieser Druck lässt ihn immer wieder aufs Neue an uns appellieren, uns nach wie vor um den kurzfristigen Gewinn zu kümmern. Seine Position ist nicht, wie auf den ersten Blick annehmbar, die des Stärkeren, der in reiner Willkür über unseren Kopf hinweg handelt. Wenn wir bei solch einem Chef genau hinschauen, dann erkennen wir seine individuelle Lage. Erkennen, dass es unsinnig ist, diesem Chef, der von oben Feuer bekommt, auch noch von unten die Hölle heißzumachen. Denn wenn wir unseren eigenen Erfolg durchsetzen wollen, dann ist es an uns selbst, dem Vorgesetzten eine Brücke zu bauen. Wenn er nicht mitzieht, dann ist jeder Kampf umsonst.

Unser Zukunftsbild mit dem der anderen kompatibel zu machen ist also von elementarer Bedeutung. Das geht nicht immer mit Worten. Das Einreden auf den anderen, das Wiederholen der immer gleichen Argumente, in der Hoffnung, irgendwann auf logischer Ebene verstanden zu werden, ist ein Irrweg. Wir können nicht gegen eine andere Meinung, gegen eine fremde Perspektive anreden.

Diese Erkenntnis gilt in fast allen beruflichen Situationen. Wir kennen das aber auch aus dem privaten Alltag. Wenn man zum Beispiel seinem Mitbewohner, egal ob Freund oder Partner, eindringlich erklärt, warum mehr Ordnung im Haushalt erforderlich ist – das hat doch nie einen nachhaltigen Effekt, oder? Durch Worte, die in der Luft zu verdampfen scheinen, werden auf Dauer Fronten geschaffen, verhärtete Fronten des gegenseitigen Unverständnisses. Wir hier. Die anderen dort. Dazwischen eine Wand, die mit jeder neuen Diskussion höher und dicker wird. Solange wir es nicht schaffen, an die Werte und Vorstellungen der anderen anzudocken und den Zugang zu deren Gefühlswelt zu finden, geht es nicht weiter.

Warten Sie dafür nicht auf Ihr Gegenüber! Sie allein sind verantwortlich für Ihr Fortkommen und Ihre Kriegsschauplätze. Lassen Sie den falschen Stolz. Konzentrieren Sie sich ausschließlich auf Ihr Ziel. Ihr strahlendes Zukunftsbild einmal leidenschaftlich vor versammelter Mannschaft zu präsentieren, das reicht nicht. Es muss immer wieder für den Einzelnen heruntergebrochen und auf die individuellen Bedürfnisse angepasst werden.

Denn die wenigsten Menschen in unserem Umfeld werden dazu neigen, ein Projekt aus purer Willkür zu boykottieren. Nehmen wir Marthas Beispiel: Die Vertriebsmitarbeiter etwa, die weiterhin nicht anders können, als auf den schnellen Profit zu zielen, haben jeweils ihre ganz eigenen Gründe. Wer damit seit Jahren erfolgreich war, wird sich von seinen Ritualen und Gewohnheiten nicht so einfach lösen können. Wie unbefriedigend oder sogar irritierend kann es sein, plötzlich das viel schwieriger zu messende Erfolgsziel der Kundenzufriedenheit anzuvisieren? Vielleicht entspricht der monetäre Gewinn sogar einer tiefen inneren Befriedigung, nämlich dem Gefühl, den eigenen Erfolg und den des Unternehmens schwarz auf weiß vor sich zu haben?

Wie sollen wir unter solchen Voraussetzungen handeln? Strafe oder die mantrahafte Wiederholung unseres Ziels allein hilft hier nicht. Unser Gegenüber braucht einen fühlbaren Impuls, der es ihm ermöglicht, aus seinem eigenen Erfahrungsgefängnis herauszukommen und eine andere Perspektive einzunehmen. Jedes Mitglied Ihres Schwarms braucht eine eigene sinnvolle Motivation für den Weg zum neuen Erfolg.

Greife rechtzeitig ein

Genauso entscheidend für den langfristigen Erfolg aber ist es, die Unzufriedenheit von Betroffenen und vor allem Mitstreitern als mögliche Bedrohungen für das eigene Vorhaben rechtzeitig wahrzunehmen. Denn im natürlichen Verlauf der Dinge kommt es selten direkt zu einem Frontalangriff. Ein offensichtlicher Verstoß gegen Vereinbarungen oder ein Vertrauensbruch hat in fast allen Fällen eine Vorgeschichte.

Oft kommt es zu einem langsamen, stetigen Abdriften unserer Mitstreiter. Das Nachlassen, Aufgeben in entscheidenden Momenten, die innere Abkehr vom gemeinsamen Ziel, ein latenter Unwille sind kleine, subtile Zeichen, die man leicht übersieht, wenn man selber gerade geistig auf der Überholspur ist. Das kennen viele auch aus dem Privatleben. Eine Beziehung oder Ehe etwa steuert Richtung Niedergang meist schon lange vor dem großen Knall. Der eigentliche Anlass zur Trennung, zum Beispiel das Fremdgehen oder die verbalen Angriffe, sind schließlich nicht der Grund dafür, dass es nicht funktioniert hat. Oft hat sich mindestens einer der Partner lange vorher schon innerlich abgewendet, ganz langsam, aber stetig, sodass es vermutlich ihm selbst kaum bewusst ist und ihn deshalb der andere auch nicht bewusst zurückgeholt hat.

Wir müssen uns immer wieder fragen: Passt unser Zukunftsbild zu den Vorstellungen der Menschen, die wir mitnehmen wollen auf unserem Weg? Oder gibt es da ein nicht zu überwindendes Hindernis? Erkennen wir rechtzeitig, dass unser Bild mit der Persönlichkeit des anderen auf Dauer unverträglich sein wird, dann müssen wir handeln. Wir kommen damit dem offenen Konflikt zuvor, der uns grundsätzlich wesentlich mehr an Zeit und Energie kostet als der Mut, im richtigen Moment loszulassen.

Wenn wir etwa bei einem Kollegen spüren, dass er gegen seinen eigenen inneren Antrieb handeln muss, um unserem Vorhaben gerecht zu werden, dann wissen wir, dass das nicht gut gehen kann. Es bringt nichts, diesen Menschen immer wieder für unser Ziel begeistern zu wollen, ihm immer wieder aufs Neue mit viel Kraft und Energie eine Entwicklungschance zu geben. Genauso wenig bringt es allen Beteiligten, ihn dazu zu zwingen, seine alte Haltung aufzugeben oder ihn gar in einem Akt der Aggression wegzubeißen, wie es viele Führungskräfte mit widerstrebenden Mitarbeitern machen. Es gibt keinen Grund, wütend zu sein auf diesen Kollegen. Viel produktiver ist es, rechtzeitig zu handeln, um zu vermeiden, ihn offen attackieren zu müssen. Im besten Fall verschaffen wir ihm selbst eine neue Stelle. Schauen wir, wo er mit seinen Kompetenzen am besten aufgehoben ist, und lassen wir ihn vielleicht sogar von einer anderen Abteilung oder einem Wettbewerber abwerben – zum Wohle beider Seiten.

Den unausweichlichen Kampf aufnehmen

Manchmal müssen wir einen Kampf aufnehmen. Eine Situation bewusst eskalieren lassen. Wenn wir sehen, dass unserem Projekt absichtlich Schaden zugefügt wird, haben wir keine andere Wahl. Sobald es um Verbindlichkeit und Verlässlichkeit in unserem Schwarm geht, ist Konsequenz gefragt. Dann heißt es: Leute, so nicht.

Wenn uns dann vorgeworfen wird, eine Kritik zu persönlich zu nehmen und uns deshalb rächen zu wollen, dann ist das nicht richtig. Natürlich müssen wir jede verbale Attacke, die direkt gegen uns gerichtet ist, persönlich nehmen. Ob wir aber zum Gegenschlag ausholen oder nicht, das hängt nur davon ab, inwieweit unser Ziel bedroht ist.

Stellen wir uns vor, wir haben mit unseren Mitarbeitern offiziell vereinbart, dass Kunden nur noch die Produkte verkauft werden, die ihnen wirklich weiterhelfen, und Umsatz und Provision zunächst hintanzustehen haben. Wenn sich nun einige Kollegen bewusst nicht daran halten, dann können wir einer direkten Auseinandersetzung nicht ausweichen. Das Ganze erst einmal laufen lassen, das geht genauso wenig gut, wie sich erst in der folgenden Woche darum zu kümmern. Zu diesem Zeitpunkt ist kein Platz für Hoffnung, Mitleid oder Müdigkeit. Die Zügel dürfen nicht gelockert werden. Die Kontrolle und Übersicht liegt beim Zielgeber! Wenn wir weiter die Dynamik des restlichen Teams nutzen wollen, dann müssen wir in Aktion treten und Destruktive im wahrsten Sinne des Wortes vor uns her- oder vertreiben.

Was soll sonst der Rest der Kollegen denken? Dem Zweifel am gemeinsamen Ziel würden schlagartig Tür und Tor geöffnet. Es wäre eine Einladung für jeden, sich vom gemeinsamen Projekt abzuwenden. Gerade wenn unser Zielbild so groß und ungewöhnlich ist, dass die Beteiligten es nur für möglich halten können, wenn eine starke und unbeirrt überzeugte Persönlichkeit vorangeht. Wir müssen bereit sein, im Falle einer Attacke sofort ein Zeichen zu setzen, sichtbar und für alle. Und sei es nur in Form einer Abmahnung des rebellierenden Mitarbeiters.

Wenn Sie sich entscheiden, einen Konflikt auszutragen, dann dürfen Sie keinen Moment zögern. Hören Sie auf, unnötig Zeit zu verschwenden, Tage verstreichen zu lassen, in denen Ihnen wertvolle Nerven und Kräfte gestohlen werden. Sie müssen Zuversicht und Klarheit ausstrahlen. Also beseitigen Sie Ursachen von Ärger immer schnellstmöglich, bevor sie Ihnen den Schlaf rauben. Aber dabei geht es nicht darum, mit Härte zuzuschlagen. Gefragt ist ein bewusster Umgang mit den Emotionen – vor allem mit den eigenen. Es kommt auf Ihre Fähigkeit an, mit der eigenen Kraft, die sich in Ihrer Aggression verbirgt, abgeklärt und vernünftig umzugehen.

Das heißt: Eskalieren Sie selber! Aber so kontrolliert und zielgenau wie nur irgendwie möglich. Konzentrieren Sie Ihre Energie auf den Problemherd. Kein Unbeteiligter soll mit hineingezogen werden.

Veränderung geht nur mit Konsequenz, die Sie und die anderen aber nicht mit Härte verwechseln dürfen. Für das direkte Umfeld muss unser Handeln verständlich und nachvollziehbar sein. Frei nach dem Motto »Da konnte man ja gar nicht anders reagieren«. Wenn wir zu sehr aus der Haut fahren, uns für alle Unbeteiligten erkennbar unseren eigenen Emotionen überlassen, dann mag unser Verhalten noch so berechtigt sein: Unsere Reaktion wird überzogen wirken. Wir schießen über das Ziel hinaus und schaden damit vor allem unserer Glaubwürdigkeit.

Gerade wenn wir den Eindruck haben, absichtlich überhört oder missinterpretiert zu werden, dann kann uns natürlich ein massives Gefühl der Wut packen. Ein Stressmoment, weil wir uns gedemütigt, macht- oder gar hilflos fühlen. Dann stehen automatisch alle Zeichen auf Angriff. Dann wollen wir die Retourkutsche fahren für unseren verletzten Stolz oder unsere Eitelkeit. Verständlich. Aber gerade dann geht es darum, zu erkennen, was mit uns passiert. Warum macht uns etwas wütend, verletzt uns? Zweifeln wir an uns, wurden wir bei unseren eigenen Ängsten erwischt?

Oder hatten wir einfach nur zu wenig Schlaf? Und welche Beweggründe können wir über unsere Wut hinweg bei unserem Gegenüber nicht erkennen?

Wenn zum Beispiel unseren Lebenspartner die häusliche Ordnung nicht so sehr kümmert wie uns selbst, weil er oder sie eben ein sehr entspannter Mensch ist, warum lässt uns das immer wieder aus der Haut fahren? Dass dieser Mensch eben anders strukturiert ist und uns genau deshalb in vielen anderen Lebensbereichen mit Humor und Lässigkeit so gut ergänzt, wissen wir doch sonst zu schätzen. Wir brauchen unseren scharfen Verstand, um hinter die eigenen Emotionen zu blicken und zu sehen, was uns selbst bewegt – und den anderen. Nur wenn wir das Bild ungetrübt vom Gefühlsrausch vor uns sehen, haben wir die realistische Wahl: eskalieren, wegschauen oder nachgeben. Am Beispiel des chaotischen Lebenspartners: rausschmeißen, selber mehr putzen oder dankbar sein für den entspannten Charakter als Gegenpol zu uns selber und endlich die Putzfrau einstellen.

Wenn wir uns die eigene Wut tatsächlich logisch erklären können und zugleich unser Gegenüber mit seinen Beweggründen anerkennen, dann sind wir in der Lage, unser Gefühl dementsprechend zu drehen: von Frustration in eine abgeklärte Souveränität, von Wut in dankbare Erkenntnis, von spontaner Aggression in lösungsorientierte Aktion. So begegnen und beurteilen wir unsere (potenziellen) Gegner nüchtern und logisch. Und mit dieser Fähigkeit handeln wir sehr viel zielorientierter und damit erfolgreicher.

Der Geschäftsführer wirkt genervt. Martha will gerade ansetzen, ihr Vorhaben mit viel zu vielen Worten und Details erneut zu verteidigen. Aber sie hält doch inne und stellt ihm nur eine Frage: »Sagen Sie mir, wie hoch ist eigentlich unsere Kunden-

fluktuation? Das heißt, wie hoch ist eigentlich die Rate der Kunden, die uns monatlich abspringen?« Der Geschäftsführer nennt wohl wissend eine zweistellige Prozentzahl. »Im Moment«, so Martha, »befinden wir uns ja nur im schwarzen Bereich, weil wir mehr Neukunden gewinnen, als wir alte verlieren. Was wäre aber, wenn wir die vorhandenen Kunden auch noch halten könnten? Wäre das nicht das Beste, was uns passieren kann?« Martha hat den Eindruck, als hätte sie bei ihrem Chef zum ersten Mal den entscheidenden Knopf gedrückt.

Kapitel 23

Halte das Tempo hoch:
Setze Geschwindigkeit über alles

Sobald ein Projekt am Rollen ist, wir und die anderen auf dem Weg zum gemeinsamen Ziel sind, fühlt sich das unheimlich gut an. Es bewegt sich etwas. Man läuft los und ist voller Adrenalin und Begeisterung. Und solange man in Bewegung ist, es also fühlbar vorwärtsgeht, bleibt die Begeisterung fast wie von selber auf einem hohen Niveau. Aber so beflügelnd ein Anfang auch sein mag: Irgendwann kommen die Dinge ins Stocken, lässt der Elan nach. Nach vielen internen Diskussionen über das richtige Vorgehen, nach aufwendigen Planungsprozessen, nach dem Auftauchen von unvorhergesehenen Hindernissen, für die die Kraft plötzlich nicht mehr auszureichen scheint. Wenn das Team um einen herum kampfesmüde wird. Oder der gegenteilige Fall tritt ein: Nach ersten mühsam erarbeiteten Erfolgen fangen unsere Mitstreiter an, sich voreilig auf ihren Lorbeeren auszuruhen. Was in beiden Fällen verloren geht: die Geschwindigkeit. Und damit der Fokus auf das Wesentliche. Unser Hunger, die Gier danach, das eben noch so verlockende Ziel so schnell wie möglich, auf direktem Weg einzunehmen. Der Impuls des Neuen, der zu Beginn noch unwiderstehlich wirkt, nutzt sich ab. Und wenn Sie nicht aufpassen, dann kommt Ihr Veränderungsprozess irgendwann zum Erliegen.

Der Konferenzraum platzt aus allen Nähten. Martha hat ihre gesamte Mitarbeiterschaft zum monatlichen Status-quo-Meeting eingeladen – die Vertriebsteams aus den einzelnen Regionen, die vielen Sachbearbeiter, die Mitarbeiter aus der Telefonberatung und dem Controlling. Seit einem halben Jahr arbeiten nun alle an der Umsetzung des neuen Geschäftsmodells. Auf Marthas Agenda stehen diverse Punkte, die ihre unterschiedlichen Teams besprechen wollen. Da müssen wir jetzt durch, denkt sie sich. Martha eröffnet den Sitzungsmarathon und fasst zusammen, was bisher gemeinsam erreicht wurde. Das ist deutlich weniger, als sie sich erwartet hatte. Für das Ende des ersten Halbjahres war eine deutlich höhere Quote von Neukunden angestrebt worden. Die ersten Wochen hatte es sich gut angelassen. Dann war aber mit den ersten fehlgeschlagenen Akquisemaßnahmen irgendwann der Schwung raus. Martha hatte versucht, den Druck hochzuhalten. Aber die Performance der Teams hatte immer weiter nachgelassen. Martha kann nun ihre Unzufriedenheit nicht mehr verbergen.

Einige Mitarbeiter stürzen sich in eine Diskussion über Details. War der Akquisebrief richtig? Welche Bedingungen muss ein Gesprächsleitfaden für Kundengespräche erfüllen? Die To-do-Liste wird länger. Martha droht sich in dem von ihren engagiertesten Mitarbeitern vorgetragenen Strom aus Kleinstproblemen zu verlieren. Das eigentliche Ziel, eine ganz neue, menschenorientierte Art von Versicherungsagentur zu werden, scheint auf einmal unendlich weit weg zu sein. Und wenn es ihr so ergeht, wie muss es dann erst den anderen vorkommen? Niemand im Raum, so ihr Eindruck, sieht noch den Stern, der sie eigentlich leiten sollte. Gegen Ende der Sitzung rafft sich Martha auf: Sie will ihre Truppe noch mal anschieben. Ein Sprung nach vorne soll es werden. »Lasst uns unter den Gesprächsleitfaden einen Haken machen. Das reicht doch für die Telefonbera-

tung.« Aber die Reaktionen sind alles andere als ermutigend: »Das müssen wir aber noch prüfen!« – »Wie können wir da die Qualität garantieren?« Nicht nur Martha hat den Eindruck, als träten sie alle gemeinsam nur noch auf der Stelle. Und als rechtfertige ihr Ertrag nicht mehr den Aufwand.

Geschwindigkeit vor Perfektion

In deutschen Unternehmen kann man es tagein, tagaus erleben: die fast gewissenhafte Entschleunigung von Projekten bis hin zum völligen Stillstand. Das sind Projekte mit hohem Druck von oben, die nie Fahrt aufnehmen und es dennoch schaffen, irgendwann in den Zustand der Erschöpfung zu kommen. Plötzlich stellen die Verantwortlichen fest, dass die Leute nicht mehr motiviert sind und das Projekt deutlich hinter dem Zeitplan ist. Schaut man genauer hin, ist fehlende Geschwindigkeit aber nicht die Folge, sondern die eigentliche Ursache.

Sobald wir Tempo aufnehmen wollen, müssen wir mit den üblichen Gegenreaktionen rechnen: »Das kann nicht richtig sein!«, sagt der skeptische Experte. Der Vorstand gibt Furcht einflößende Bedenkenfloskeln mit auf den Weg wie: »Übersehen Sie da nicht einen wichtigen Punkt?« Und währenddessen stellt sich auch noch der eine oder andere gehetzt wirkende Mitarbeiter gerne quer mit »Wir müssen das genauer planen, das geht nicht schneller«.

Dieses Verhalten verkörpert eine Risikoscheu deutscher Unternehmen, in denen versucht wird, vorab alles zu bedenken, um ja auf Nummer sicher zu gehen. Um aber mit Komplexität umzugehen, braucht es genau das Gegenteil von Perfektion. Nämlich ein hohes Tempo, in dem man vieles ausprobiert und nicht alles erst totdiskutiert. In dem man das Risiko des Scheiterns und Fehlermachens eingeht und zu diesen Fehlern auch steht. Nur so findet man heraus, ob man auf dem richtigen Weg ist. Alle Theorie und jedes Denkmuster lassen immer eines außen vor – die unheimlich komplexe Realität. Um diese zu meistern, müssen wir uns ihr so schnell wie möglich stellen, um zu einem konkreten Ergebnis zu kommen.

Wenn wir etwa unserer Wohnung einen neuen Look geben möchten, dann bringt es doch wenig, zögerlich einen Sessel auszutauschen. Oder wochenlang nach der richtigen Wandfarbe zu suchen und die Entscheidung hinauszuschieben, weil es zu viele Optionen gibt – und man ja auch wirklich nicht sicher sein kann, wie die Farbe an der Wand wirkt. Zu einem vergleichbaren Ergebnis kommen wir auch in der Hälfte der Zeit: wenn wir handeln. Und einsehen, dass es nicht immer 100 Prozent sein müssen, die wir erreichen, sondern dass es mit 80 oder auch 60 Prozent durchaus getan sein kann. Zum Beispiel bei einer Hausarbeit an der Universität oder einem wichtigen Vortrag im Job: Zwei Tage vor Abgabe schaffen wir genauso viel wie in den drei Wochen zuvor. Ob wir eine oder zwei Wochen daran arbeiten – an der Qualität wird sich gar nicht viel ändern, nur an unserer Arbeitsweise.

Wir brauchen genau die Zeit, die wir uns selbst geben. Sobald wir eine Deadline haben, nehmen wir Fahrt auf. Und wenn wir dann auf Geschwindigkeit statt Perfektion setzen, dann spüren wir, wie es vorangeht. Wir sind im Fluss. Allein das sorgt für mehr Zufriedenheit und damit natürlich auch für Motivation. Auch ohne Deadline sollten Sie daher keine Angst vor Fehlern haben, sondern Angst vor dem Stillstand, vor dem Stocken Ihres so ambitionierten Projektes.

Je länger ein Projekt dauert, je langsamer sich der Fortschritt gestaltet, desto eher stehen auch die Kritiker bereit, um den eingeschlagenen Weg genauer unter die Lupe zu nehmen, um auch noch das letzte Detail in Zweifel zu ziehen. Seien es die kritischen Stimmen in unserem Kopf oder die kritischen Mitstreiter im Büro nebenan, mit einem müssen wir immer rechnen: Jede geäußerte Kritik findet ihre Anhänger und lässt Einzelne aus unserem Team in ihrem Handeln zögern, lässt sie abwarten, zurückfallen in die dem Großteil der Menschen angeborene Trägheit. Bis sich der »Virus Langsamkeit« über ein ganzes Team, einen Bereich oder ein ganzes Unternehmen ausgebreitet hat.

Nicht alle mitnehmen

Wenn in großen Unternehmen der Startschuss fällt für ein umfangreiches Veränderungsprojekt, wird häufig versucht, alle mit ins Boot zu holen: vom Vorstand bis zum einfachen Arbeiter und über alle Bereichsgrenzen hinweg. Das zumindest ist die Erwartung. Von wem? Vom Schwarm. Eine Erwartung, die meistens nicht aufgeht. Zu sehr verliert sich die Idee auf dem Weg durch die einzelnen sehr unterschiedlichen Abteilungen. Das Zukunftsbild wird bei der Kommunikation zwischen einzelnen Mitarbeitern unscharf. Wie bei der Stillen Post kommt am Ende eine Botschaft an, die nur noch entfernt an die ursprüngliche Idee erinnert. Die Folge: Die Organisation kommt viel langsamer voran als gedacht und ist mehr damit beschäftigt, sich ihres gemeinsamen Ziels immer wieder aufs Neue zu vergewissern, anstatt tatkräftig die entscheidenden Maßnahmen umzusetzen. Das Tempo der Entwicklung orientiert sich vor allem am schwächsten Glied in der Kette. Das ist solidarisch.

Aber was ist das Ergebnis? Frust auf allen Unternehmens-
ebenen, denn der Erfolg lässt auf sich warten. Bei der Verwirklichung neuer Ideen gewinnt aber nicht der Stärkere,
sondern der Schnellere.

Bei vielen Statusmeetings ist folgendes Dilemma erlebbar:
Wenn sich oft zwei Dutzend Mitarbeiter aus unterschiedlichen Abteilungen zusammenfinden, um ein Projekt gemeinsam weiterzuentwickeln, geht im Durcheinander der unterschiedlichen Problemlagen der gemeinsame Fokus schnell
verloren. Die einzelnen Teams fallen in ihrer Wahrnehmung
auf sich selbst zurück: Was zählt, ist das eigene Ergebnis.
Selbst die Führungskräfte versinken in den Details ihrer Binnensicht. Als Verantwortliche überwältigt uns in diesem Moment das Gefühl, den ganzen Laden zusammenhalten zu
müssen. Statt ungestümen Vorwärtsdrangs orientieren wir uns
dann rückwärts: Wir fragen nicht, wo es hingeht, sondern ob
noch alle an Bord sind, die am Anfang mit eingestiegen sind.

Auch wenn Sie für einen ganzen Schwarm Verantwortung tragen: Besser ist es, Sie orientieren sich konsequent
nach vorne anstatt ins Innere Ihrer Gruppe. Es ist viel sinnvoller für alle Betroffenen und vor allem für Ihr Projekt, nur
diejenigen mitzunehmen, die Ihnen folgen oder an Ihrer
Seite mithalten können. Denn wichtiger, als dass eine ganze
Organisation im Gleichschritt marschiert, ist, dass eine re-
levante Gruppe, und mag sie auch noch so klein sein, das
Ziel so schnell wie möglich erreicht. Dass etwa eine Gruppe
von Vertriebsmitarbeitern in kürzester Zeit ihre gesamte
Kundenbasis auf das neue Geschäftsmodell umstellt und
zugleich erfolgreich Neukunden akquiriert. So liefert sie einen Beleg für die Richtigkeit des Vorhabens und sendet ein
starkes Signal an alle Gegner und Status-quo-Verteidiger in
der Chefetage und in anderen Unternehmensbereichen.

Je schneller Sie unterwegs sein wollen, desto weniger Leute können Sie mitnehmen. Denn für effektives Arbeiten müssen Ziel und Sinn von jedermann verstanden worden sein. Es ist eine Entscheidung, an der Sie nicht vorbeikommen: Wollen Sie mit Ihrem gesamten Schwarm in einem großen, aber schwerfälligen Reisebus unterwegs sein, bei dem die Leute in den hinteren Reihen mehr mit sich selber beschäftigt sind, als dass sie noch das Ziel vor Augen haben? Wenn Sie Neuland betreten, dann ist der Boden, auf dem sich dieser Bus fortbewegen muss, auch noch uneben. Entsprechend holprig ist die Fahrt. Und es ist anzunehmen, dass Sie sich mit solch einem Fahrzeug auch immer wieder festfahren. Oder Sie bilden mehrere kleine, hoch motivierte Teams, die in schnellen, geländegängigen Jeeps vorwärtspreschen, um unabhängig voneinander das gemeinsame Ziel so schnell wie möglich anzusteuern und schnell reagieren zu können, wenn die Route neu berechnet werden muss.

Wenn wir also zugunsten von Geschwindigkeit die Projektteilnehmer aussieben, dann bringt das unentbehrliche Vorteile für den Weg zum Erfolg. Dabei sollte uns aber auch immer bewusst sein, dass wir diese Ungleichbehandlung unserer Mitstreiter gegenüber uns selbst und den anderen rechtfertigen müssen. Als Schwarmlenker kann uns das gewissen Vorwürfen aussetzen: Wir werden natürlich nicht allen gleichermaßen gerecht, dafür haben wir uns ja bewusst entschieden. Das müssen wir in Kauf nehmen. Wir tragen die Verantwortung. Und setzen auf die Wirkung des positiven Neids: Die Vorreiter sollen zum Ansporn für alle anderen werden.

Und wenn uns dann klar ist, dass wir Tempo wollen und brauchen, dann müssen wir so schnell wie möglich klären: Was ist das richtige Tempo für meinen Schwarm?

Viele Sprints statt eines Marathons

Folgende Fragen müssen Sie sich stellen und beantworten, wenn Sie mit anderen so schnell und effektiv wie möglich ein Ziel erreichen wollen: Mit welcher Intensität arbeiten wir uns voran? Und wie lange können alle dieses Tempo durchhalten? Mit welcher Taktung erreichen Sie also welches Ergebnis und wie ist die Balance zwischen Anstrengung und Erholung?

In vielen Unternehmen scheitern Projekte häufig daran, dass von der Chefetage dauerhaft hoher Druck ausgeübt wird und Mitarbeiter dazu angehalten werden, nicht nachzulassen. Im Vergleich zum bundesdeutschen Durchschnitt sind ja auch auffallend viele Firmenchefs in ihrer Freizeit Langstreckenläufer. Doch die Umsetzung einer Strategie oder eines Programms, die Verwirklichung einer großen Idee ist kein Marathon, bei dem irgendwann alle auf dem Zahnfleisch kriechen oder vor Langeweile am immer Gleichen eingehen. Veränderung ist keine Langstrecke, auf der wir das Tempo konstant hoch halten sollten. Das motiviert niemanden.

Mitarbeiter auf diese Weise begeistern zu wollen und in allen Augen den Funken der Begeisterung zu erwarten, das kann nur eine Zeit lang gut gehen. Aber irgendwann schwächt sich der Impuls des Neuen ab. Und wenn es dann nicht schon gut vorangegangen ist, dann lehnen sich die Mitarbeiter erschöpft oder desillusioniert zurück, mit dem enttäuschenden Gefühl, den Erwartungen ihrer Vorgesetzten oder Freunde nicht gerecht zu werden sowie noch ewig weit entfernt zu sein vom großen Ziel.

Als Schwarmlenker müssen wir anfangs diese Erfahrungen sammeln. Nur so bekommen wir ein Gefühl dafür, wie hoch die Drehzahl idealerweise sein muss, in der sich die Mitglieder unseres Schwarms bewegen und vorankommen können. Sympathiepunkte sammeln wir dabei nicht. Wir überfordern vielmehr eine große Anzahl unserer Mitmenschen und machen uns möglicherweise unbeliebt. Das Konfliktpotenzial wächst. Das müssen und können wir aushalten. Wenn wir überzeugt sind von dem, was wir tun, dann fürchten wir uns nicht vor den unmittelbaren Konflikten, sondern vielmehr vor dem Scheitern unserer Idee.

Angenommen, wir wissen als neuer Teamleiter nach den ersten durchaus harten Wochen, welches maximale Tempo unsere Kollegen wie lange gehen können und haben als Schwarmlenkerin eine Lernkurve hinter uns – dann müssen wir dieses Wissen jetzt gezielt einsetzen, indem wir unseren Mitarbeitern zeitnahe, greifbare Ziele setzen, die sie im Höchsttempo ansteuern. Als Chef in einer Versicherungsagentur fordern wir zum Beispiel unsere Mitarbeiter auf, in den nächsten zwei Wochen 50 der eigenen Bestandskunden anzusprechen und die Verträge hinsichtlich des neuen Qualitätsanspruchs zu überprüfen. Die Mitarbeiter haben ein klares, ehrgeiziges und realistisches Ziel vor Augen. Eines, dessen Erreichen sie selbst absehen können. Ein Ziel, für das sie ihre Kraft mobilisieren und bewusst einteilen können.

Wir brauchen absehbare Ziele. Wenn wir uns etwa vornehmen, schlanker zu werden, dann nützt es nichts, wenn unsere Vorgabe »zwölf Monate« lautet. Dann wird natürlich gar nichts passieren. Unser guter Vorsatz ist von Anfang an zum Scheitern verurteilt. Denn uns fehlen Anhaltspunkte, Zeiteinheiten, klare Termine. Natürlich vertagen wir unser Fitnesstraining oder die Umstellung unserer Essgewohnheiten immer wieder. Schließlich haben wir ja noch lange

Zeit. Konkretisieren wir unser Ziel aber auf Einheiten mit einer genauen und realistischen Kilozahl, die wir innerhalb von zum Beispiel zwei Wochen abnehmen wollen, dann haben wir ein unmittelbar wirksames Ziel. Gehen wir es mit Volldampf an und erreichen es, dann sind wir zwar immer noch nicht so schlank, wie wir es am Ende des Jahres sein wollen. Aber vorerst sind wir vor allem eines: stolz auf unsere Leistung!

Ja, wir haben etwas erreicht. Wir sind sichtbar weitergekommen. Wir haben mehrere Einheiten hintereinander erfolgreich gemeistert. Und jetzt? Wie auch nach einem echten Sprint werden wir vielleicht erst einmal aus der Puste sein. Dann können und müssen wir das Tempo ein wenig rausnehmen. Wir brauchen eine kurze Phase der Erholung und des Trainings: Wir reflektieren, was wir getan haben und was wir als Nächstes tun wollen, verankern die nächsten Einheiten und das Bild von uns in schmalen Jeans wieder im Kopf und machen motiviert weiter. Wieder im schnellen Sprint zum nächsten, unmittelbaren Ziel: den nächsten drei Kilo, die wir abnehmen wollen.

Der Vorteil bei einem Mix aus Sprint, Erholung, Reflexion und wieder Sprint: Automatisch konzentrieren wir uns auf das Wesentliche. Wer schnell fährt, der hat nur wenig Möglichkeiten, sich selber rechts und links durch andere spannende Dinge ablenken zu lassen. Wir sind voll und ganz auf das Ergebnis konzentriert, auf das eigentliche Ziel fokussiert. Und jeder unserer Mitstreiter ebenfalls. Die Möglichkeit, sich Alternativen zu überlegen, sinkt.

Alle haben eine Zeitvorgabe und alle konzentrieren sich darauf, was notwendig ist, um das nächste Ziel zum vorgegebenen Termin zu erreichen. Wer jetzt nicht mitläuft, der bleibt liegen. Das spüren die Beteiligten. Deshalb haben sie wie bei einem Kurzsprint immer nur das allernächste Ziel vor Augen. Vom Ende her denken – das gilt auch bei allen Etappenläufen.

Als Schwarmlenker entwickeln wir das Leistungspotenzial unserer Mitarbeiter immer weiter. Für einige kann das eine Zumutung sein. Damit müssen wir umgehen können. Hier steckt immer Konfliktpotenzial. Das Entscheidende ist, dass wir konsequent bleiben – im Unangenehmen wie Angenehmen: Nach jedem Sprint folgt eine Pause. Eine Pause, in der unsere Erschöpfung der Freude weicht, ein ehrgeiziges Ziel erreicht zu haben. Das genießen wir und laden uns damit auf, bevor wir uns wieder für den nächsten Sprint bereit machen.

Im Büro der fünf Mitarbeiter zeugen die benutzten Kaffeetassen und leeren Wasserflaschen auf den Tischen von den Anstrengungen der vergangenen Tage. Als Martha Freitagnachmittag den Raum Ihres Teams betritt, sind dennoch alle bestens gelaunt. Über 50 Neukunden in einer Woche! Fast alle hatten Zweifel, ob das von Martha geforderte Ziel möglich ist. Martha blickt in erschöpfte, aber zufriedene und stolze Gesichter. Allerdings können die bei Marthas Anblick ihr Unbehagen vor den anstehenden nächsten Zielen nicht verbergen. In Erwartung neuer Aufgaben für die nächste Woche schauen alle gespannt auf Martha. Deren Botschaft ist knapp, aber bestimmt: »Wir sehen uns am Mittwoch wieder. Ihr habt zwei Tage frei. Viel Spaß!«

Kapitel 24

Schaffe unwiderstehliche Gewohnheiten: Genieße deine Disziplin

Endlich eine neue Sprache lernen. Endlich mehr Sport treiben. Endlich weniger Alkohol, mehr gesundes Essen, weniger Fernsehen, aber mehr mit Freunden machen. Endlich die neue Organisationsstruktur umsetzen, die ein Unternehmen nach vorne bringen soll, die Mitarbeiterschulung umstellen, mehr Zeit in Gespräche investieren. Unsere Pläne, ambitionierten Vorhaben, unsere ehrgeizigen Ideen, die verwirklicht werden wollen – sie sind nichts wert, solange sie lediglich ein Strategiepapier eines Unternehmens sind, auf der To-do-Liste unseres Smartphones blinken, auf einem der Zettel am Kühlschrank kleben oder bloß in unserem Kopf herumgeistern.

Ach, wenn man doch nur dazu käme, das eigentlich so wichtige Projekt anzupacken, das doch ein Herzensanliegen ist. Das reden wir uns selbst und anderen so lange ein, bis wir das wirklich glauben. Schließlich ist da der ganze Stress von außen, der uns keine Sekunde frei atmen lässt. Der Kunde, der so viel von einem fordert. Die Familie, die mehr Freizeit mit uns verbringen will. Und wenn wir tatsächlich mal nichts vorhaben, dann fühlen wir uns einfach nur schlapp. Keine Frage, es können einem immer sehr viele gute Gründe einfallen, warum man die Umsetzung eigener

Vorhaben aufschiebt. Auf den einen Tag kommt es ja nicht an: »Morgen ist schließlich auch noch ein Tag« wird zum Sprung in unserer Schallplatte. Und dann schauen wir auf eine To-do-Liste, die jeden Tag länger wird.

Martha zieht die Autotür zu, schmeißt die Tasche auf den Beifahrersitz und atmet erst einmal tief durch. Wahnsinn, wie viel Arbeit. Aber was kommt dabei eigentlich rum? Martha schaut in den Spiegel und sortiert ihr Haar. Sie denkt an die Verabredung heute Abend mit ihrer besten Freundin in einem Restaurant. Kann sie ihre restlichen Aufgaben auch noch morgen erledigen? Martha knirscht mit den Zähnen. Sie hat keine Lust mehr, will abschalten. Aber das gelingt ihr nicht. Sie denkt an die To-do-Liste auf ihrem iPad. Die ist noch länger geworden in den vergangenen Tagen. Dabei strampelt sie sich ab. Und hat doch das Gefühl, mit dem Umbau ihres Bereichs nicht weiterzukommen. Immer wieder bleibt Wichtiges liegen, verschieben Martha und ihre Kollegen Aufgaben auf den nächsten Tag, auf die nächste Woche. Weil von der Chefetage oder aus einem anderen Unternehmensbereich kurzfristig neue Aufgaben kommen. Weil Martha immer an irgendeinem Punkt eines Jobs hängen bleibt, an dem sie oder die anderen glauben, noch nachbessern zu müssen. Etwa beim neuen Akquiseschreiben, das seit zwei Wochen fertig sein soll und das noch immer in der x-ten Korrekturschleife festhängt. »Wir bekommen einfach zu wenig auf die Reihe«, flucht Martha leise vor sich hin. Sie startet den Motor. Soll sie heute Abend nicht besser zu Hause bleiben? In Gedanken geht sie nochmals ihre Aufgaben durch. Als ihre Hände nach dem Steuer greifen, denkt sich Martha: Warum habe ich mein Leben eigentlich nicht im Griff?

Manche unserer Zukunftsbilder jagen uns bei ihrer Entstehung einen Schauer der (Vor-)Freude über den Rücken.

Gerade wenn wir sie uns in allen konkreten Details vorstellen. Der Übergewichtige, der sich selbst als durchtrainierten Mann vor Augen hat. Der Südamerika-Abenteurer in spe, der sich vorstellt, wie es ist, schon in einigen Monaten fließend Spanisch zu sprechen. Der Bereichsleiter, der seine Mannschaft in drei Quartalen auf einem neuen Erfolgslevel sieht. In diesen Momenten sind wir von der Größe und der Magie unseres Zukunftsbildes beeindruckt – wir fühlen uns wie Helden. Seht her, das ist meine Idee. Ich bin meine Idee.

Aber viel zu viele unserer Vorhaben werden ganz einfach nie verwirklicht. Oder nicht so, wie wir uns das vorstellen. Weil nach dem heroischen Moment ihrer Geburt der graue Alltag kommt. Der gewohnte Trott. Und mit ihm unsere Unfähigkeit, die Ideen auf die Straße zu bringen.

Da sind zuerst die vielen anderen alltäglichen Aufgaben, die wir keinesfalls ignorieren können. Da ist der Arzttermin, den wir besser nicht noch einmal verschieben sollten. Das regelmäßige Meeting, von dem unser Chef unbedingt will, dass wir mit dabei sind. Der Sohn oder die Tochter, die darauf warten, dass wir sie von Schule oder Kita abholen. Die Präsentation für den wichtigsten Kunden, die – komme, was wolle – morgen fertig sein muss. Ja, wir haben Aufgaben, an denen kein Weg vorbeiführt. Und manchmal bleibt durch all diese Dinge scheinbar nur noch sehr wenig Zeit übrig für das, was wir als unser ureigenes Ziel erkannt haben.

Dennoch finden wir immer wieder Zeit für sinnlose, aber konditionierte Verhaltensweisen. So schreiben und beantworten viele zum Beispiel unzählige E-Mails jeden Tag. Sie geben jeder noch so unwichtigen Nachricht höchste Priorität, weil sie einfach nicht anders können, als beim kleinsten Impuls von außen all das stehen und liegen zu lassen, was für sie selbst gerade von größerer Bedeutung sein sollte.

Wir flüchten vor unangenehmen Aufgaben in die Zerstreuung, in soziale Netzwerke, auf die News-Webseiten, die uns mit aktuellen Nachrichten wunderbar ablenken. Oder wir beschäftigen uns mit etwas anderem, das auf möglichst einfache Weise einen kurzen Glückrausch verspricht. Das Wunderbare ist: Wir fühlen uns dabei sehr lebendig und aktiv. Zumindest bilden wir uns das gerne ein. Die Wahrheit aber ist: Wir reagieren nur auf das, was von außen, von unseren Kollegen, Freunden, unserer Familie auf uns einstürmt. Oder wir reagieren auf das, wozu uns unser innerer Schwarm verleitet. Packt uns etwa die Versagensangst im Angesicht einer Herausforderung, wie gut tut dann ein längeres, scheinbar unaufschiebbares Telefonat mit einem Kunden oder dem besten Freund. Wie gut tut dann das erfolgreiche Abarbeiten von einfachen, aber eigentlich völlig unwichtigen Aufgaben, zum Beispiel das Archivieren der E-Mails, das Engagement bei der Planung der Firmenfeier oder das Abarbeiten privater Verpflichtungen.

Wer bei ersten Hindernissen mit einem Fluchtreflex reagiert, kommt nicht weiter. Wer seine selbst gesteckten Ziele nicht erreicht, geschweige denn konsequent angeht, der besitzt vor allem eines nicht: Disziplin. Aber ohne Disziplin können wir niemals Herr unserer selbst sein. Dann lassen wir unseren Alltag von anderen verplanen, folgen leichthin den falschen Impulsen von außen oder in uns selbst. Wir handeln fremdgesteuert und verschwenden dabei einen Großteil der wenigen und deshalb umso kostbareren Lebenszeit, die uns zur freien Verfügung steht.

Hinter der typischen Aufschieberitis, die uns den Luxus frei verfügbarer Zeit stiehlt, steht vor allem ein Mangel an Selbstbewusstsein! Denn wann fangen wir an, wichtige Vorhaben aufzuschieben? Wenn wir keine Kontrolle haben über unsere Zeit. Wenn wir also nicht fähig sind, uns selbst und unser Verhalten zu steuern. Damit geben wir die Kontrolle über das eigene Leben ab. Wie aber sollen wir dann das Selbstbewusstsein entwickeln, das für ein erfolgreiches Leben unabdingbar ist?

Das tun, was für uns selbst wichtig ist

Die meisten von uns haben es im Alltag nicht mit einem Ziel zu tun, sondern mit vielen unterschiedlichen zugleich. Da soll das eigene Haus renoviert, der Urlaub geplant und im Job ein wichtiges oder gleich mehrere dringende Projekte angeschoben werden. Unsere Ziele konkurrieren miteinander. Manche von uns reagieren darauf, indem sie sich in alle Aufgaben gleichzeitig stürzen und darin aufreiben. Andere lassen es angesichts des Berges vor ihnen lieber gleich sein und warten stoisch ab, was passiert. So oder so: Auf keinem der beiden Wege werden wir uns gut fühlen noch werden wir erfolgreich sein. Wir gewinnen nur die Kontrolle, wenn wir selbst eine Entscheidung treffen: Was ist uns wirklich wichtig? Auf was können und wollen wir uns konzentrieren, auf was verzichten? Manchmal eine schmerzhafte Entscheidung. Ich selbst tappe fast jede Woche in dieselbe Falle, dass ich mir zu viel vornehme. Aber nur wenn ich das weiß, kann ich daran etwas ändern und meine Ziele und Vorhaben reduzieren.

Wenn die Bereichsleiterin einer Versicherungsagentur ein neues Geschäftsmodell umsetzen will, dann wird sie nicht noch die von der Geschäftsführung empfohlene IT-Umstellung nebenbei mit organisieren. Wenn wir die Beziehung zu unserem Lebenspartner verbessern wollen, indem wir gemeinsam mehr Zeit verbringen, dann wird aus dem gewünschten Theaterbesuch keine Eventualität, sondern ein fester Termin. Ein Termin, den wir auch dann nicht verschieben, wenn ein Chef oder Kunde auf ein sofortiges Gespräch drängt. Setzen Sie den Fokus, für sich selbst und die anderen, die auf Ihr Handeln reagieren müssen. Ob Sie der Herrscher über Ihre eigene Zeit sind, das merken Sie, wenn Sie sich nicht reaktiv verhalten, sondern etwas selbstbestimmt nach vorne treiben.

Wer aber seine eigenen Prioritäten setzt, muss damit rechnen, andere vor den Kopf zu stoßen. Etwa den eigenen Chef, der einem gerne zwischendurch die eine oder andere Aufgabe zusätzlich auf den Tisch legt. Wenn Ihnen bewusst ist, dass Sie gerade Wichtigeres für das Unternehmen zu tun haben, dann konzentrieren Sie sich konsequent darauf – auch wenn Sie dafür sicher keinen Applaus erwarten dürfen. Sie gewinnen dafür aber an Statur und Selbstbewusstsein: Sie sind nicht der Getriebene, der Ohnmächtige, sondern Sie bestimmen, was Sie wann tun, und übernehmen für diese Entscheidung die Verantwortung.

Konzentrieren wir uns auf ein Ziel, dann beschränken wir uns auf die Aktivitäten, die uns am schnellsten dorthin bringen. Wie oft kommt es vor, dass wir stattdessen Dinge tun, die unser Tempo verlangsamen? Sei es, dass wir im Job Arbeitstreffen einberufen, die für viele Diskussionen sorgen, aber für keine Entscheidung, sei es, dass wir uns damit aufhalten, To-do-Listen anzulegen, mit vielerlei Aufgaben, von denen wir meinen, sie auf unserem Weg zum Ziel erledigen zu müssen.

Entscheiden Sie sich für das Richtige, indem Sie vom Ende her denken: Was müssen Sie als Nächstes tun, um ein Projekt erfolgreich zu machen, in einer Sportart besser zu werden oder beim Erlernen einer Sprache weiterzukommen? Tun Sie genau das und nur das!

Nicht gegen sich selbst arbeiten

Es ist nicht so, dass nur unser Umfeld Forderungen an uns stellt und uns von dem abhält, was wir eigentlich tun wollen. Wir selbst sind es häufig, die nicht anders können, als uns für alles Mögliche zuständig zu fühlen oder die auf nichts verzichten wollen und in schwierigen Momenten lieber den bequemeren Weg gehen.

Wie oft sind wir der Überzeugung, dass uns Freunde von einem Vorhaben ablenken? Nach der Arbeit wollten wir zum Beispiel ganz klassisch zum Sport – aber dann kommt die Einladung auf ein Bier. Dann müssen wir eigentlich konsequent sein, Prioritäten setzen, das tun, was wir uns vorgenommen haben, auch wenn das Angebot der anderen verlockend klingt. Stattdessen geben wir häufig nach und tun das, worauf wir in diesem Moment mehr Lust haben. Genießen wir das dann? Meistens nicht. Wir nehmen die Einladung zum Bier an und fühlen uns dabei auch noch schuldig. Machen uns Vorwürfe, weil wir nicht unserem eigentlichen Ziel nachgekommen sind. Was für ein Unsinn!

Wenn Sie sich einmal nicht danach fühlen, Sport zu machen, oder nach einem anstrengenden Flug nicht genug Energie für die Entwicklung einer Geschäftsidee aufbringen, dann sollten Sie es ruhig auch mal sein lassen. Aber seien Sie sich bewusst: Das ist ein schmaler Grat. Je häufiger Sie eine Aufgabe vor sich herschieben, desto eher wird Ihre Aufschieberitis chronisch. Sie brauchen deshalb ein feines Gespür für Ihre eigene Leistungsfähigkeit und insbesondere die Flexibilität, Dinge im Zweifelsfall auch einfach mal sein zu lassen. Verwechseln Sie Disziplin nicht mit Härte sich selbst gegenüber!

Zu oft sind wir unsere größten Kritiker, unsere größten Ankläger. Tun Sie das nicht. Wenn Sie entscheiden, dass Sie heute etwas nicht tun, dann gestatten Sie es sich, sich dabei gut zu fühlen. Muss das ein Widerspruch sein zu einem disziplinierten Leben? Nein, überhaupt nicht! Es kommt auf unsere Haltung uns selbst gegenüber an, die richtige Art von Disziplin: Arbeiten Sie nicht gegen sich selbst. Lernen Sie, wann Ihnen Disziplin leichtfällt.

Je routinierter wir Dinge tun, desto leichter fallen sie uns. Die üblichen Assoziationen zu Disziplin, wie Überwindung und Anstrengung, treffen nicht mehr zu, wenn wir die richtigen Gewohnheiten für uns etablieren.

Wir müssen dafür herausfinden, wie wir am besten arbeiten können. Wann schaffen wir am meisten – frühmorgens oder später am Tag? Wie lange können wir uns am Stück konzentrieren – eine Stunde oder eine halbe? Finden Sie Ihren eigenen Rhythmus aus Leistung und Erholung, bei dem Sie sich auf das konzentrieren, was notwendig ist, um so schnell wie möglich Ihr Ziel zu erreichen.

Mehrere kleine Ziele statt einem großen

Die meisten Ziele sind zu groß und zu abstrakt, um damit direkt in Aktion treten zu können. Wer sich zum Beispiel vornimmt, eine Fremdsprache zu lernen, hat von sich ein klares Bild vor Augen, wie er mit anderen Menschen gute und spannende Gespräche führen kann, im Urlaub glänzt mit seinen Kenntnissen und sich wohlfühlt im eigentlich fremden Land. Wie das Erlernen aber im Alltag vonstattengehen soll, das ist erst einmal nicht klar, davon gibt es kein Bild. Jeden Tag nonstop Vokabeln zu pauken, das kann nicht der Sinn sein, wenn wir nach einer Woche immer noch Spaß daran haben und zufrieden mit uns selbst sein wollen.

Auch die Idee, aus einer profitorientierten eine kundenorientierte Versicherungsagentur zu machen, klingt reizvoll. Aber wo setzen wir am nächsten Tag, in der nächsten Woche an? Was weckt unseren Ehrgeiz, spannende Ablenkungen von außen zu ignorieren? Was bringt uns dazu, dranzubleiben und immer wieder Erfolgserlebnisse zu haben?

Das Einzige, was Ihnen Kontrolle über Ihr Handeln und damit Selbstbewusstsein gibt, ist das konsequente Einteilen der eigenen Zeit. Verzichten Sie dabei auf eine To-do-Liste. Sie ist nur ein Zwischenhändler zwischen dem Ergebnis, was Sie erreichen wollen, und der Zeit, die Ihnen zur Verfügung steht. Entscheidend ist, dass Sie sich nicht Ihre Aufgaben aufschreiben, sondern in Ihrem Kalender die Zeit blocken, die Sie brauchen, um ein bestimmtes Ergebnis zu erreichen. Falls Ihnen die Entwicklung einer Geschäftsidee wichtig ist, dann blocken Sie dafür die notwendige Zeit – sonst ist Ihnen diese Aufgabe nicht wichtig. Wenn Sie sich zum Beispiel 45 Minuten am Stück konzentrieren können, dann tragen Sie in Ihrem Kalender so viele 45-Minuten-Zeitblöcke ein, wie Sie benötigen, um an ein bestimmtes Ziel zu gelangen.

Was bedeutet es zum Beispiel für eine Versicherungsagentur, 2.400 Neuversicherte in nur einem Jahr zu werben? Wenn wir uns solch ein Zukunftsbild vornehmen und es herunterbrechen in konkrete, kurzfristig greifbare Zieletappen, dann verschafft uns das ein Gefühl der Kontrolle. Dann werden aus 2.400 angestrebten Neukunden im Jahr 200 im Monat und 50 pro Woche. Und für jeden Einzelnen dieser potenziellen Kunden braucht es einen individuellen Akquisebrief. Angenommen, wir brauchen für die

Anfertigung eines Briefes jeweils eineinhalb Stunden, dann ergibt das pro Woche 75 Stunden für unser Team. Und wenn wir Routine haben, dann brauchen wir sogar weniger Zeit. Die Zeit, die wir für einzelne Aktionen verwenden wollen, tragen wir als fest geblockte Zeitfenster in unseren Kalender ein. Nicht zehn Stunden am Stück, sondern als Zeiteinheiten, in denen wir optimal vorwärtskommen. Reicht unsere Konzentration für eine Dreiviertelstunde, dann bekommt jeder Brief eben genau zwei mal 45 Minuten.

Was aber, wenn uns die vorhandene Zeit, egal wie wir sie drehen und eintragen, nicht ausreicht? Es ist egal, ob wir nach Ablauf eines Zeitblocks fertig sind oder nicht. Wir machen erst mal eine Pause, und zwar ohne uns dafür schuldig zu fühlen. Und widmen uns dann der Arbeit, für die wir als Nächstes einen Zeitblock in unseren Kalender eingetragen haben. Sonst laufen wir einen Marathon, den wir nie gewinnen können. Die Folge: Am Ende des Tages sind wir mit unserer Leistung unzufrieden, weil wir nicht alles geschafft haben, was wir uns vorgenommen haben. Das ist das falsche Denken in To-do-Listen. Aber darum geht es nicht.

Erst am Ende der Woche reflektieren wir, was wir getan haben. Wir überprüfen, ob wir unsere angestrebten Ergebnisse erreicht haben. Falls nicht, dann haben wir uns eben in der Zeit verschätzt und können daraus lernen. Wir gewinnen die Erkenntnis, was wir in der nächsten Woche besser machen können. Aber die perfekte Ziellandung wird uns dennoch nur sehr selten gelingen. Meist kommt es eben anders, als man denkt. Und darauf müssen wir flexibel reagieren, ohne uns dafür schuldig zu fühlen oder mit verbissenem Aktionismus zu reagieren.

Wir müssen einsehen: Es geht nie darum, das perfekte Ergebnis abzuliefern.

An allem kann man immer noch ein bisschen länger arbeiten, daran feilen, sichergehen, dass nichts übersehen wurde und so weiter. Aber dadurch wird das Ergebnis nicht unbedingt besser. Folgen Sie dem ersten Impuls, er leistet Ihnen gute Dienste. Zum Beispiel bei der Kleidung: Wir können ewig vor dem Spiegel hin- und herlaufen und diverse Outfits anprobieren – am Schluss tragen wir vermutlich kein besseres am Leib als beim ersten Versuch. Nur dass wir 20 Minuten und einige Nerven verloren haben. Wir können an einer Präsentation tagelang alles hin- und herschieben, neu texten und wieder umschmeißen – der Qualitätssprung zur ersten Version wird zu gering sein, als dass Arbeitszeit und -aufwand zu rechtfertigen wären.

Deshalb gilt: Eine Arbeit braucht genau so viel Zeit, wie wir ihr geben.

Das, was wir wirklich erreichen müssen, ist ein Rhythmus, der zu uns und unserem Leistungsvermögen passt. Ein Rhythmus aus Sprint, Pause, Sprint, Reflexion und wieder Sprint. Teilen Sie die Aufgaben in Ihrem Leben so ein, dass die tägliche Disziplin kein selbstquälerischer Kraftakt ist, sondern eine Abfolge angenehmer Gewohnheiten, bei denen Sie regelmäßig durchschnaufen können und mit Freude an die nächste Aufgabe gehen. Disziplin, das bedeutet nicht Kampf. Im Gegenteil. Auch wenn Sie sich ab und an überwinden müssen, eine Aufgabe zu beginnen: Entscheidend ist, was Sie leisten können, wenn Sie mit sich selbst arbeiten und nicht gegen sich.

Martha lässt den Motor an, fährt los und denkt darüber nach, was sie heute zustande gebracht hat. Sie hat das wöchentliche

Treffen mit den Vertriebsmitarbeitern um die Hälfte der Zeit gekürzt. Hat es geschadet? Nein, weil in der knappen Zeit jeder auf den Punkt kam. Auch am Gesprächsleitfaden für die Telefonberatung ist ein Haken dran. Nachdem sie ihrem Team nur einen weiteren Tag dafür gegeben hat, lag es auf einmal auf dem Tisch. Und dann haben ihre Vertriebsmitarbeiter den Gewinn von 50 Neukunden vermeldet. So viele, wie sie mit ihnen vereinbart hatte. Dass in ihrer Inbox noch einige unbeantwortete Mails liegen, das kümmert sie jetzt nicht. Wir bewegen uns, denkt sich Martha, und fährt entspannt nach Hause.

Kapitel 25

Halte aus und durch:
Setze dein Ziel über den Schmerz

Wenn Menschen sich selbst beschreiben, dann gehört die Eigenschaft »Ich bin keiner, der so einfach aufgibt« zu den häufigsten Selbsteinschätzungen. Wie sehr viele Menschen damit danebenliegen, habe ich vor einigen Jahren beobachten können. Ich trainierte damals Triathlon. Und da die Disziplin Schwimmen nicht zu meinen Stärken gehörte, schwamm ich als Frühaufsteher jeden Morgen in meinem Fitnessklub um die Ecke meine Runden. Normalerweise fand ich ein halbwegs leeres Becken vor. Nur in den ersten Tagen nach Neujahr war das immer anders. In den ersten Januarwochen schien der Schwimmsport vom einen auf den anderen Tag etliche neue Anhänger gewonnen zu haben. Hinter, vor und neben mir strampelten sich plötzlich Menschen aller Alters- und Gewichtsklassen ab. In ihren Blicken jede Menge Enthusiasmus. Es war unübersehbar: Diese Männer und Frauen hatten sich etwas vorgenommen. Ein paar Kilo runter, sportlicher werden, gesünder leben, was auch immer sie bewog, frühmorgens ins Schwimmbad aufzubrechen. Es wurde fast ein bisschen eng im Becken. Doch nach ein paar Tagen schien die Begeisterung meiner Mitschwimmer für ihren neuen oder wiederentdeckten Sport merklich abzunehmen. Bereits nach zwei Wochen schwamm ich wieder mit den wenigen anderen »Stamm-kunden« meine Bahnen. Dabei ging mir eine Frage nicht aus dem Kopf: Warum geben die meisten Menschen, die sich etwas vorgenommen haben, so schnell wieder auf?

Die Geschäftsleitung hat es sich in ihren Sitzen bequem gemacht und schaut nun erwartungsvoll nach vorne. Martha hat ihnen für heute eine Präsentation angekündigt. Während Martha noch den Beamer richtig einstellt, denkt sie über ihr eigentliches Ziel nach: Ihr Modell der neuen Versicherung läuft in ihrem Bereich mittlerweile so vielversprechend, dass man es doch nun in ganz Deutschland umsetzen könnte.

Ohne falsche Zurückhaltung legt Martha los. Singt das Loblied auf ihr Team und was sie alles erreicht haben. Sie zeigt auf einen Kurvenverlauf, der anfangs einen waagerechten Strich bildet, um dann am Ende immer rasanter anzusteigen. Das sind ihre Neukunden am Ende des letzten Quartals, die sie auch dank der Empfehlungen ihrer Bestandskunden gewonnen hat. Marthas Prognose für die nächsten Monate lassen einige in der Runde anerkennend nicken. Sie bekommt Applaus. Gut gelaufen, denkt sich Martha.

Kaum aber verebbt das letzte Klatschen, melden sich andere Stimmen. Der Chefcontroller zitiert ihre Prognosen von vor einigen Monaten. Danach hätte das Plus an Neukunden viel früher kommen müssen. Das ist es aber nicht. Martha kontert, dass die Gewinne dafür jetzt sogar noch höher sind. Der Controller beharrt auf ihren alten Zahlen und auch der Geschäftsführer aus dem Geschäftskundenbereich runzelt kritisch die Stirn. Martha überlegt kurz, ob es richtig war, schon jetzt den Vorschlag zu machen, ihre Idee auch auf Geschäftskunden übertragen zu wollen. Zu spät, denkt sie sich, und versucht noch einmal, die Mehrheit der Runde für sich zu gewinnen. Sie deutet auf die abnehmende

Krankheitsrate in ihrem Bereich und vergleicht sie mit den anderen Bereichen. Jetzt erheben sich einige der Bereichsfürsten und weisen ungefragt jede Kritik von sich. Dabei hatte Martha gar nicht vor, hier irgendjemanden zu kritisieren, wie sie beteuert. Es nützt aber nichts. Längst hat sie sich in einer Schlacht um Zahlen und Eitelkeiten verheddert. Noch eineinhalb Stunden lang wiederholen sich die Argumente auf beiden Seiten immer und immer wieder. Es bringt nichts, die Kritiker überzeugen zu wollen, stellt Martha frustriert fest. Als sie mit einem verkrampften Lächeln jeden Einzelnen verabschiedet, hat sie die Idee, das gesamte Unternehmen zu verändern, gefühlt bereits ad acta gelegt.

Es ist einfach, sich etwas vorzunehmen. Es aber umzusetzen, das ist meistens schwerer als gedacht. Jeder, der schon einmal ein ehrgeiziges Vorhaben begonnen hat, kann davon ein Lied singen. Zum Beispiel Freizeitsportler, die beschließen, zweimal pro Woche vor der Arbeit in der Schwimmhalle noch einige Runden zu drehen. Das Aufstehen fällt dann doch schwerer als vermutet. Draußen ist es dunkel und kalt. Und nach dem Schwimmen packt einen im Büro plötzlich eine Müdigkeit, mit der man nicht gerechnet hat. Und da soll ich jetzt jede Woche zweimal durch?, fragen sich die Ersten nach kurzer Zeit. Wenn dann auch noch der schnelle Effekt fehlt, man sich nach den ersten Malen noch nicht stärker, gesünder, fitter fühlt, dann erlahmt der vormals so siegessichere Wille schnell. Wir können uns nicht mehr überwinden.

Oder unsere so großartige Idee im Job: Wir erzählen begeistert den Kollegen und Chefs davon, dass wir endlich die alte Website der Firma völlig neu gestalten wollen, haben viele großartige Einfälle dazu. Die anderen finden das klasse.

»Mach doch mal«, heißt es dann. Und wir gehen los wie die Feuerwehr. Weil wir aber keine Experten für Websites sind, fällt uns dann schnell auf, dass wir uns da auf ein größeres Projekt eingelassen haben als gedacht oder erhofft. Der Webdesigner, der uns Layoutvorschläge machen soll, braucht ein Konzept von uns, wo wir eigentlich hinwollen. Der Programmierer stellt uns unterschiedliche technische Möglichkeiten vor, die wir nicht so richtig verstehen. Gleichzeitig melden sich die Nachbarabteilungen und wollen am Entwicklungsprozess beteiligt werden. Jetzt wird alles viel komplizierter als gedacht. Als wir unserem Chef dann einen Kostenvoranschlag vorlegen, lehnt dieser ab. Wir verhandeln noch mal mit den Dienstleistern. Als der Chef auch den neuen Vorschlag ablehnt, sind wir doch ganz froh, dass das Projekt vorerst auf Eis gelegt wird. Wir haben jetzt auch erst mal Besseres zu tun.

Wenn uns im ersten Moment ein neues, ganz unverdorbenes Bild in der Zukunft in den Bann zieht, dann können wir uns genau vorstellen, wie toll die neue Website werden wird, wie dynamisch wir unsere Runden im Schwimmbad drehen werden und wie gut sich das alles anfühlen wird. Was wir in diesem Moment aber nicht vor unserem inneren Auge sehen, sind all die Hindernisse auf dem Weg dorthin. Wenn wir mit unserem unbedarften Enthusiasmus losrennen und Geschwindigkeit aufnehmen wollen, dann treffen wir sehr schnell auf diese Hindernisse. Und nach kurzer Zeit steht da vor unserem inneren Auge kein einzelnes Hindernis mehr, sondern ein ganzer Berg. So klar, wie wir zu Beginn unser Erfolgsbild in die Zukunft projiziert haben, sehen wir uns jetzt selbst am Fuße dieses Berges stehen. Oder auch vor einer endlosen, wüsten Ebene, die wir wohl oder übel durchqueren müssen.

Egal, was wir uns vornehmen: Nie wird uns jemand einen roten Teppich ausrollen, auf dem wir bequem vorwärtsschreiten. Stattdessen lauern überall Schlaglöcher, Schlammpfützen und viele kaum zu benennende Hindernisse, die uns mächtig aufhalten oder auch gänzlich stoppen können. Da ist unsere eigene Trägheit, unsere Sehnsucht nach reibungslosen Tagesabläufen. Und da ist der Widerstand der anderen, die von unseren Vorhaben betroffen sind. Die in einen Strudel der Veränderung hineingezogen werden und die Ihr Interesse am Status quo, ihre Bedenken, ihre Kritik, ihre Unlust lautstark und destruktiv bekunden. Wenn all diese Herausforderungen sichtbar werden, dann überkommt uns der Eindruck, dass dieser Prozess, den wir selbst angestoßen haben, äußerst mühselig werden wird. Wir wissen, dass wir für jeden Schritt, den wir weiterkommen wollen, seelische und oft auch körperliche Schmerzen ertragen müssen, denen wir möglicherweise nicht gewachsen sind: die Überstunden, die wir leisten müssen, die endlosen Diskussionen, die wir auszuhalten haben, die Unsicherheit und die Probleme, für die uns die andern verantwortlich machen werden, die Unruhe und die Angst, die uns nachts den Schlaf rauben kann, die Furcht vor jeder Auseinandersetzung, die uns blüht.

Und dann passiert es manchmal ganz unbewusst: Wir beginnen nachzulassen in unseren Anstrengungen, weichen ein kleines bisschen zurück, wo wir unsere Position zuvor noch behaupteten. Wir lassen unser Ziel von anderen verwässern oder tun das sogar freiwillig selber. Wir rücken ab, wovon wir eben noch überzeugt waren. Und wenn wir wie ein Marathonläufer bei Kilometer 30 an einem toten Punkt anzukommen glauben, dann stehen wir endgültig vor der Entscheidung: weitermachen oder aufgeben? Was erwartet mich, wenn ich jetzt aufhöre? Und was erwartet mich an Kilometer 42?

Seien Sie sicher: Aufgeben ist so gut wie nie die beste Lösung!

Den anderen Weg gehen

Die endlose Ebene, die sich vor Ihnen ausbreitet, oder der Berg, der sich vor Ihnen auftürmt – die müssen Sie gar nicht immer überwinden. Auch wenn Ihnen diese oft als der kürzeste Weg zum Ziel erscheinen: Manchmal ist es erfolgversprechender, wenn wir unsere Kraft auf einer alternativen Route zum Einsatz bringen. Dafür müssen wir das, was bis dahin passiert ist, richtig bewerten können. Und zwar kühl und überlegt.

Wenn wir etwa in einem Gespräch mit Kollegen oder Kunden merken, dass wir mit einem Vorhaben beim besten Willen nicht weiterkommen, dann überlegen wir nicht sofort, wie wir eben auf anderen Wegen zum Ziel kommen, sondern wer die Schuld für dieses Problem trägt. Wer ist dafür verantwortlich? Unsere Kollegen, die zwar bemüht sind, aber einfach nichts auf die Reihe bekommen? Oder meine eigenen Entscheidungen, die offensichtlich schlecht getroffen wurden? Mein eigenes Unvermögen, konsequent genug zu handeln? Meine fehlende Kompetenz? Machen wir uns auch sonst im Leben gerne für alles, was uns Schlechtes widerfährt, selbst verantwortlich, dann suchen wir wohl auch in solch einem Fall schnell die Schuld bei uns selbst. Vielleicht schämen wir uns sogar vor den anderen, weil wir es nicht oft genug probiert, nicht clever genug angestellt haben. Unsere Vorgesetzten weigern sich, unseren Vorschlag anzunehmen? Dann haben wir das Konzept eben zu schlecht vorbereitet. Dann waren wir nicht gut genug. Und schließen daraus, dass wir eben noch mehr Arbeit in die Präsentation stecken müssen. Dann wird das Problem verschwinden, der Chef Ja sagen.

In diesen Momenten sind wir selbst unser größter Gegner. Aber weder wir selbst noch die anderen tragen die Schuld am Misslingen eines Vorhabens. Wenn ein Prozess ins Stocken gerät, ein Projekt keine Unterstützer findet oder erst einmal auf Eis gelegt wird, ist jede Art von Schuldgefühl oder -zuweisung völlig sinnlos und eine Vergeudung unserer Energie.

Die Wut, die uns möglicherweise packt – auf uns selbst oder die anderen – sollte uns nur eines zu verstehen geben: Es macht nicht unbedingt Sinn, den einmal eingeschlagenen Weg weiterzugehen, an einer Präsentation zum x-ten Mal etwas zu verbessern, zu versuchen, diesen oder jenen, der uns ablehnend gegenübersteht, für uns zu gewinnen. Unsere Wut ist ein Stoppschild: Hier geht es für uns erst einmal nicht weiter! Aber dass es hier nicht weitergeht, bedeutet nicht, dass es nicht woanders weitergehen kann.

Wir müssen flexibel bleiben. Wenn unsere Vorgesetzten keine Anstalten machen, auf unseren Vorschlag einzugehen, oder wenn wir es frühmorgens nicht schaffen, alleine schwimmen zu gehen, dann findet sich eben eine andere Möglichkeit, wie wir ein Projekt vorantreiben oder unsere Fitness verbessern können.

Im ersten Fall, bei einem Projekt, für das wir die Zustimmung eines Vorgesetzten brauchen, könnte es von Vorteil sein, wenn wir vor dem nächsten Treffen ein paar neue Allianzen schmieden. Sozusagen Lobbyarbeit im eigenen Unternehmen betreiben. Am nächstliegenden wäre es, die wichtigsten Meinungsführer in Zweiergesprächen für uns zu gewinnen, um dann beim nächsten Teammeeting unseren Vorgesetzten vor eine völlig neue Situation zu stellen. Zu viele Menschen glauben, es reicht, wenn sie ihre gute Idee so oft wie möglich mit viel Tamtam präsentieren, um dann enttäuscht festzustellen, dass sie damit immer wieder gegen dieselbe Wand laufen.

Wenn Sie da keine Risse in der Wand sehen, dann umgehen Sie die Wand!

Entscheidend ist nicht, dass Sie sich sinnlos viele Beulen holen, sondern dass Sie überhaupt einen Schritt weiterkommen. Und zwar so schnell wie möglich.

Gerade wenn wir ins Stocken kommen, unser Vorhaben droht, sich an einem Hindernis zu verhaken, kommt es auf jeden kleinen Fortschritt, auf jede Dynamik an.

Das Schwimmen im vernebelten Morgengrauen klappt nicht? Warum dann nicht am Abend nach dem Job einen Kurs belegen, in dem wir gemeinsam mit anderen aktiv werden? Wir zahlen Geld dafür, der Trainer wartet auf uns – allein das sollte dazu führen, dass wir regelmäßig erscheinen. Wir bewegen uns in Richtung Ziel, kommen ihm ein Stückchen näher, das reicht fürs Erste.

Durchhalten!

Wenn unsere Idee von den Entscheidern abgelehnt wurde, kommt meist nicht die große Stille nach dem Knall, sondern überfluten uns jede Menge wilder Emotionen. Wir ärgern uns über uns selbst und über andere. Vielleicht wachen wir nachts auf und spielen in Gedanken alles nochmals durch, was schiefgelaufen ist. Das ist frustrierend. Wir machen uns Vorwürfe.

Aber können wir aus der Tatsache, dass wir vorübergehend in einer Sackgasse gelandet sind, folgern, dass unsere übrigen Bemühungen keinen Sinn mehr ergeben? Dass wir generell Versager sind? Wir also gleich alles ganz sein lassen sollten und am besten im nächsten Erdloch verschwinden? Wenn Sie so denken, dann werden Sie am besten Comiczeichner und erfinden Sie Superhelden, denen Sie all die Eigenschaften zuschreiben können, die Sie sich selbst nicht zutrauen.

Wenn Sie aber Unternehmer sind, Privatier mit einer genialen Idee oder einfach nur ein Mensch mit einer Vision, dann hören Sie auf, sich kleiner zu machen, als Sie sind. Das frustriert nicht nur Sie selber, sondern auch Ihre Umgebung! Stehen Sie auf und leuchten Sie als Fixstern für Ihren Schwarm, selbstbewusst, weil von sich und Ihrer Idee überzeugt.

Denn was wir oft nicht erkennen: Wir sind eigentlich wie ein Boxer im Ring. Haben hart trainiert und nun einen fiesen Niederschlag eingesteckt. Aber, und das ist ganz wichtig, wir sind nicht k. o. gegangen. Erst wenn wir nicht wieder aufstehen, wird der Gong zur finalen Niederlage geschlagen. Der Kampf ist noch nicht entschieden! Wir können an den Ringseilen und unter dem Anfeuern unserer Verbündeten weiterkämpfen und alles noch drehen.

Das müssen wir uns bewusst machen. Am Tag nach unserem gefühlten Scheitern, wenn wir in Ruhe alles noch einmal durchgehen, unsere Schuldgefühle und unseren Ärger beiseiteschieben, schauen wir, was eigentlich wirklich passiert ist. Was war die Ausgangslage und wie sind wir hier gelandet? Was war die Strategie unserer Kontrahenten und warum hat unsere nicht gezündet? In einer solchen Analyse ist kein Raum für Angst.

Wenden wir lieber ganz bewusst das Worst-Case-Szenario an und vergleichen wir es mit unserer aktuellen Situation. Haben sich nicht vielleicht doch schon ein, zwei gute Dinge mehr getan, die wir übersehen oder vergessen haben? Hat vielleicht zumindest einer im Kreis unserer Ansprechpartner Interesse signalisiert? Das wäre doch ein Ansatzpunkt. Oder steht unser Punkt auch beim nächsten Treffen der Geschäftsführerrunde auf der Agenda, weil man meint, es noch nicht abschließend besprochen zu haben? Das wäre die nächste Runde, in der alles wieder offen sein kann. Das sind Signale für uns, dass die Fronten verhärtet, aber nicht gemauert sind.

Wenn wir mit viel Elan unser Projekt angefangen und nach vorne getrieben haben, finden wir so etwas zwar so frustrierend wie Stop-and-go-Verkehr auf der Autobahn. Aber sollte man deswegen den Wagen einfach stehen lassen und aussteigen?

Nur wenn Sie den sicheren Eindruck haben, dass Ihrem Projekt auf den nächsten Metern so oder so die Luft ausgehen wird, dann können Sie tatsächlich entscheiden: bis hierher und nicht weiter. Denn Ihre Ressourcen sollten Sie immer möglichst effizient einsetzen und nur mit Aussicht auf Erfolg – und sei diese Aussicht auch nur eine leidenschaftliche Vision. Aber vielleicht haben Sie längst eine andere, vielversprechendere Idee in petto, in der Sie Ihre Energie sinnvoller investieren können.

Falls dem aber nicht so ist und Sie trotz des Kopfstoßes, den Sie bekommen haben, immer noch ein Licht am Horizont erkennen, dann lohnt es sich, Kämpferhaltung einzunehmen. Stellen Sie sich vor, dass Sie im Beispiel von eben in fünf weiteren Treffen mit Ihren Vorgesetzten oder Kollegen die Chance haben werden, Ihren Punkt auf die Tagesordnung zu bringen und vorwärtszutreiben. Fünf weitere Chancen, in denen Sie jedes Mal scheitern können. Oder Dynamik in den Laden bekommen. Weil Sie jedes Mal ein bisschen mehr Brennmaterial ins Feuer legen, um es für alle sichtbar zu machen. Sie haben fünf Chancen, sich nicht einzureihen in den Konsens der Mehrheit, was natürlich der bequemere Weg wäre. Nein, Sie werden kämpfen und Sie werden sicher weiterhin konstruktive Kritik und Tiefschläge abbekommen. Aber wenn Sie etwas zu verlieren haben, ist das Leben sehr viel aufregender und unser Leistungspotenzial ungeahnt höher.

Wenn Sie von Ihrer Idee überzeugt sind, werden Sie alles daransetzen, jede einzelne dieser Chancen zu ergreifen. Vielleicht ahnen Sie auch, dass es in diesem Umfeld nicht um hopp oder top geht, sondern dass Sie langsam, aber sicher eine Mehrheit gewinnen müssen. Und Sie spüren, dass es in dem Gremium, das über Ihr Vorhaben entscheidet, bereits jetzt einen Befürworter gibt und ein Zweiter unentschlossen ist. Dann greifen Sie beim nächsten Mal dementsprechend wieder an und rütteln an der Festung, die sich vor Ihnen aufgebaut hat, die Sie aber mit ein wenig Geduld Stück für Stück auseinandernehmen können.

Was wir in solchen Momenten brauchen, ist neben unserer Entschlossenheit vor allem Zähigkeit. Und die Bereitschaft, die Schmerzen auszuhalten, wenn uns die offene Ablehnung eines anderen wie ein Faustschlag in die Magengrube trifft oder uns ein harter Wind ins Gesicht bläst. Dann gilt es einzustecken. Und die Furcht, es nicht zu schaffen, muss uns beflügeln und auf keinen Fall runterziehen. Gerade jetzt brauchen wir unser Adrenalin. Wir brauchen die Kraft unserer stillen Wut auf scheinbar unnötige Verzögerungen, damit sie uns stimuliert und in kühl kalkulierten Bahnen das Geschehen lenken lässt. Wir schauen, wo wir zuschlagen müssen, und dann versuchen wir genau das. Ein Kritiker, der einen unsicheren Eindruck macht. Ein Unentschlossener, der die Sache zum Kippen bringen könnte. Ein neuer Unterstützer, der auf der Bildfläche erscheint. Ein äußerer Faktor, der die Spielregeln in einem Markt ändern wird. Sehen Sie hin!

Nichts verletzt den eigenen Stolz mehr, als das Handtuch zu werfen mit der ewigen Ungewissheit, ob nicht doch mehr drin gewesen wäre. Solange Sie selbst noch im Spiel sind, spielen Sie weiter!

Es ist Freitagabend. In der Bar ist Betrieb. Martha stößt mit ihren beiden Kollegen an. Die beiden Bereichsleiter aus Süddeutschland sind zu Besuch in Hamburg. Das nächste Treffen mit der Geschäftsführung steht an. Martha hat sie nach dem letzten Treffen kontaktiert. Weil sie spürte, dass die beiden mehr als die anderen durchaus offen sind für ihre Idee. Sie hat sich nicht getäuscht. Zwei Stunden lang haben sie bei einem inoffiziellen Treffen in einem Restaurant ihr gemeinsames Vorgehen besprochen. Die Bereichsleiter aus dem Süden würden Marthas Idee noch mal vor der Geschäftsführung ansprechen. Auf ihre Art. Mit dem Controllingchef verstehen sie sich gut, die Kritik würde von dieser Seite weniger heftig ausfallen. Und falls doch? Dann würden sie ohne das Go der Chefetage in ihrem eigenen Bereich den Versuch wagen. Als die Gläser klirren, ist sich Martha sicher: Die Sache kommt ins Rollen.

Kapitel 26

Lerne zu scheitern:
Sieh die Niederlage als Anfang

Egal, wie weit wir mit einem Projekt kommen, wie dicht wir vor unserem Ziel stehen: Wir können jederzeit scheitern. Eines Morgens liegt auf dem Schreibtisch im Büro die Kündigung. Oder die Unternehmensführung beendet unser vielversprechendes Projekt mit einem Hammerschlag, obwohl es gerade auf die Zielgerade einbiegt. Unsere Beziehungen zu Freunden oder Ehepartnern gehen trotz aller Bemühungen und Aufwinde in die Brüche. Wir machen uns selbstständig mit einer Geschäftsidee, von der wir ganz und gar überzeugt sind, und erleiden doch irgendwann Schiffbruch, weil sich die Voraussetzungen im Markt schlagartig zu unseren Ungunsten verändern. Da kämpfen wir siegessicher um einen neuen Kunden und nach monatelangem Tauziehen war alles umsonst. Und was machen wir dann? Wenn uns der Schlag der Niederlage so hart trifft und wir realisieren, dass wir gescheitert sind, dass es für uns und unser Vorhaben erst mal nicht mehr weitergeht? Sollen wir uns dann wieder brav einreihen in die nächstbeste Schwarmgemeinschaft, die uns Bequemlichkeit, Sicherheit und Wärme verspricht? Wer sind wir, uns zu untersagen, erfolgreicher zu sein und das immer wieder zu versuchen, gegen jede Kritik?

Für alles, was wir wagen, für jede unserer Bemühungen, die uns über das Mittelmaß des Mainstreams hinaushebt, gibt es eines sicher nicht: eine kurzfristige Erfolgsgarantie. Aber es gibt die Garantie, dass wir, wenn wir dieses Mal scheitern, beim nächsten Mal um ein Vielfaches besser sind – und einem gesetzten Ziel so sicher immer näherkommen. Doch das erfahren wir nur, wenn wir nach dem Niederschlag wieder aufstehen.

Martha hört den harten Schritt des Geschäftsführers schon von Weitem. Sie ahnt, was da auf sie zukommt. Die Tür öffnet sich und sofort steht er wutschnaubend vor ihrem Tisch. »Das Projekt ist abgeblasen. Und das haben Sie sich selbst eingebrockt.« Der Geschäftsführer hat Wind davon bekommen, dass sich andere Bereichsleiter aus Süddeutschland insgeheim Marthas Idee angeschlossen haben. Das war Marthas Versuch, den Widerstand aus den Reihen der Geschäftsführung zu umgehen. Ein falscher Schachzug, wie sich jetzt herausstellt. Als ihr Vorgesetzter unter den erstaunten Blicken der anderen Mitarbeiter aus ihrem Büro stürmt, bleibt Martha konsterniert zurück. Das war es also? Martha sucht nervös nach einem Ausweg, scannt die Bilder in ihrem Kopf. Als ihr das ganze Ausmaß dieser Chefentscheidung bewusst wird, überschlagen sich ihre Gedanken. Wie wird sie das ihren Mitarbeitern erklären – ohne dabei das Gesicht zu verlieren? Und wie soll sie in dieser Firma dann überhaupt noch weiterarbeiten? Wenn sie sich vorstellt, wie einige der erfahrenen Vertriebsmitarbeiter wieder ihr altes Ding durchziehen und am Ende wieder mit ihren Provisionen protzen – welchen Respekt haben die Kollegen dann überhaupt noch vor ihr? Welchen Respekt hat sie vor sich selber – nach diesem öffentlichen Scheitern? Je mehr sie darüber nachdenkt, desto vernichtender fühlt es sich an. Martha geht jeden einzelnen ihrer letzten Schritte, ihrer Prozessentscheidungen

durch. Als sie Feierabend macht, fühlt sie nur noch eines: eine Rie-
senschuld auf ihren Schultern. Sie hat es vergeigt. Beim Abendes-
sen mit ihrem Mann fasst Martha einen trotzigen Entschluss.
»Warum strampele ich mich eigentlich so ab, das lohnt sich doch gar
nicht!«, sagt Martha zu ihrem Mann, mit der spontanen, aber fes-
ten Absicht, ab jetzt den Ball flach zu halten, ihr Geld zu verdie-
nen und ansonsten das Leben zu genießen. Die großen Ideen, so ist
sich Martha nun sicher, lässt sie ab jetzt in der Schublade. Wie viel
Kraft, Adrenalinschübe und Energie auf der Strecke geblieben
sind. Sie hat keine Lust mehr, gegen Windmühlen zu kämpfen.

Eine finale Niederlage ist das Letzte, was wir erleben wollen. Zu viel Frust, zu viel Wut, Trauer, Schuld, zu viel nie-
derschmetternde Emotionen müssen wir bewältigen. Etwas
Positives lässt sich darin im ersten Moment nur schwerlich
erkennen. Es kostet uns Unmengen von Kraft, um wieder
auf die Beine zu kommen. Weil uns normalerweise die Fähigkeit fehlt, solch eine Erfahrung zu schultern.

Und zu oft sitzt uns bereits lange vor der eigentlichen
Niederlage die Angst vor dem Erlebnis des großen Scheiterns schwer im Nacken. Sie hindert uns daran, das zu tun,
was uns im Job wie im Privaten nach vorne bringt. Die
Angst vor dem Scheitern macht jede unserer Haltungen zu-
nichte, mit der wir uns aufrecht und mutig auf ein überra-
gendes Erfolgsniveau bringen können.

Mit dem Mut zum Scheitern erreichen wir mehr

Wer nicht von Anfang an das Schlimmste fürchtet, der
überlegt sich auch nicht dreimal, ob er sich neuen Erfahrungen aussetzen will, sondern tut es einfach. Für den wird
jeder neue Mitarbeiter mit ungewöhnlichem Know-how

nicht zu einem Gegner, der den eigenen Status bedroht, sondern zu einer erwünschten Inspiration.

Wenn wir das eigene Scheitern einkalkulieren, dann fällt es uns wesentlich leichter, aus unserem Erfahrungsgefängnis auszubrechen. Dann richten wir es uns nicht im Status quo gemütlich ein, sondern gestehen uns unter allen Umständen zu, große und zugleich wagemutige Zukunftsbilder jenseits des Alltäglichen zu entdecken. Wir schwelgen in diesen Bildern und wollen sie so schnell wie möglich in die Tat umsetzen. Auf den Gedanken, uns wegen dieser Naivität selbst zu kritisieren, kommen wir nicht. Genauso wenig schütteln wir über uns selbst den Kopf, wenn wir wieder einmal die möglichen Risiken eines ambitionierten Vorhabens übersehen und vorab nicht alles unzählige Male be- und durchdacht haben. Zu sehr sind wir dabei, Dinge einfach zu machen.

Andere in Unruhe zu versetzen, sie aus ihrer bequemen Haltung herauszureißen, um sie für unsere eigene Idee zu öffnen, das trauen wir uns zu, weil wir eben nicht im Zeichen der Angst leben. Der emotionale Aufruhr unserer Mitmenschen erscheint uns keineswegs unkontrollierbar. Warum sollten wir es nicht schaffen, sie alle im Zaum zu halten? Und wenn die Sache doch nach hinten losgeht? Das interessiert uns nicht. Und wenn sich dann etwas in Bewegung setzt, unser Umfeld plötzlich bereit ist für das Neue, das uns schon längst gefesselt hat, dann lassen wir die große Chance, die anderen auf unseren Weg zu leiten und mitzunehmen, keinesfalls verstreichen. Denn wir wissen, dass man gute Gelegenheiten nutzen muss, und haben keine Lust zu warten, bis irgendwann ein Moment kommt, bei dem definitiv alle geschlossen und möglichst selbstverständlich auf unseren Zug aufspringen. Solch einer trügerischen

Hoffnung überlassen wir uns nicht. Zögern und zaudern in der langen Dürre des Wartens, das ist nichts für uns.

Wir überzeugen die anderen von unserer Idee, weil wir ihnen mit der Inbrunst unserer eigenen Begeisterung glaubhaft und unumstößlich versichern, dass alles, was wir anpacken, durchgezogen wird und definitiv im Ziel landet. Wir sagen die Wahrheit, übertreiben nicht, schließlich haben wir die Zukunft so realistisch in unserem Kopf, als wäre sie bereits Realität. Und deshalb übernehmen wir für alles, was ab jetzt in unserem Namen passiert, voll und ganz die Verantwortung.

Und stellen wir uns vor, dass unser Projekt Fahrt aufnimmt, weil die meisten unserer Kollegen und Freunde mitziehen, dann sind wir guter Dinge. Dass die schnellen Fortschritte möglicherweise auf Kosten einiger Fehler geschehen, das gehört für uns dazu. Also lassen wir unsere Mannschaft so schnell marschieren, wie es für sie passt und unserem Projekt dient. Treffen wir dann auf einmal auf echten Widerstand, weil einige unserer Mitstreiter nicht einverstanden sind mit den nächsten Schritten, dann tun wir alles, um sie zu überzeugen. Falls das nicht gelingt, machen wir eben trotz Gegenwind weiter – weil wir unsere große Idee nicht einfach so aufgeben. Dafür bedeutet sie uns viel zu viel. Auf Ruhe und Ausgeglichenheit, auf unser entspanntes Umfeld, auf die Sympathie unserer Kollegen verzichten wir dann gerne mal, wenn es sein muss. Das frühzeitige Einknicken in Form eines Rückzugs ist für uns keine Option. Aber selbstverständlich überprüfen wir, ob es alternative Wege gibt: Alles, was uns weiterbringt, ziehen wir in Erwägung.

Ja, es ist ein langer Weg zum Ziel. Das spüren wir irgendwann. Aber es überrascht uns nicht, dass wir so weit gekommen sind. Und auch unsere Begeisterung und die unserer Mitstreiter erlahmt nicht, schließlich haben wir genügend

Disziplin. Wir spurten, gönnen uns Pausen und machen wieder voller Kraft weiter. Unsere Disziplin reißt uns aus jedem Anfall von Trägheit heraus. Auch wenn wir den anderen und uns selbst nicht zu viel zumuten wollen: Uns kurz vor dem Ziel, auf halber Strecke, zufriedenzugeben, das kommt nicht infrage. Die kleinen Erfolge nehmen wir mit, aber letztlich zielen wir auf den großen Jackpot!

Und dann plötzlich – wir haben nicht damit gerechnet – passiert es tatsächlich: Unser Projekt, unsere Idee, fährt gegen die Wand. Aus und vorbei. Wir liegen am Boden, mit einer großen Beule am Kopf. Bleiben wir liegen? Nein, wir versichern uns zu unserer eigenen Beruhigung: Das war nicht das letzte Mal, dass wir so viel gewagt haben. Sobald wir wieder auf den Beinen sind, fangen wir von vorne an. Es bringt ja alles nichts: Wir haben zu viele tolle Ideen im Kopf. Und dass einige aus unserem Umfeld, die unseren mutigen Ausflug kritisch und vielleicht auch ein wenig neidisch begleitet haben, uns jetzt wieder voller Mitleid in die Arme schließen wollen, darauf verzichten wir gerne. Schließlich haben wir nicht vor, jemals wieder so vernünftig zu werden wie alle anderen.

Sie sind nicht Ihre Angst!

Falls Sie sich in einer der Schilderungen an sich selbst erinnert fühlen, dann ist das wunderbar. Falls nicht, dann sollten Sie sich eingestehen: Ihre Angst vor dem Scheitern hält Sie davon ab, erfolgreicher zu sein und dafür die notwendige, charakterstarke Haltung einzunehmen. Und solange Sie mit dieser Angst und den anderen negativen Emotionen, die damit verbunden sind, nicht richtig umzugehen lernen, wird sich daran nichts ändern.

In Momenten der Angst suchen wir nach einer absoluten Sicherheit. Eine Sicherheit, die es gar nicht geben kann und die uns davon abhält, ein Risiko einzugehen. Wir streben zu sehr danach, perfekt zu sein, und sehen nicht, dass es im entscheidenden Moment oft reicht, wenn wir in kurzer Zeit eine halbwegs akzeptable Leistung abrufen, um uns Richtung Ziel zu bewegen. Vom Scheitern sind wir mit einer antiperfektionistischen Einstellung weit entfernt.

Stellen Sie sich vor, Sie haben einen wichtigen Termin bei einem Kunden. Sie wollen diesen Kunden für sich gewinnen. Sie präsentieren eine Idee. Und Sie haben die Wahl: tagelang an einer Präsentation arbeiten, um dem Kunden so eindrucksvoll wie möglich Ihre Gedanken nahezubringen. Sie wollen dabei jedes Risiko vermeiden, den Kunden nicht auf Ihre Seite zu ziehen. Bei Ihrem Vortrag schauen Sie deshalb sorgenvoll auf jede Regung des Kunden und versuchen sie zu entschlüsseln. Aber überzeugen Sie so tatsächlich Ihr Gegenüber? Oder denkt der sich bloß: Na ja, so ganz sicher, scheint der ja selber nicht zu sein ...

Machen Sie es besser: Setzen Sie sich hin, denken Sie eine vorgegebene und begrenzte Zeit intensiv nach. Haben Sie die Idee, von der Sie überzeugt sind, im Kopf? Dann trauen Sie sich, diese Idee kurzerhand auf einem Flipchart oder auf einem Blatt Papier mit leichter Hand zu skizzieren. Wenn Sie wollen, sogar live vor dem Kunden. Werden Sie mit dieser unkonventionellen Variante weniger vertrauenswürdig sein? Nein, weil es nur darauf ankommt, wie überzeugt Sie von sich selbst und Ihrer Idee sind. Und wie authentisch und selbstbewusst Sie damit auftreten! Trauen Sie sich etwas zu – sich selbst und Ihrem Zukunftsbild. Damit es andere auch tun können!

Trotz aller Erfolge wird die Angst vor dem Scheitern immer wieder in uns arbeiten. Das ist sehr menschlich. Aber was wir tun können: ihr ins Auge zu schauen. Was kann uns etwa bei einer Präsentation vor dem Entscheider wirklich passieren, wenn wir im Vorfeld unsere Gedanken ordnen und uns ernsthaft eine Lösung überlegen? Das Schlimmste, was uns widerfahren kann, ist, dass es mit dem Auftrag des Kunden nichts wird. Wie tragisch ist das? Das Ende wird es nicht sein.

Was wir gerne übersehen: In vielen Bereichen der Wirtschaft gehört das Scheitern wie selbstverständlich dazu. Gerade dort, wo es um große Erfolge geht, zum Beispiel in der Entwicklung von Innovationen oder beim Gewinnen neuer Kunden. Verkäufer müssen in vielen Branchen häufig zehn Kunden ansprechen, um einen zu gewinnen. Jeder Forscher und Verkäufer wird Ihnen deshalb sagen: Es lohnt sich, nach jedem Fehlversuch den nächsten Versuch zu wagen.

Die Angst vor dem Scheitern ist zwar vollkommen natürlich, aber darf nicht unseren emotionalen Raum einnehmen. Wenn wir sie nicht bewusst kontrollieren, schadet sie uns, indem sie uns lähmt. Dabei erschrecken wir mehr vor dem Gefühl selbst, das uns in einem schwachen Moment überkommt, als vor dem möglichen Sturz. So schlimm die Erfahrung eines Misserfolgs auch sein mag: Sie ist nie so fürchterlich, wie wir es uns in unseren wildesten Fantasien ausmalen. Und deshalb gilt wie bereits gesagt: Malen Sie so schwarz, wie Sie wollen! Damit Sie im Ernstfall die Welt so bunt sehen können, wie sie im Vergleich dazu tatsächlich ist.

Stehen Sie auf!

Sobald wir dann doch einmal am Boden liegen, stellt sich uns die scheinbar unvermeidliche Frage der Schuld. Irgendjemand muss dafür an den Pranger gestellt werden. Als Ventil für unsere Enttäuschung, unsere Scham und unsere Wut. Zum Beispiel die anderen, die einfach zu unfähig sind, um die Genialität unserer Idee zu realisieren. Aber gegen eine Gruppe kommen wir alleine mit unseren Vorwürfen nicht an. Das verbittert uns, wir versinken dann am liebsten in Selbstmitleid. Es einfach aufs Neue zu versuchen, das ergibt dann keinen Sinn.

Genauso destruktiv ist es, die Schuld einfach auf den eigenen Schultern abzuladen. Uns den Kopf zermartern darüber, was wir alles falsch gemacht haben und wie dumm und naiv wir waren, ist der größte Fehler, den wir überhaupt begehen können. Schuld, egal, wem wir sie zuschieben, ist ein zutiefst negatives, kontraproduktives Gefühl. Es zieht alles, was wir zuvor geleistet haben, in den Dreck. Es entwertet unsere Anstrengungen, erfolgreicher zu sein, als wir es bisher waren, unseren Mut, das Ungewöhnliche überhaupt gewagt zu haben. Wenn wir uns vornehmen, einen Marathon zu laufen, und wir steigen bei Kilometer 30 aus – ist denn deshalb unser hartes Training und die für unsere Verhältnisse phänomenale Fitness nichts mehr wert? Oder wie sollen wir uns fühlen, wenn wir im Job als Einziger ein besonders ehrgeiziges Projekt zu realisieren versuchen und dabei mehr Risiko eingehen als jeder andere im Team, von denen die meisten routiniert ihr bekanntes Programm herunterspulen? Wenn wir scheitern, setzen wir uns dann selbst auf die Anklagebank, wo uns viele der anderen sehen wollen, die unser Vorhaben zuvor mit Neid als vermessen abgestempelt

haben? Oder sollen wir uns nicht besser selbst dafür be-
glückwünschen, dass wir es überhaupt gegen all diese Widerstände gewagt und dabei niemandem geschadet haben?
Definitiv Letzteres!

Haben Sie Respekt vor sich selbst!

Sie haben mehr Mut als alle anderen bewiesen! Sie haben an Ihre Kraft geglaubt und Sie haben diese auch gezeigt! Sie haben deutlich Ihren Willen kommuniziert, vom
Leben mehr zu wollen. Und Sie haben bei jedem Ihrer
Schritte sehr viel mehr gelernt als diejenigen, die abwar-
tend oder kritisch danebensaßen, jemals lernen werden. Sie
können also voller Stolz die Verantwortung für Ihr Tun
übernehmen!

Und auch für Scham ist bei Ihrer Niederlage kein Platz.
Denn falls Sie sich für einen Misserfolg schämen sollten,
dann sagt dies mindestens so viel Schlechtes über Ihr Umfeld aus wie über Ihr Selbstmitleid. In den USA etwa würde
es einem Unternehmer, der mit seiner Firma Schiffbruch
erleidet, niemals in den Sinn kommen, sich dafür zu schämen und in den hintersten Winkel zurückzuziehen. Im Gegenteil. Scheitern ist in der dortigen Kultur vielmehr der
Beleg für Unternehmergeist und Mut. Wer nicht mindestens einmal gescheitert und dann wieder aufgestanden ist
und von vorne begonnen hat, der ist in den USA kein echter
Unternehmer. Wie anders ist das in Deutschland. Scheitern
ist tabu. Und wer am Boden liegt, sollte nicht zu selbstbewusst wieder aufstehen. Buße tun ist gern gesehen. Aber
nur weil diese sinnlose Haltung in unserer Schwarmkultur
verankert ist, müssen wir doch selbst diese Haltung nicht
übernehmen. Sollten wir uns für unseren Mut, unsere Risi-
kobereitschaft und unsere Aktionsbereitschaft etwa schämen? Mitnichten. Sollten Sie sich vor Ihrem unmittelbaren

Umfeld schämen, vor Ihren Kollegen und Freunden, die sich selbst so einen mutigen Schritt nie zugetraut haben, dann ändern Sie nicht sich selbst, sondern Ihr Umfeld. Sie brauchen Menschen um sich herum, die würdigen, was Sie tun! Und Sie selbst sollten sich dafür lieben, dass Sie es gewagt haben!

Vielleicht regt sich in Ihnen aber auch gar keine Scham – sondern vielmehr unglaubliche Wut. Die Wut auf sich selbst. Auf die Beteiligten. Auf die unfairen Umstände. Wenn sich Schuldgefühle, Scham und auch Neid auf andere, die das geschafft haben, was Sie selbst erreichen wollten, zu einer einzigen Aggression vereinen, wenn Sie solch ein energiegeladenes Gefühl in sich tragen, dann nutzen Sie es richtig. Richten Sie es nicht auf sich selbst, sondern lassen Sie es eine sinnvolle Arbeit verrichten. Die Wut kann Ihnen enorme Schubkraft geben, wieder aufzustehen. Die Wut gibt Ihnen die Kraft, die Sie brauchen, um wieder auf die Füße zu kommen.

Und das Aufstehen lohnt erst recht, wenn Sie bereit sind, wieder anzugreifen. Stecken Sie die kanalisierte Energie Ihrer Wut, Ihrer negativen Emotionen in den nächsten Versuch! Die nächste Chance, Ihr Vorhaben zu realisieren.

Als Martha das Zimmer des Geschäftsführers betritt, schaut sie dieser erwartungsvoll an. Als wisse er bereits, was Martha sagen wird: dass sie sich entschuldigen will für ihr Fehlverhalten, dass sie dennoch gerne weiter in der Firma arbeiten möchte. Er wartet nicht ab, bis Martha das alles von sich aus sagt. Er ergreift das Wort. Er lobt Martha. Sie sei unter den Bereichsleitern eine seiner besten Kräfte. Und er hoffe natürlich, dass Martha alsbald wieder wie gewohnt ihr Geschäft durchzieht. Er ist immer noch auf ihrer Seite und freut sich wieder auf die gewohnte Zusam-

menarbeit. *Der Komfortchef lächelt Martha zuversichtlich an,
als diese einen geschlossenen Briefumschlag auf seinen Schreibtisch legt und sagt:* »Ich kündige.« *Ihr Chef stockt, schüttelt un-
gläubig den Kopf.* »Aber so schlimm ist das doch alles nicht, so ein
Fehler kann doch jedem mal passieren!« – »Ich habe nichts falsch
gemacht«, *entgegnet Martha.* »Ich möchte nur meine Idee, meinen Glauben an eine Versicherungsagentur, die das Beste für ihre
Versicherten will und deshalb erfolgreicher als der Rest des
Marktes ist, nicht so einfach zu den Akten legen. Ich suche mir
eine andere Firma, die bereit ist für meine Idee.«

Nehmen Sie sich die Freiheit,
Sie selbst zu sein!

Jetzt kann ich es ja verraten: Alles, was in diesem Buch über die Schwärme und ihre Wirkung steht, hat einer schon gut 200 Jahre vor mir begriffen – der nicht ganz unbekannte Philosoph Immanuel Kant:

»Unmündigkeit ist das Unvermögen, sich seines Verstandes ohne Leitung eines anderen zu bedienen. Selbst verschuldet ist diese Unmündigkeit, wenn die Ursache derselben nicht am Mangel des Verstandes, sondern der Entschließung und des Mutes liegt, sich seiner ohne Leitung eines anderen zu bedienen. Sapere aude! Habe Mut, dich deines eigenen Verstandes zu bedienen!«

Wenig schmeichelhaft urteilt Herr Kant übrigens über die Beweggründe der Unmündigkeit.

»Faulheit und Feigheit sind die Ursachen, warum ein so großer Teil der Menschen, nachdem sie die Natur längst von fremder Leitung freigesprochen, dennoch gerne zeitlebens unmündig bleiben.«

Acht Fragen an Sie

Es ist nicht wichtig, dass Sie Antworten haben, sondern dass Sie die richtigen Fragen stellen:

Wann haben Sie sich zum letzten Mal gefragt, ob Sie gerade das Richtige tun?

_____

_____

_____

_____

_____

_____

Welche Eigenschaften schätzen Sie an anderen?

_____

_____

_____

_____

_____

_____

Wofür sind Sie auf der Welt?

_____

_____

_____

_____

_____

_____

Was können Sie nicht mehr sehen und hören?

_____

_____

_____

_____

_____

_____

Wovon können Sie nicht genug bekommen?

_____

_____

_____

_____

_____

_____

Was sollte jeder von uns nie vergessen?

_____

_____

_____

_____

_____

_____

Wer oder was möchten Sie sein, wenn Sie die Wahl hätten?

_____

_____

_____

_____

_____

_____

Welche Todsünde wird überschätzt?

_____

_____

_____

_____

_____

Unterwegs im Weltwirtschaftsschwarm

Unternehmen sind Schwärme. Anders, als der Modebegriff »Schwarmintelligenz« suggeriert, machen uns menschliche Schwärme nicht immer klüger, handlungsfähiger oder flexibler. *Gegen den Schwarm* hat gezeigt, wie wir Menschen in diesen mächtigen Unternehmensherden dazu neigen, uns Meinungen anzupassen, Ansichten anzugleichen und Persönlichkeit abzulegen.

Demgegenüber hat, wer als Einzelner eine eigene Geisteshaltung, eine Kampfbereitschaft entwickelt, einen unschätzbaren Wettbewerbsvorteil. Wir können durch unseren Stolz auf uns als Individuum und mit einem reflektierten Selbstbewusstsein eine außergewöhnliche Gestaltungskraft entwickeln. Eine Kraft, die uns in einem Maße selbstbestimmt denken und handeln lässt, dass wir Zukunftsbilder jenseits der Mittelmäßigkeit x-beliebiger Schwärme in die Realität übertragen können.

Das ist umso wichtiger, weil vor allem die Schwarmdummheit unsere Unternehmen lähmt. Die verlorene Identität beim einfachen Angestellten setzt sich fort über angepasste Vorstände bis hin zu den trägen Gesamtapparaten und globalen Marken von Unternehmen. Dabei ist leicht zu übersehen, dass unsere Unternehmen selbst Teil von Schwärmen sind. Unternehmensschwärme sind Teil einer Gesellschaft, meist sogar vieler, höchst unterschiedlicher Gesellschaften, in denen sie geformt und geprägt werden. Sie sind Akteure in Branchenschwärmen, in denen sie sich an den Gesetzen ihrer jeweiligen Märkte orientieren, wo sie zu oft gedankenlos mit Trends mitschwimmen und eigentlich täglich darum ringen sollten, eine eigene, unterscheidbare Position einzunehmen. Eine immer schwierigere Aufgabe in einer sich rasend schnell verändernden globalisierten Wirtschaft, in der die Unternehmen von grenzüberschreitenden Kräften wie einer permanenten technischen Revolution und der Dominanz des demografischen Faktors umhergetrieben werden. Die Erfolgsaussichten werden immer kurzfristiger, denn im Gravitationsfeld der neuen Weltwirtschaftskräfte sind Pläne und Strategien bereits überholt, bevor sie in die Tat umgesetzt werden. Die Halbwertszeiten von Entscheidungen nehmen rasant ab. Das Management unserer Unternehmensschwärme wird, wenn es nicht die richtige Haltung einnimmt, zum Spielball eines turbulenten, unberechenbaren Weltwirtschaftsschwarms.

Um einen überlebensnotwendigen eigenständigen Kurs fahren zu können, müssen Unternehmen und ihre Lenker zu reflektierten Akteuren werden und sich immer wieder aufs Neue selbstkritisch infrage stellen, bevor das die Öffentlichkeit tut. Sie müssen immer wieder ihr Geschäftsmodell revolutionieren, bevor das der Wettbewerb übernimmt. Denn anders als noch im vergangenen Jahrhundert wird keine Idee ein Unternehmen über eine Dekade tragen. Zu sehr verschwimmen Wettbewerbsgrenzen im modernen Markttempo. Oder wer hätte vor wenigen Jahren damit gerechnet, dass ein Unternehmen wie Google auch Strom verkaufen wird?

Unter den veränderten Rahmenbedingungen wächst für jedes Unternehmen die Gefahr, in Abhängigkeiten zu geraten oder durch den Konformitätsdruck des Weltmarkts seine Identität und damit seinen eigentlichen Erfolgsfaktor zu verlieren. Unternehmen kommen deshalb an der Herausforderung nicht vorbei, immer wieder aufs Neue und schneller als ihre Wettbewerber aus ihren eigenen Erfahrungsgefängnissen auszubrechen. Unternehmen müssen lernen, Ziele zu entwickeln, die anders sind als die ihrer Konkurrenz. Sie werden ihr Denken und Handeln beschleunigen müssen, um ihre Ziele zu erreichen, bevor diese wieder obsolet werden. Unternehmen müssen trainieren, die Schmerzen stetiger Veränderung auszuhalten. Bereit sein, Risiken einzugehen, deren Folgen nur schwer abzuschätzen sind. Und Unternehmensschwärme werden lernen müssen, zu scheitern und daraus eine Selbstgewissheit zu entwickeln, die ihrem eigenen sinnstiftenden Auftrag entspringt.

Mein nächstes Buchthema:
Gegen den Schwarm – die umsetzungsorientierte Haltung für das Management der Zukunft.